변화하는 한국유권자 2

EAI 여론분석 시리즈 ④
변화하는 한국유권자 2

지은이 이현우·권혁용 공편
발행자 이홍구
발행처 (재) 동아시아연구원
편 집 곽소희·신영환
디자인 김민주
표지 디자인 송성재
발행일 2008년 3월 25일

주소 서울 중구 을지로 4가 310-68 삼풍빌딩 909호
전화 02-2277-1683 (代)
팩스 02-2277-1684
홈페이지 www.eai.or.kr

등록 제2-3612호 (02.10.7)

값 17,000원
ISBN 89-92395-06-9 (93300)

변화하는 한국유권자 2

2007 한국대선 패널조사 연구

이현우 · 권혁용 공편

머리말

17대 대통령선거는 이전의 한국선거와 차별적 의미를 지니고 치러졌다. 민주화 이후 지속되던 지역주의의 영향력과 성격의 변화, 15대 대통령선거 이후 지속되었던 이념갈등의 영향력 그리고 경제이슈 등 헤아릴 수 없이 많은 요인들이 새로운 의미로 이번 선거에 영향을 미쳤다. 이 책에서는 선거과정과 선거 이후 논의되었던 많은 주제들을 심층적이고 과학적으로 분석하고 있다. 선거연구의 출발점이라 할 수 있는 투표여부에서부터 투표선택에 영향을 미치는 요인들, 투표선택의 변화과정까지 17대 대선을 포괄적으로 분석하고 있다. 무엇보다 이 책의 장점은 동일한 응답자를 반복조사하는 패널조사 panel study 를 통해 단순한 일회성 설문조사와 달리 경험적 분석이 가능하다는 점이다. 6차례 실시된 패널자료는 응답자들이 어떻게 투표결정 과정에서 변화했는지를 제대로 관찰해 볼 수 있어 그 가치가 매우 높다.

좀 더 구체적으로 살펴보면 이 책은 다음과 같이 구성되어 있다. 우선 다음 장에서는 독자들에게 새로운 설문조사방법인 패널조사의 특성과 필요성을 소개하고 구체적으로 이번 2007대선패널조사가 어떠한 방식으로 수행되었는지를 상세하게 제시하였다. 이러한 자료에 관심이 있는 독자라면 EAI 여론분석 시리즈《변화하는 한국유권자: 패널조사를 통해 본 5·31 지방선거》를 참조하면 도움이 될 것이다.

1부는 이번 대통령선거에서 나타난 투표선택의 사회경제적 특성과 균열구조를 분석한 두 논문들을 수록하고 있다. 1장에서는 역대 선거에서 나타난 주요 정치균열들을 살펴본 후 2007년 대선에서 특징적으로 나타난 정치균열의 특성들을 분석하였다. 지난 대선에 이어 지역균열은 계속 약화되고 있으며 이념과 세대 균열 역시 약화되고 있는 것을 경험적으로 보여주고 있다. 2장은 지역주의효과의 지속과 변화를 분석하였다. 2007년 대선에서는 지역주의가 외형상의 유사성에도 불구하고 그 속성이 크게 변화하였음을 보여준다. 이전의 지역주의가 출신지역을 토대로 지역 간의 정서적·역사적 대립과 적대감에 기초해 있었다면, 이번 대선에서 나타난 지역주의의 효과는 지역의 생활환경이나 개발 등의 합리적인 계산에 기초하고 있다는 것이다.

2부에는 정치참여와 미디어효과를 다룬 논문들이 수록되어 있다. 3장에서는 역대 대선 중에 가장 낮은 투표율을 기록한 이번 대선에서 유권자의 투표참여에 영향을 미친 요인들을 탐색하였다. 이명박 후보 지지자들일수록, 네거티브 선거운동이 심각했다고 인식한 유권자일수록 선거관심도가 높았으며 더 적극적으로 투표에 참여하는 경향을 보였다는 점이다. 그러나 20대와 30대 젊은 세대들의 투표참여가 저조하였다는 점은 지적할 만한 일이다. 4장은 이번 대선에서 나타난 미디어의 영향과 선거캠페인, 그리고 TV토론의 효과를 분석하고 있다. 유권자들이 선거관련정보를 얻기 위해 텔레비전에 대한 의존도가 다른 매체보다 높았음을 보여준다. 또한 지지 후보 선택을 위한 정보의존도에서도 신문이나 인터넷에 비해 텔레비전이 상대적으로 높았다. 인터넷의 영향력은 상대적으로 축소된 반면에, TV토론은 유권자들이 후보자에 대한 인식과 태도를 바꾸기보다는 기존 인식을 강화시키는 방향으로 영향을 미쳤음을 밝히고 있다.

3부는 투표결정에 영향을 미치는 요인들을 분석한 논문들을 모았다. 5장은 2007년 대선에서 나타난 경제투표의 양상들을 보여주고 있다. 유권자들이 경제성장과 양극화 완화 등의 경제적 이슈를 가장 중요한 이슈로서 인식하고 있음을 보여주고 경제적 이슈의 중요성을 인식한 유권자일수록 이명박 후보를 가장 적합한 선택으로 평가하고 있다는 점을 밝히고 있다. 또한 가정경제상황보다는 국가경제상황에 대한 유권자들의 평가가 투표선택에 상대적으로 더 영향을 미쳤다는 점을 확인하였다. 중요한 것은 정당지지가 경제상황에 대한 평가 및 투표선택과 상관관계를 갖고 있다는 것을 제시하고 있다는 점이다. 6장에서는 이번 대선에 나타난 전략투표와 진심투표의 양태를 분석하였다. 가장 선호하는 후보의 당선가능성이 낮을 때 차선의 후보를 선택하는 전략투표자의 비율은 이번 대선에서 약 11.9%에 달하는 것으로 분석되었다. 또한 많은 수의 전략투표자들은 이회창 후보로부터 이명박 후보로의 지지전환을 보이고 있음을 밝히고 있다. 그리고 젊은 세대일수록 전략투표자의 비율은 더 높은 것으로 나타났다.

7장은 부동층 유권자에 대한 정교한 분석을 제시하고 있다. 부동층 집단을 개념적으로 '비회귀성 부동층'과 '회귀성 부동층'으로 세분화하여 이들의 정치행태를 비교분석하였다. 이명박 후보의 경우 유사한 진영 내의 다른 후보인 이회창 후보로부터 온 표가 많았던 반면에, 정동영 후보와 이회창 후보는 각각 권영길, 이명박 후보로부터 온 표가 많았던 것이 아니라는 점을 밝히고 있다. 이번 대선에서 나타난 부동층은 회귀성향이 강한 집단으로 특징지을 수 있다는 점을 제시하고 있다. 8장에서는 2007년 대선에서 이념적으로 진보라고 인식하지만 이명박 후보를 지지했던 유권자들에 대한 분석을 시도하였다. 이러한 이념과 정당지지의 불일치 현상이 증가한 원인으로, 첫째, 지역주의가 궁극적인 태도결정요인으로 작용했기 때문이며, 둘째, 노무현 정부의 경제관리 책임에 대한 평가가 진보층의 정당지지 이탈로 이어졌기 때문이라는 점을 밝히고 있다. 그러나 선거운동이 본격화되고 정당일체감이 활성화되면서 이념-정당지지의 불일치 현상은 다소 감소하였던 것으로 나타났다. 9장은 당내 경선을 통한 대통령 후보 선출과정에 대한 분석을 담고 있다. 정당이 대통령 후보를 선출하는 경선과정에서는 다른 어떤 요인보다도 후보의 개인적 자질과 능력이 유권자의 중요한 선택요인이었음을 보여준다. 2007년 경선과정에서는 도덕성과 능력이라는 두 가지 개인적 자질이 부각되었고 국민들은 경제활성화에 대한 기대감 속에 후보자의 능력을 더 중요시한 것으로 나타났다.

이 책이 완성되기까지는 많은 분들의 노력과 공헌이 있었다. 지난 지방선거에 이어 대통령선거에서도 자료가 축적될 수 있도록 재정적 지원을 제공한 SBS의 선거방송 기획팀과 하남신 단장, 중앙일보의 김수길 편집인, 박보균 전 편집국장, 전영기 논설위원께 무한한 감사를 드린다. 또한 동아시아연구원 여론분석센터 소장이신 이내영 위원장님이 여러 집단이 함께한 이 사업에서 가장 중요한 조정역할을 해 주셨다는 것을 밝혀둔다. 뿐만 아니라 중앙일보 신창운 여론조사 전문기자와 SBS 현경보 차장의 적극적 참여가 없었다면 이 자료가 제대로 만들어질 수 없었다. 이 조사자료가 높은 수준을 유지할 수 있었던 것은 한국리서치의 노익상 사장과 김춘석 부장 그리고 박종선 차장을 비롯한 실무진의 열정과 성의가 있었기 때문에 가능했다. 마지막으로 여러 학자들의 논문이 하나의 책으로 발간되기까지 모든 것을 챙겨준 정한울 동아시아연구원 부소장과 곽소희 연구원을 비롯한 모든 동아시아연구원 식구들에게 심심한 감사를 드린다.

필자들은 이 책이 중요한 가치를 지닌 패널자료분석 연구가 다양하게 활용될 수 있는 사례가 되기를 바란다. 향후 이보다 더 중요하고 학문적으로 공헌할 수 있는 연구들이 이 책을 바탕으로 이루어지기를 진심으로 바란다.

동아시아 연구원에서
필자들을 대신하여 이현우·권혁용

목차

제17대 대통령선거 패널조사의 방법과 운용   김춘석·박종선   17

제1부 사회경제적 특성과 정치행태

1   2007 대선, 그리고 정치균열의 진화   김민전   39
2   지역주의는 변화했을까   강원택   67

제2부 미디어효과와 정치참여

3   제17대 대선과 투표참여   서현진   97
4   제17대 대선의 선거캠페인과 미디어 효과   김성태   125

제3부 투표결정요인

5   2007년 대통령선거에 나타난 경제투표   권혁용   151
6   진심투표와 전략투표   이현우   179
7   '부동층 집단'의 세분화를 통한 부동층의 이해   진영재   207
8   진보는 왜 한나라당을 지지했나   이내영·정한울   229
9   경선과정과 경선에서의 후보 선택   유성진   257

표목차

제17대 대통령선거 패널조사의 방법과 운용

〈표1〉 패널조사의 단점에 따른 대응방안 / 19
〈표2〉 조사표본 및 표집오차(최초 설계안) / 22
〈표3〉 조사횟수 및 조사기간 / 23
〈표4〉 패널유지율 (전체) / 25
〈표5〉 패널유지율 (패널구축 유형별) / 26
〈표6〉 언론보도 일지 / 28~29
〈표7〉 언론보도 절차 / 30
〈표8〉 응답자 특성별 패널유지율 / 33~34

제1부

1장

〈표1〉 14~16대 대선의 지역별 득표율 (%) / 48
〈표2〉 16, 15대 대선의 세대별 득표율 (%) / 49
〈표3〉 16대 대선의 이념성향별 지지율 / 51
〈표4〉 17대 대선 도시규모별 득표율(%) / 53
〈표5〉 16, 17대 대통령선거 지역별및 수도권의 고향별 지지율(%) / 55
〈표6〉 16, 17대 대선 세대별 득표율 (%) / 57
〈표7〉 16, 17대 대선 이념별 득표율(%) / 58

2장

〈표1〉 지역별 득표율 (%) / 74
〈표2〉 유권자의 출신지별 지지 후보 비율(%) / 76
〈표3〉 출신 지역과 거주 지역을 동시에 고려한 후보자 선택 (%) / 79
〈표4〉 거주지별 후보자에 대한 호감도(%) / 81
〈표5〉 출신 지역과 거주 지역을 고려한 중요한 선거 이슈 (%) / 84
〈표6〉 지역별 주관적 이념 평균의 비교 (%) / 87

〈표7〉 출신 지역과 거주 지역을 고려한 주관적 이념 평균(%) / 88
〈표8〉 출신 지역과 거주 지역을 고려한 정책적 입장 (%) / 90
〈표9〉 출신지에 따른 지역별 거주 인구 비율 (%) / 93

제2부

3장
〈표1〉 BBK 동영상의 영향(ANOVA) / 107
〈표2〉 네거티브 선거운동에 대한 평가 (T-test) / 108
〈표3〉 선거관심도와 적극적 투표의향 (반드시 투표, %) / 109
〈표4〉 선거관심 유무와 투표의향 비교 (T-test) / 110
〈표5〉 선거관심 유무와 투표여부 (T-test) / 111
〈표6〉 정치 불신과 투표여부(T-test) / 111
〈표7〉 후보 지지자별 투표의향 차이(ANOVA) / 114
〈표8〉 세대 차이 분석 (ANOVA) / 120

4장
〈표1〉 매체별 대통령 선거 관련 정보 이용 빈도 비교 (%) / 134
 ("거의 매일 이용했다"라고 응답한 비율)
〈표2〉 지지후보 선택을 위해 정보를 가장 많이얻은 매체 비교 (%) / 136
 (인구사회학적 속성을 중심으로)
〈표3〉 지지후보 선택을 위해 정보를 가장 많이 얻은 매체 비교 (%) / 138
 (투표여부, 선택후보자별, 이념성향을 중심으로)
〈표4〉 선거 캠페인 소구별 관심도 비교 (%) / 141
〈표5〉 후보자 TV토론 관심도에 관한 비교분석(%) / 142
〈표6〉 후보자 TV토론이 후보지지에 미친 영향 분석(%) / 144
 (투표 여부를 중심으로)

제3부

5장
〈표1〉 중요한 이슈들의 분포: 차기정부 국정과제 / 156

〈표2〉 경제이슈, 노무현대통령 국정운영지지도, 그리고 이명박 후보 경제해결
능력 평가 / 162
〈표3〉 경제성장에 대한 인식과 투표선택의 전환 / 163
〈표4〉 가정경제에 대한 회고적 평가와 투표선택 / 166
〈표5〉 국가경제에 대한 회고적 평가와 투표선택 / 167
〈표6〉 경제이슈해결능력 평가와 투표선택(t-test) / 170
〈표7〉 정당지지와 가정경제상태 평가 / 172
〈표8〉 정당지지와 국가경제상태 평가 / 173
〈표9〉 정당지지와 경제이슈해결능력 평가(t-test) / 173
〈표10〉 정당지지와 투표선택/ 174

6장
〈표1〉 후보지지 변경사유 / 186
〈표2〉 차선후보를 택할 수 있는 응답자분포 / 188
〈표3〉 범주별 전략투표자의 후보지지분포(%) / 189
〈표4〉 인구통계학적 변수에 따른 전략투표자 비율 / 193
〈표5〉 투표유형에 따른 후보만족도 평균비교 (t-test) / 195
〈표6〉 투표유형에 따른 만족도 분포(%) / 196
〈표7〉 투표유형에 따른 정당지지분포(%) / 196
〈표8〉 전략투표자들의 후보선택 (5차, 6차 조사) / 199
〈표9〉 지지변경한 전략투표자들의 후보선호 / 201
〈부록〉 진심투표자들의 후보 선택 (5차, 6차 조사) / 205

7장
〈표1〉 패널조사에 나타난 부동층의 후보자 지지 성향 / 217
〈표2〉 새로운 정부가 중점적으로 추진해야 할 국정과제 / 223

8장
〈표1〉 15~17대 이념별 선호정당 / 236
〈표2〉 이념성향별 정당지지 패턴 비교 (1차 조사, 6차 조사) / 238
〈표3〉 정당이념평가 및 각 정당 지지자의 자기이념평가 2000년~2007년 비교 / 241

〈표4〉 이념-정당지지 유형별 정당이념평가 평균점수 비교 (ANOVA Test) / 242
〈표5〉 한나라당과 대통합민주신당 이념위치 평가: 이념-정당지지 유형별 분포(%) / 244
〈표6〉 진보층 세대·지역·학력별 정당지지 (%) / 246
〈표7〉 보수층 세대·지역·학력별 정당지지 (%) / 247
〈표8〉 합의이슈 및 이념이슈가 지지정당 선택에 미친 영향(%) / 250

9장
〈표1〉 한나라당 후보경선 결과, 8월 20일 / 260
〈표2〉 통합신당 후보경선 결과, 10월 15일 / 265
〈표3〉 한나라당 경선후보 지지자들의 사회적 속성 (%) / 268
〈표4〉 정당지지로 본 한나라당 후보지지 변동(1차와 2차) / 269
〈표5〉 한나라당 경선과 자질검증과정이 경선후보 평가에 미친 영향 / 271
〈표6〉 박근혜 후보 지지자들의 선택변화 (%) / 273
〈표7〉 통합신당 경선후보 지지자들의 사회적 속성 (%) / 275
〈표8〉 정당지지로 본 통합신당 후보지지 변동, 1차와 2차 / 276
〈표9〉 손학규 후보 지지자들의 선택변화 (%) / 278

그림목차

제17대 대통령선거 패널조사의 방법과 운용

〈그림1〉 4차·5차 조사 간 후보별 유지·이탈·유입 비교 / 30~31
〈그림2〉 정몽준·김종필의 이명박 후보 지지 효과 / 31
〈그림3〉 심대평의 이회창 후보 지지 효과 / 31

제1부

1장
〈그림1〉 4대 민의원 선거결과 / 45

〈그림2〉 16, 17대 대선 세대별 득표율 / 57
〈그림3〉 16, 17대 대선 이념별 득표율 / 58
〈그림4〉 20, 30, 40대 성별 지지율 추이 / 60
〈그림5〉 이명박 당선인의 정책포지션 / 62

제2부

3장
〈그림1〉 역대 대통령 선거 투표율 변화 / 98
〈그림2〉 다른 나라의 투표율 하락 추세(%) / 101
〈그림3〉 세대별 적극적 투표 층의 비율 변화(%) / 116
〈그림4〉 적극적 투표 층에서 나타난 세대별 이명박 지지율 변화(%) / 118

제3부

5장
〈그림1〉 노무현대통령 국정운영 지지도 추이 / 159
〈그림2〉 경제이슈 해결능력에 대한 유권자 평가 / 161
〈그림3〉 경제투표연구의 하나의 논쟁축 / 165
〈그림4〉 경제해결능력 평가와 투표선택 / 170

6장
〈그림1〉 지지후보 변동이유 / 183
〈그림2〉 투표유형에 따른 투표의사 / 198

9장
〈그림1〉 한나라당 경선후보 지지요인 / 270
〈그림2〉 통합신당 경선후보 지지요인 / 276
〈그림3〉 한나라당 경선후보검증에 대한 평가 / 279
〈그림4〉 한나라당 경선후보검증에 대한 평가 / 280

제17대 대통령선거 패널조사의 방법과 운용

한국리서치 김춘석·박종선

SBS·중앙일보·동아시아연구원·한국리서치의 4개 기관은 제17대 대통령선거 과정에 나타난 유권자의 의식 및 태도변화를 정확하게 파악하기 위한 목적으로 패널조사를 기획하여 진행하였다. 이들 4개 기관은 이미 2006년 지방선거 당시 공동으로 패널조사를 실시한바 있으며, 이를 통해 국내 선거 여론조사 사상 최초의 패널조사 실시라는 기념비적 성과를 이룬바 있다. 이런 경험을 바탕으로 제17대 대통령선거 패널조사에서도 보다 효과적인 대응방안을 마련하여 패널조사의 단점을 극복하고, 장점을 부각시키는 성공적인 결과를 얻을 수 있었다.

본 장에서는 제17대 대통령선거 패널조사를 공동 기획한 SBS·중앙일보·동아시아연구원·한국리서치 4개 기관이 어떠한 과정을 통해 조사를 진행하였으며, 성공적인 진행을 위해 어떻게 대처하였는지를 정리하고자 한다.

패널조사의 특성

패널조사는 시간의 흐름에 따라 변화하는 유권자의 태도를 측정하고 그 원인을 직접적으로 분석할 수 있는 유일한 조사방법(Yaffe 2003)이라는 점에서 그 중요성이 날로 증가되고 있는 추세이다. 국내에서도 1990년대 후반부터 진행된 '노동패널조사'를 비롯, '청년패널조사', '여성가족패널조사' 등 정책수립을 위한 기초자료 수집 차원에서 진행되는 각종 패널조사가 정부 주도하에 수행되고 있다. 패널조사가 증가하고 있다는 것은 패널조사만이 제공할 수 있는 시계열자료의 중요성이 인정받고 있음을 의미한다.

동시에, 고비용 조사라는 문제로 인해 민간기관보다는 정부의 주도하에 진행되는 특징을 보이고 있다. 선거여론조사 분야에서는 고비용이라는 문제가 그동안 패널조사의 도입을 가로막는 가장 큰 장애요인으로 작용하였다. 특정 언론사 혹은, 연구소가 독자적으로 진행하기에는 패널조사의 비용이 지나치게 높다는 문제가 있는 것이다.

또한, 반복되는 조사과정에 패널들의 이탈이 늘어남으로써 발생하는 패널손실, 잦은 조사 빈도로 인해 응답자의 심리적·육체적 피로가 발생하고 거짓응답이나 불성실 응답이 증가하는 패널피로효과, 조사 참여과정에 패널들이 정치적 지식이나 관심이 높아져 일반국민과 다른 성향이나 태도를 갖게 되는 정치적 각성효과 등도 패널조사의 단점으로 지적되고 있다.

제17대 대선 패널조사팀의 대응방안

제17대 대통령선거 패널조사를 공동으로 진행한 SBS·중앙일보·동아시아연구원·한국리서치의 4개 기관은 패널조사의 장점을 최대한 살리면서, 패널조사의 단점을 최소화하기 위해 2006년의 경험을 살려 충분한 대비책을 마련하여 패널조사를 진행하였다.

먼저, 3,503명이라는 대규모 패널을 초기에 구축함으로써 약 8개월이라는 긴 시간동안 발생할 수 있는 대규모 패널탈락에 대비하였다. 둘째, 전체의 절반수준인 49%의 패널을 무작위표본추출방법을 활용하여 추출하는 동시에 나머지 절반 정도(51%)를 상대적으로 패널유지율이 높은 한국리서치의 마스터샘플에서 추출함으로써 패널탈락을 최소화할 수 있었다. 한국리서치의 마스터샘플은 한국리서치의 조사에 자발적으로 참여할 의사를 사전에 표명한 11만 명 규모의 응답자 풀로서, 무작위추출을 통해 구축한 패널보다 패널유지율이 26%p 가량 더 높아 패널유지율에 상당한 기여를 하였다. 셋째, 매 조사 시점의 투표지지율 분포를 정확하게 추정해야 할 경우에는 손실된 패널을 제외한 나머지 응답자 조사결과에 성/연령/지역/학력의 네 개 변수를 전국 비율에 맞게 가중치를 부여하여 해석하였다.

동시에, 효율적인 인센티브 제도를 운용하였으며, 자동화된 전화조사 시스템 Computer Assisted Telephone Interview, CATI 및 Auto-Dialing System을 활용함으로써 패널피로효과를 최소화하고자 하였다.

〈표1〉 패널조사의 단점에 따른 대응방안

	패널손실	패널오염	고비용
본 조사의 대안	· 대규모 패널을 초기 구축함으로써 패널손실에 대비 · 샘플의 일관성 유지를 위해 신규대체를 하지 않음 · 무작위 샘플과 마스터샘플 병용	· 효율적인 인센티브 제공 · 자동화된 전화조사 시스템 활용	· 언론/연구소/기업의 공동기획으로 비용부담 최소화

조사를 위한 준비

SBS · 중앙일보 · 동아시아연구원 · 한국리서치는 패널조사의 어려움을 극복하기 위해 동아시아연구원 여론분석센터 (소장, 이내영 고려대 교수) 소속 선거연구전문가들과 SBS 현경보 여론조사 전문위원·중앙일보의 신창운 여론조사 전문위원, 한국리서치의 김춘석 부장 등으로 공동조사팀을 꾸려 2007년 1월부터 4개월에 걸쳐 사전 준비를 진행하였다. 이들 네 개 기관은 이미 2006년 지방선거에서 한 달간 서울·부산·광주·충남 네 지역에서 2,400명 패널을 대상으로 네 차례, 전국단위 1,300명 패널을 대상으로 두 차례 패널여론조사를 시범적으로 실시함으로써 패널조사의 경험과 노하우를 축적해 놓았기에 효과적인 준비가 가능하였다.

조사대상

조사대상은 전국의 만19세 이상 성인남녀 유권자로 삼았다.

조사지역

조사지역은 제주도를 포함한 전국을 대상으로 하였다.

표본추출방법

패널조사 표본은 할당추출 quota sampling 을 하였다. 표본할당을 위한 자료는 행정자치부 발행 2006년 12월 31일 기준 주민등록인구현황을 근거로 삼았으며, 지역별/성별/연령별 인구 구성비에 따라 할당하였다. 전국 16개 광역자치단체와 성별(남자·여자), 연령별(29세 이하·30대·40대·50대 이상) 교차 비율에 따라 표본을 할당하였으며, 해당지역 모집단 학력분포를 추가적인 할당 기준으로 고려하였다. 이는 전체 패널 3,503명 뿐 아니라, 한국리서치의 마스터샘플에서 추출한 1,800명과 무작위표본추출한 1,703명 각각에 대해서도 적용한 기준이다.

구체적인 표본추출과정은 다음과 같다.

1) 상대적으로 패널유지율이 높은 한국리서치의 마스터샘플에서 전체의 절반 수준인 1,800(51%)명의 패널을 추출하였다. 1,800명의 패널은 2006년 12월 31일 기준 주민등록인구현황을 근거로 삼았으며, 지역별·성별·연령별 인구 구성비에 따라 할당하였다.

2) 나머지 1,703명(49%)의 패널은 무작위표본추출방법을 활용하여 추출하였으며, 역시 2006년 12월 31일 기준 주민등록인구현황을 근거로 삼아 지역별·성별·연령별 인구 구성비에 따라 할당하였다.

이렇게 마스터샘플에서 추출한 패널과 무작위표본추출 패널 각각에 대해 별도로 할당한 것은 두 집단 간 특성에 따른 차이로 인한 응답결과의 왜곡 가능성에 대비하기 위해서이다.

최종 분석자료는 할당표집의 기준이 된 지역별·성별·연령별 교차 가중값에 전체 응답자 기준의 학력 가중값을 부여하여 산출하였다.

조사표본과 표집오차

패널조사 표본을 설계하면서 다음 세 가지 사항을 고려하였다. 첫째, 최종 유효표본을 몇 명으로 할 것인가? 둘째, 최소 패널유지율을 몇 %로 설정할 것인가? 셋째, 도중 탈락 후 참여자도 해당 차수의 유효표본으로 간주할 것인가?

대선패널조사는 최종적으로 2,100명의 유효표본을 유지한다는 목표 하에 최초 응답자 패널은 3,500명을 구축하기로 결정하였다. 최종 유효표본의 목표가 2,100명인 것은 전국단위의 분석 이외에 권역별 분석 시 과소표본으로 인한 분석의 한계를 극복하기 위한 목적이다.

　이러한 표본설계는 처음 구축한 응답자 패널의 60% 이상이 최종 조사에 참여하도록 하며 도중에 한번이라도 불참한 패널에 대해서는 조사대상에서 제외하는 것을 전제로 한 목표치였다.

〈표2〉 조사표본 및 표집오차(최초 설계안)

구분	조사표본	표집오차
최초 구축 목표 패널	3,500명	±1.7%
최종 응답 목표 패널	2,100명	±2.1%

주. 이번 조사는 비확률표집인 할당추출을 하였기 때문에 표집오차를 구할 수 없으나, 무작위추출을 전제했을 경우 95% 신뢰수준에서 최대허용 표집오차를 산정하였음.

조사횟수 및 조사기간

　조사횟수를 결정함에 있어 네 가지 사항을 고려하였다. 첫째, 패널조사에 참여하는 과정에 조사 자체로 인해 발생할 수 있는 응답자의 편파 bias 는 최소화하되 패널유지율 목표를 달성하여야 한다. 둘째, 선거일정을 고려하고 응답자가 조사에 참여하기 용이하도록 적정한 조사간격을 유지하여야 한다. 셋째, 패널조사를 통해 대통령선거와 관련한 유권자의 투표행태 및 인식을 전반적으로 파악할 수 있어야 한다. 넷째, 현실적인 제약요건인 조사비용을 고려하여야 한다.

　위와 같은 기준에 따라 제17대 대통령선거 패널조사는 2007년 4월부터 같은 해 12월까지 약 8개월 동안 투표 전 5회와 투표 직후 1회 등 총 6회 조사를 실시하였다. 투표 전 5회 조사는 ■예비후보 등록 ■한나라당 후보 경선 ■대통합민주신당 후보 경선 ■후보자 등록 마감 ■여론조사 공표 금지 등을 전후로 실시하였다. 투표 직후 조사는 투표일 다음날 실시하였다.

조사기간은 1차부터 3차 조사까지는 4일이 소요되었으며, 4차 조사는 3일, 5차 조사와 6차 조사는 2일이 소요되었다.

〈표3〉 조사횟수 및 조사기간

조사횟수	조사기간
6회 조사	・1차 조사 : 2007. 4. 25 - 28 ・2차 조사 : 2007. 8. 10 - 13 ・3차 조사 : 2007. 10. 17 - 20 ・4차 조사 : 2007. 11. 25 - 27 ・5차 조사 : 2007. 12. 11 - 12 ・6차 조사 : 2007. 12. 20 - 21

조사방법

대통령선거 패널조사는 컴퓨터를 이용한 전화면접조사 Computer Assisted Telephone Interview, CATI 방법을 활용하였다. 컴퓨터를 이용한 전화면접조사는 자료수집과 처리는 컴퓨터를 이용하여 수행하지만 일반 전화조사와 마찬가지로 면접원이 유선전화를 이용하여 조사를 진행한다. 이 점에서 응답자는 일반 유선전화를 이용한 조사와 컴퓨터를 이용한 전화면접조사의 차별성을 인식하지 못한다. 컴퓨터를 이용한 전화면접조사는 조사 진행 시간, 응답자 접촉현황, 면접원별 조사 진행 상황 등과 관련한 사항이 컴퓨터 서버에 저장된다는 점에서 조사 진행 과정에서 조사 상황에 대한 확인뿐만 아니라 조사 후 검증 등을 실증적인 데이터에 근거하여 수행할 수 있는 장점이 있다.

또한, 컴퓨터를 이용한 전화면접조사는 응답자 재접촉 예약, 응답자 접촉횟수지정, 패널 참여 거부횟수 등을 자동으로 축적되는 정량적인 자료를 통해 확인할 수 있으며, 이를 기반으로 패널 대상자 요건 판정을 할 수 있다는 점에서 전화조사로 가능한 패널조사에 특히 유용한 측면이 있다.

패널구축 및 패널관리

대통령선거 패널조사를 위한 패널 구축은 1차 조사와 함께 진행하였다. 면접원은 조사의 의의와 중요성 및 조사방법과 일정 등을 소개하고 패널참여를 요청하였다. 패널에 참여하겠다는 의향을 밝힌 응답자를 대상으로 설문지 관련 문항과 응답자특성 정보 이외에 패널의 집 전화번호, 핸드폰 번호, 은행 통장 계좌번호 등을 확인하였다. 집 전화번호와 핸드폰번호는 다음 차수부터 연락을 위한 목적으로 파악하였다. 집 전화를 이용하여 1차 접촉을 시도하였으며, 핸드폰은 부수적인 연락수단으로 활용하였다. 은행 통장 계좌번호는 조사 참여에 대한 사례금을 입금할 용도로 파악하였다.

패널조사는 패널관리를 어떻게 하느냐에 따라 조사의 성패와 관련이 깊은 패널유지율이 좌우된다. 패널관리 차원에서 다음 여덟 가지 방안을 활용하였다.

첫째, 패널 모집 과정에서 응답자에게 이번 조사의 중요성을 강조하였다. 이번 조사가 국내 선거조사에서 두 번째로 시도되는 패널조사이며, 대통령선거를 위한 최초의 패널조사라는 점을 충분히 설명하였다.

둘째, 패널조사에서 중요한 요건 중의 하나가 면접원과 패널 간의 친밀감 rapport 형성 이라는 점을 고려하여, 조사 차수마다 수퍼바이저와 면접원에게 응답자 응대와 관련한 교육을 반복하였다.

셋째, 패널이 조사일정을 예정할 수 있도록 조사를 마친 후 패널에게 다음 조사일정을 알려주었다.

넷째, 패널이 통화 중이나 부재 중일 경우 접촉횟수를 제한하지 않고 연결이 될 때까지 재접촉을 시도하였다. 일부 응답자는 접촉시도 횟수가 20회를 넘기도 하였다.

다섯째, 조사 참여를 강하게 거부하는 경우 차수 당 2회까지 접촉을 시도하였으며, 2회 연속거부를 한 경우 패널에서 탈락 처리하였다

여섯째, 패널이 조사 참여를 완곡하게 거부한 경우 차수 당 3회까지 재접촉을 시도하였으며, 3회 연속 거부를 한 경우 패널에서 탈락 처리하였다.

일곱째, 패널에게는 일정 수준의 사례비를 차수별 조사 종료 직후 패널의 은행 통장에 현금으로 입금함으로써, 패널이 조사에 지속적으로 참여할 수 있도록 자극하였다.

패널유지율은 패널구축과 함께 패널조사의 성패를 좌우하는 핵심적인 요건이다. 이번 조사에서는 원표본 유지율 60%를 목표로 하였다. 패널이 탈락하여도 표본을 대체하지 않았다.

이번 대통령선거 패널조사에서의 패널 유지율을 살펴보면 다음과 같다.

〈표4〉 패널유지율 (전체)

조사차수	조사표본	패널유지율
1차 조사	3,503명	-
2차 조사	2,911명	83.1%
3차 조사	2,524명	72.1%
4차 조사	2,382명	68.0%
5차 조사	2,208명	63.0%
6차 조사	2,111명	60.3%

약 8개월간 6차에 걸쳐 진행된 대통령선거 패널조사의 최종 패널유지율은 60.3%로 기획단계에서 목표로 삼은 60.0%를 달성할 수 있었다. 조사차수별로 패널탈락율을 비교해 보면, 1차 조사와 2차 조사 사이가 17% 수준으로 가장 높은 패

널탈락율을 보였으며, 다음으로 3차조사에서 원표본 대비 11%가 탈락하였다. 반면, 4차 조사 이후부터는 5%이내로 패널탈락율이 현저히 낮았다. 패널유지율을 높이기 위해서는 2차 조사나 3차 조사와 같이 패널조사 초반의 탈락율을 최소화하는 것이 중요한 것으로 볼 수 있다.

마스터샘플에서 구축한 패널 1,800명과 무작위추출을 통해 구축한 패널 1,703명의 패널유지율은 큰 차이를 보였다.

기존의 한국리서치 마스터샘플에서 구축한 패널의 경우 최종 패널 유지율이 73% 수준인 반면, 무작위로 추출하여 구축한 패널은 47%에 불과하였다. 특히, 무작위로 추출하여 구축한 패널의 경우 1차 패널 탈락율이 26%에 달하는 것으로 나타났다.

〈표5〉 패널유지율 (패널구축 유형별)

조사차수	마스터샘플 구축 패널		무작위추출 구축 패널	
	명	%	명	%
1차	1,800	100.0	1,703	100.0
2차	1,650	91.7	1,261	74.0
3차	1,503	83.5	1,021	60.0
4차	1,449	80.5	933	54.8
5차	1,368	76.0	840	49.3
6차	1,313	72.9	798	46.9

패널유지율만을 볼 때, 마스터샘플을 통해서만 전체 패널을 구축하는 것이 효율적이라 할 수 있으나, 마스터샘플이 조사 참여의향이 비정상적으로 높은 응답자들로 구성되어 있다는 비판에 자유로울 수 없다는 한계로 인해 부분적으로 활용하는 선에서 타협이 불가피하였다.

다만, 2007년 대선에서 YTN과 한국리서치가 마스터샘플을 활용하여 실시한

'사전에 모집한 응답자 패널을 대상으로 한 휴대전화 출구조사' 결과가 어떠한 출구조사 결과보다 정확하였다는 점은 시사하는 바가 크다고 하겠다. 마스터샘플을 이용하는 조사의 신뢰도가 여전히 논란의 대상이 되고 있는 상황에서, 그 오차의 가능성이 생각보다 크지 않을 뿐 아니라 정교한 설계와 엄밀한 조사 진행을 통해 극복가능한 수준이라는 점을 보여주는 사례인 것이다.

자료의 처리와 활용

수집된 자료는 1차적으로 한국리서치 자료처리팀에서 처리하여 연구부에 이관하였다. 연구부에서는 자료처리팀에서 처리한 데이터를 SPSS 파일 형식으로 받아 데이터를 검증한 후 검증 결과를 자료처리팀으로 전달하여 가중치를 부여하기 전 최종 결과를 확정하였다.

데이터가 확정된 후 연구부에서 패널할당변인(지역별·성별·연령별)과 학력인 가중치를 부여하였다. 할당변인인 지역별·성별·연령별은 각각의 교차값을 기준으로, 학력은 전체값을 기준으로 가중치를 부여하였다. 지역별·성별·연령별 가중치는 2006년 12월 31일을 기준으로 한 주민등록 인구현황을, 학력 가중치는 2005년 인구센서스 결과를 기준으로 하였다. 가중치를 부여한 방식을 수식화하면 다음과 같다.

$$S_{ij} = \frac{P_{ij}}{N} \cdot n$$

$$W_{ij} = \frac{S_{ij}}{R_{ij}}$$

W_{ij} : ij번째 가중값
N : 전체 유권자수
n : 전체 유효표본수
P_{ij} : ij번째 유권자수
S_{ij} : ij번째 할당표본수
R_{ij} : ij번째 유효표본수

가중값은 지역별·성별·연령별 교차 가중값과 학력 전체 가중값을 가중하는 방식으로 부여하였으며, 최종 결과가 최초 할당값과 유사한 수준이 될 때까지 가중값 부여 절차를 지속하였다.

한편, 한국리서치는 가중값을 부여한 최종 데이터를 토대로 다음 두 가지 형태의 데이터를 산출하여 운영위원회에 제출하였다. 첫째, 원자료 raw data를 통계 분석 프로그램인 SPSS 파일로 전환하여 제출하였다. 둘째, 개별문항을 사회인구학적 변인(성별, 연령, 학력, 직업, 소득 등) 및 주요 분석문항과 교차한 결과표를 한글파일 및 인쇄물로 제출하였다.

이번 제4회 전국동시지방선거 패널조사는 중앙일보와 SBS 등 신문사와 방송사가 참여한 조사라는 특징이 있다. 이에 따라 조사결과도 조사 직후 언론에 보도되었다.

〈표6〉 언론보도 일지

조사차수	보도일자 및 내용
6차 조사	[SBS 12월 23일 8시 뉴스] "이명박 정부 일 잘 할 것" 86%…막연한 기대? [SBS 12월 23일 8시 뉴스] 내년 총선도 "이명박 약발" 먹힐까?…"아마도" [중앙일보 12월 24일 1면] "이명박 정부 일 잘 할 것" 86% [중앙일보 12월 24일 3면] 대선조사 4.9 총선 적용하니 한나라당 185석"
5차 조사	[SBS 12월 14일 8시 뉴스] 흔들림 없는 1강 2강 체제, 골수지지층의 힘 [SBS 12월 14일 8시 뉴스] 유권자의 후보선택 "도덕성보다 능력" [중앙일보 12월 15일자 4면] 콘크리트 지지층 '합종연횡 영향 없다' 77% [중앙일보 12월 15일자 4면] 2위 싸움은 정동영 17% 이회창 12% [중앙일보 12월 15일자 4면] 선택 기준은 능력. 경력 52% 소속 정당 12% [중앙일보 12월 15일자 1면] 빅3 '지지층 충성도' 이명박 90% 정동영 83% 이회창 62%

조사차수	보도일자 및 내용
4차 조사	[SBS 11월 28일 8시 뉴스] 대선표심 유동적, 10명 중 4명 지지후보 바꿨다 [중앙일보 11월 29일자 1면] 대선패널 4차 조사 [중앙일보 11월 29일자 8면] 1위 "골수"의 힘... 2위 "변수"의 덫
3차 조사	[SBS 10월 21일 8시 뉴스] 이명박 대세론 "굳건"…정동영 지지율 급상승 [SBS 10월 21일 8시 뉴스] 이명박후보 독주 계속…BBK 수사결과가 변수 [중앙일보 10월 22일자 1면] 이명박 54.2% 정동영 15.3% [중앙일보 10월 22일자 3면] 노 대통령 지지자들 33.7% 이명박 〉 25.9% 정동영 [중앙일보 10월 22일자 3면] BBK 의혹 사실일 때 이명박 지지층은 [중앙일보 10월 22일자 3면] 정동영 20% 언제 넘을까
2차 조사	[SBS 8월 15일 8시 뉴스] 한나라 경선 누가되든 절반은 한나라 안 찍어 [중앙일보 8월 16일자 1면] 한나라 경선서 '진 후보' 찍은 사람 절반은 대선 때 한나라 안 찍을 듯 [중앙일보 8월 16일자 4면] 4개월 사이 41%가 지지 후보 바꿨다
1차 조사	[SBS 라디오 5월 3일] 2007대선패널조사 1차 결과를 정리한다 [SBS 5월 3일 8시 뉴스] 지역구도 변화ㆍ여성후보 약진… "표심 바뀐다" [SBS 5월 2일 8시 뉴스] "1위 이명박-2위 박근혜" 지지도 순위 여전 [SBS 5월 2일 8시 뉴스] 범여권, 쉽지 않은 "반한나라당 연합" [SBS 보도] 패널조사란 무엇인가? [SBS 보도][전문가 분석] 범여권 대연합 "쉽지 않다" [SBS 보도][전문가 분석] 여성유권자 "여성 대통령 Yes!" [중앙일보 5월 3일자 3면] 2007 대선 "3대 속설" 안 통할 수 있다 [중앙일보 5월 3일자 3면] 반한나라 연합 뜨면 …지지층 넓으나 인물 없는 게 문제 [중앙일보 5월 3일자 3면] 패널 여론조사는 같은 유권자 3500명 6차례 조사, 경마식 여론조사보다 더 심층적

이러한 보도는 다음의 절차를 거쳐 이루어졌다.

〈표7〉 언론보도 절차

1	데이터 및 테이블제출	· 한국리서치는 자료수집 완료 후 12시간 이내에 EAI에 제출
2	공동운영위원회 개최	· 자료수집 완료 후 24시간 이내 실시 · 분석방향 및 보도방향 협의
3	분석결과 제출	· EAI는 자료분석 결과를 보도시점 24시간 전에 각 언론사에 제출함
4	언론보도	· SBS보도를 우선으로 익일 중앙일보 보도 진행

언론보도에서는 패널조사의 장점을 보여주는 다양한 분석이 이루어지면서, 선거패널조사로서의 의미를 충분히 살릴 수 있었다.

먼저, 후보지지의 변동추이를 심층 분석하였다. 후보별로 단순 지지도 변화 뿐 아니라, 단순 지지도 변화 내면에 숨어 있는 지지층이 이탈과 유입의 구체적인 비율까지 확인이 가능하였다.

〈그림1〉 4차 · 5차 조사 간 후보별 유지 · 이탈 · 유입 비교

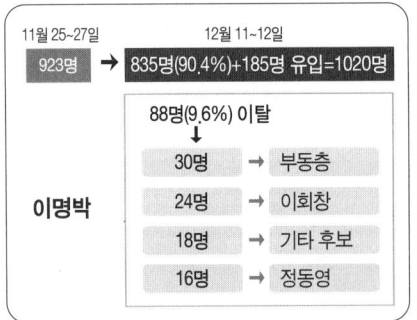
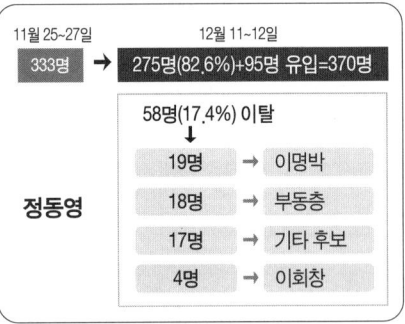

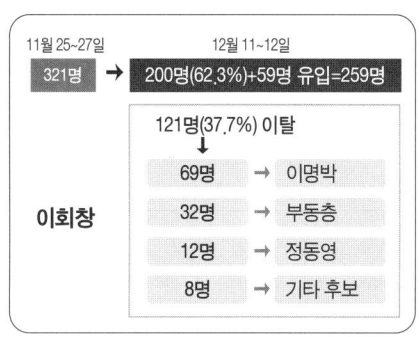

돌발이슈에 의한 영향을 확인할 수 있었던 점 역시 패널조사만이 수행할 수 있는 차별화된 장점이라 할 수 있다. 이번 선거에서는 정몽준과 김종필씨의 이명박 후보 지지 선언이나 심대평씨의 이회창 후보 지지 선언과 같은 돌발이슈가 발생하였으며, 관련 이슈가 유권자의 태도에 미치는 영향을 패널조사를 통해 명시적으로 확인할 수 있었다.

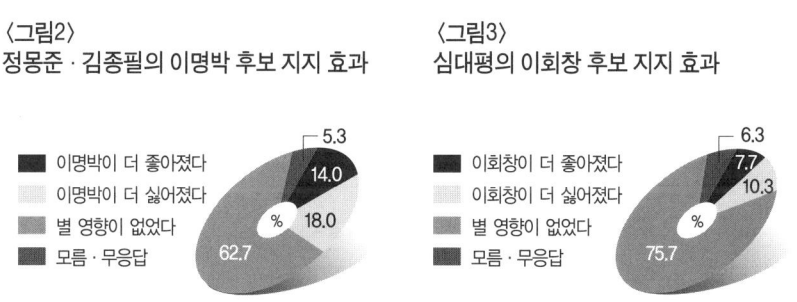

〈그림2〉
정몽준·김종필의 이명박 후보 지지 효과

〈그림3〉
심대평의 이회창 후보 지지 효과

제17대 대통령선거 패널조사의 한계

제17대 대통령선거 패널조사는 여전히 표본의 대표성 문제를 해결할 수 있는 완벽한 대안을 제시하지는 못하였다.

먼저 패널구축 시 참여의사가 높은 응답자만 모집됨으로써 나타나는 표집과정에서의 대표성 문제는 패널유지율 문제와 연계되어 적정 수준에서 타협이 불가피하였다. 한국리서치의 마스터샘플에서 51%를 추출하였다는 점에서 특히 대표성에 이의를 제기할 수 있으며, 무작위추출을 통해 구축한 패널 역시 참여의사가 높은 응답자만 추출하였을 가능성을 배제할 수 없다.

다음으로, 참여의사가 높은 응답자만 유지됨으로써 발생하는 패널 유지과정에서의 대표성 문제 역시 근본적인 해결은 하지 못하였다.

하지만, 프라이스와 잘러는 패널조사에서 지속적으로 응하는 층과 이탈하는 층 간에 정치적 관심도나 투표참여율 면에서 확실한 차이가 존재하지만, 그 외 정치적 태도에서는 큰 차이가 없다고 주장한다. (Price and Zaller 1993)

실제로 대선패널 6차 조사에서 대통령선거 투표여부를 질문한 결과 92.2%가 투표를 하였다고 응답하여 실제 투표율 62.9%보다 크게 높은 수치를 기록한 점이나, 마스터샘플을 활용한 YTN-한국리서치의 대선 예측조사가 가장 정확한 예측치를 발표하였다는 점 등은 프라이스와 잘러의 주장이 설득력이 있음을 보여주는 결과이다.

또한, 패널로 유지되는 응답자의 패널피로효과나 정치적 각성효과 역시 근본적인 극복방안은 마련하지 못한 것이 현실이다.

하지만, 패널손실을 극복하기 위해 시도한 ■3,500명의 대규모 패널 구축 ■마스터샘플과의 병용 등은 장장 9개월에 걸친 6차례 조사의 최종 패널유지율을 60%로 유지하는 성과를 가져왔으며, 패널피로효과 등 패널오염을 극복하기 위해 시도한 ■효율적인 인센티브 제도 ■자동화된 전화조사시스템 ■면접원에 대한 철저한 교육 등도 일정한 효과를 가져온 것으로 확인된다.

정해진 시간과 비용으로는 시도할 수 있는 노력에 한계가 있으며, 근본적인 패널조사의 한계를 극복하는 것이 요원하게 느껴지기도 하지만, 이번 대선패널

조사를 통해 시도한 여러 가지 노력들은 그 효과에 대한 보다 상세한 사후 분석을 통해 방법론적 개선점을 도출하는 계기가 될 것으로 기대한다.

⟨표8⟩ 응답자 특성별 패널유지율

(단위 : %)

조사차수	1차 조사	6차 조사	패널유지율
	3,503	2,111	60.3
성별			
남자	1,725	1,082	62.7
여자	1,778	1,029	57.9
연령			
19~29세	760	416	54.7
30~39세	820	531	64.8
40~49세	792	511	64.5
50~59세	544	327	60.1
60세 이상	587	326	55.5
학력			
중졸이하	441	179	40.6
고졸	1,100	661	60.1
대재이상	1,962	1,271	64.8
직업			
화이트칼라	967	624	64.5
블루칼라	493	265	53.8
자영업	685	435	63.5
주부	899	542	60.3
학생	243	123	50.6
무직/기타/무응답	216	122	56.5
소득			
100만원 미만	320	141	44.1
100~199만원	458	254	55.5
200~299만원	773	481	62.2
300~399만원	778	495	63.6
400만원 이상	1,088	711	65.3
모름/무응답	86	29	33.7

조사차수	1차 조사	6차 조사	패널유지율
권역			
서울	750	463	61.7
인천/경기	936	581	62.1
대전/충청	358	209	58.4
광주/전라	378	211	55.8
대구/경북	373	223	59.8
부산/울산/경남	568	344	60.6
제주/강원	140	80	57.1

응답자 특성별로 패널 유지율을 살펴보면 다음과 같다.

성별로는 여자보다 남자가 패널유지율이 높은 것으로 나타났으며, 학력이 높을수록, 소득이 높을수록 패널유지율이 높은 경향을 보인다. 연령별로는 30대와 40대에서 패널유지율이 높은 반면, 20대와 60대 이상에서 상대적으로 패널유지율이 낮은 결과를 보였다.

이는 루즈벨트와 카톤이 기존 연구들을 종합하면서 패널손실에 영향을 미치는 변수로 제시한 성·학력·소득·연령 등의 변수가 이번 대선패널조사에서도 여전히 영향을 미치는 것을 보여주는 결과이다(Looseveldt & Carton 1997).

동시에 이번 대선패널조사의 패널유지율은 기존의 인구통계학적 변수 이외에 다른 요인에 의해 영향을 받은 결과가 나타나고 있다. 예를 들어, 20대와 학생층에서 패널유지율이 낮은 것은 과거 연구결과에서 연령이 높을수록, 저학력일수록 패널손실이 증가한다는 가설에 부합되지 않는 결과이며, 지역별로 광주/전남 지역에서 특별히 패널유지율이 낮게 나타난 결과 역시 기존의 연구결과로는 설명이 부족하다.

이러한 결과는 대선에 대한 관심도나 투표에 대한 관심도가 패널유지율에 영향을 미친 것으로 이해하는 것이 오히려 적합하다고 하겠다. 실제 투표율이 가장 낮은 20대와 학생층은 대선이나 투표에 대한 관심도가 낮고 패널에 지속적으로 참여할 유인을 느끼지 못한 결과로 이해할 수 있으며, 광주/전남 지역의 경우 범여권의 대선 승리 가능성이 희박한 상황에서 대선에 대한 관심이 줄어든 결과로 해석이 가능하다.

즉, 기존의 인구통계학적 변수 이외에 해당 주제에 대한 관심도 역시 패널유지율에 영향을 미치고 있음을 알 수 있다. 이러한 결과는 향후 패널조사를 기획하는 과정에 최초 패널의 구성비를 조정함으로써 최종 패널의 응답자 대표성을 확보하기 위한 참고자료로 활용이 가능하다.

제 1 부

사회경제적 특성과 정치행태

1. 2007 대선, 그리고 정치균열의 진화　　김민전

2. 지역주의는 변화했을까　　강원택

1

2007 대선, 그리고 정치균열의 진화

김 민 전

서론

우리의 부모 세대들은 선거가 끝난 다음날 아침신문에서 예외 없이 농촌에서는 여당 의원들이 대거 당선이 되는 반면, 야당은 도시에서 당선되는 것을 보아왔다. 그러나 민주화와 함께 투표행태도 변화했고, 또 그 결과로 나타나는 정치균열도 변화했다. 이제 선거가 끝나면 어김없이 한반도의 동쪽과 서쪽이 다른 정당의 색으로 채워지는 결과가 나왔다. 동쪽벨트와 서쪽벨트의 중심은 영남과 호남으로 두 지역이 가장 짙은 색으로 칠해졌고, 거기서부터 멀어질수록 색은 옅어져서 수도권이 어느 쪽과 비슷한 색이 되든지 가장 옅은 색으로 칠해졌다.

지난 2002년 대선에서도 한반도의 동쪽과 서쪽으로 승리한 정당의 색이 나뉘는 현상은 지속되었지만, 그 이전 선거에서는 볼 수 없었던 새로운 현상이 나타났다. 바로 우리의 가정과 직장이 선거의 최전방이 되었던 것이다. 보수논객으로 잘 알려진 조갑제씨는 이 땅의 아버지들에게 노무현 후보를 찍을 경우 용돈을 안주겠다고 대학생 아들딸들을 위협해야 한다는 선거운동 지침을 내리는

가 하면, 인터넷에는 대학생 아들딸들에게 아버지를 설득하는 것은 불가능하므로 어머니와 할머니를 자신의 편으로 만들어야 한다는 선거운동지침이 떠돌아 다니기도 했다. 또 대리급 이하의 직원들은 부장님과 대놓고 토론하지는 못했지만 그들이 지지하는 후보가 이길 것을 바랬다. 그리고 선거 다음날 아들과 딸, 대리급 이하 직원들은 신이 났지만, 아버지와 부장님은 힘이 빠졌다. 자신들의 시대가 지나가고 있다고 느껴야했다.

2007년 대선에서 우리는 또 한 번의 변화를 목격했다. 이제 가정과 직장은 더 이상 격렬한 선거의 최전방이 아니었다. 가정에서도 직장에서도 선거를 두고 흐르는 긴장은 찾아보기 어려웠다. 다만, 긴장하는 쪽은 일부의 정치권이었다. 더 이상의 네거티브 선거운동은 없을 정도로 격한 네거티브 선거운동이 진행되었지만, 후보들의 지지율은 미동도 하지 않았기 때문이다.

지난 선거들에 있어서의 몇몇 주요 장면들을 떠올려보면, 선거에서 나타나는 주요 전선이 변화하고 있음을 감지할 수 있다. 선거에 있어서의 전선, 좀 더 전문적으로 표현하면 선거에서 드러난 정치균열은 정당구도에 영향을 주며, 정당구도는 다시 정치적인 경쟁과 협력이 어떤 형태로 일어날지에 영향을 주게 된다는 면에서 학문적으로 매우 중요한 개념이다. 따라서 여기서는 역대 선거에서 나타난 주요 정치균열들은 무엇이고, 또 역대 선거에 나타난 정치균열들은 어떻게 변화했는지 살펴보고자 한다. 이러한 역사적인 시각 속에서 2007년 대통령선거에 나타난 정치균열의 특성은 무엇인지 살펴보고, 향후 한국의 정치균열이 어떻게 변화할지 전망해보고자 한다. 이를 위해 먼저 다른 나라에 있어서의 정치균열의 진화패턴은 어떠했는지를 먼저 살펴보고자 한다.

정치균열의 역사성과 지역성

정치균열은 언어, 인종, 지역 등과 같이 상이한 속성을 지닌 집단 상호 간에 나타나는 전통적인 균열이 있으며, 이념, 탈물질주의와 같이 서로 다른 가치를 중심으로 나타나는 가치균열이 있다. 신제도주의자들이 주장하듯이 정치균열은 어떤 선거제도를 채택하고 있는가, 그리고 정치엘리트들이 정치전략적으로 어떤 균열을 만들어 나가는가에 따라서 그 형태가 달라질 수 있지만(Cox 1997), 대체로 그 사회가 겪은 역사적인 경험에 의해 형성된 사회균열을 반영하고 있다고 볼 수 있다.

균열이론을 정립시킨 립셋과 로칸이 예로 들고 있는 서유럽은 국민혁명 National Revolution과 산업혁명 Industrial Revolution 과정에서 사회균열이 형성되었고, 그렇게 만들어진 사회균열이 오늘날까지 유럽의 정치균열에 영향을 미치고 있다고 한다(Lipset & Rokkan 1967).[1]

18, 19세기에 서유럽의 전역을 휩쓸었던 국민혁명은 한편으로는 중앙집권화의 정도와 속도 등을 두고 중앙과 지방의 대립을 낳았으며, 다른 한편으로는 국가건설을 위하여 국민을 동원하는 과정에서 세속정부와 전통적 권위를 행사해 왔던 카톨릭 교회의 마찰을 낳았다는 것이다. 그리고 이러한 중앙과 지방의 대립, 종교와 세속정부의 대립에 의해 형성된 균열이 지금까지도 지속되고 있다고 한다.

또한, 나라마다 약간의 시차가 있기는 하지만 19세기에 유럽 전역으로 확산되었던 산업혁명은 도시와 농촌, 그리고 자본과 노동자 간의 갈등을 발생시켰다고 한다. 산업화의 진행은 산업화가 되기 이전에 있어서 경제적 부의 원천이었던 토지를 기반으로 하는 세력과 산업을 기반으로 하는 새로운 세력 간의 갈등, 즉, 도시와 농촌 간의 갈등을 초래하였다고 한다. 그리고 산업화가 진행됨에 따라 산업에 기반 한 세력이 압도적으로 우월하게 되자 자본가와 노동자 간의 새로운 균열구조가 나타나게 되었다고 한다.

결국 립셋과 로칸에 따르면, 유럽 사회는 근대에 있었던 국민혁명과 산업혁명의 결과로 중앙과 지방, 세속정부와 교회, 도시와 농촌, 그리고 자본과 노동의 사회균열이 형성되었고, 이러한 균열 축을 따라 정당의 경쟁구도가 만들어지게 되었다는 것이다. 또, 이러한 균열에 따라 만들어진 정당에 대한 충성심은 동결되어 있기 때문에 사회적 균열이 사라지고 난 이후에도 정당은 지속되고 있다고 한다.

그러나 조금 더 자세히 보면, 립셋과 로칸이 주장하듯이 과거의 사회균열을 반영하는 정당이 사라지지 않고 계속되고 있다고 해도 그 정당이 과거의 균열을 그대로 반영하고 있는 것이 아니라 새로운 균열을 반영하고 있는 것을 볼 수 있다. 또, 과거의 균열은 약화되거나 사라지고 새로운 균열이 중심적인 균열로 자리 잡게 되는 것을 볼 수 있다.

예를 들면, 미국의 민주당과 공화당은 150여 년 이상 계속되고 있지만 양당이 대변하고 있는 정치적인 균열에 있어서는 적지 않은 변화가 있었다. 역사적으로 민주당이 남부의 지주계급의 이해를 대변하고 있었다면, 공화당은 산업세력의 이해를 대변하고 있었다. 그러나 산업화가 진행될수록 자본과 노동의 이해가 분화되어 한 배를 타기가 어렵게 되는데, 급기야 1930년대에 이르게 되면 자본은 공화당의 지지기반으로 그대로 남아있지만 노동은 민주당의 지지기반으로 변화하게 된다(Rogowski 1987).

또, 남북전쟁의 예에서 극명하게 나타난 것과 같이, 미국은 전통적으로 남부에서는 민주당이, 북부에서는 공화당이 우세를 보여 왔었다. 그러나 이러한 전통적 지역을 중심으로 하는 정치균열 역시 변화하는 것을 볼 수 있다. 1960년대 이후 민주당은 공화당의 심장부였던 동북부에서, 공화당은 불모지나 다름없었던 남부에서 많은 당선자를 내기 시작하더니 이제 동북부는 민주당이 남부는 공화당이 석권하게 되는 것을 볼 수 있다.[2]

미국의 경우가 정당체계는 지속되지만, 정당이 대표하는 정치균열은 변화하고 있는 경우라면, 영국의 경우는 과거의 정치균열이 새로운 정치균열에 의해 대체되고, 이에 따라 정당체계도 변화하는 경우를 나타내고 있다. 위그Whigs와 토리Tories로 대표되는 최초의 정치균열은 왕과 교회의 권한을 얼마나 제한할 것인가, 그리고 의회의 권한을 얼마나 강화할 것인가를 두고 형성된 것이었다. 그러나 20세기 초 노동당의 창당과 함께 주요 정치균열도 자본과 노동 간의 계급적인 균열로 대체되었다.

또, 역사적인 정치균열이 남아 있는 경우에도 독자 생존하기보다는 오늘날의 균열과 결합되는 경향이 있다. 예를 들어, 종교는 국민국가의 형성시기에 있어서는 유럽 국가들에 있어 가장 중요한 갈등의 축이었다. 그러나 아일랜드 등 극소수의 지역을 제외하고는 다수의 유럽국가에서 종교는 더 이상 중요한 갈등의 축으로 작용하지 않는다. 또, 종교의 영향력이 남아 있는 경우에도 독일이나 프랑스 등에서 보듯이 중도 혹은 우파정당과 결합되어 있는 경우를 볼 수 있다.[3]

결국 립셋과 로칸의 주장처럼 오늘날의 정당체계 속에 과거의 정치균열의 흔적이 남아 있는 것도 사실이지만, 동시에 주요 정치균열은 사회의 변화와 함께 변화하고 있음을 알 수 있다. 주요 정치균열이 변화함에 따라 과거의 정치균열은 정치적인 의미를 잃거나 새로운 정치균열과 결합하고 있다고 볼 수 있다.

역대 선거에 드러난 주요 정치균열

우리의 현대정치시기 유럽이니 미국처럼 수 백 년에 이르는 것은 아니다. 그러나 비교적 짧은 시간임에도 불구하고 서구가 경험한 사회적인 변화를 압축적으로 경험하고 있는데, 이러한 압축적인 사회변동에 따라 정치균열 역시 적지 않게 변화하고 있는 것으로 나타나고 있다.

근대화와 도농균열

제헌의원 선거에는 48개의 정당, 단체가 참여한 선거였지만, 중도진영과 좌익진영은 참여하지 않았다. 뿐만 아니라 선거결과도 무소속이 전체의석의 42.5%를 차지하는 선거였다. 이 때문에 제헌의원 선거에서는 뚜렷한 선거의 쟁점이 만들어지기 보다는 후보자 개인중심의 선거가 되었다. 또, 제2대 국회의원 선거에서는 중도진영 인사들이 출마 쪽으로 방향을 틀었고, 이에 따라 선거운동이 일부 지역에서는 좌우의 이념대결 같은 양상으로 전개되기도 했지만, 무소속이 의석의 60%를 차지하게 됨에 따라 특별한 정치균열을 형성하지는 못했다고 할 수 있다(심지연 · 김민전 2006, 434-450).

그러나 제3대 선거를 앞두고 자유당이 결성됨에 따라 향후 선거는 본격적인 여와 야의 대결이 이루어지게 되었다. 그리고 이후 선거에서는 여당과 야당의 당명은 바뀌었지만, 기본적인 대립구도는 민주화가 이루어질 때까지 유사하게 전개되었다. 여당은 안정적인 국정운영과 경제성장을 위한 안정의석의 필요성을 호소했고, 야당은 여당에 대한 견제와 민주화를 호소했다.

이러한 권위주의와 민주화의 대립구도 속에서 누가 여당을 지지했고 누가 야당을 지지했는가를 분석해 보면, 가장 대표적으로 나타나는 균열이 여촌야도 현상이다. 여당 후보들은 도시에서 농촌으로 갈수록 높은 당선율을 보이고 있는 것에 반해, 야당후보들은 도시에서 주로 당선이 되고 있는 것이다.

〈그림1〉은 제4대 민의원 선거결과를 나타내고 있는데, 여당인 자유당은 서울에서 단 1석만을 얻고 있는 것에 반해 야당인 민주당은 14석을 얻었다. 또, 서울을 제외한 나머지 26개의 시에서는 자유당이 12석만을 얻고 있는 것에 반해, 민주당은 29석을 얻고 있다. 이에 반해 자유당이 읍이 없는, 다시 말해 가장 도

<그림 1> 4대 민의원 선거결과

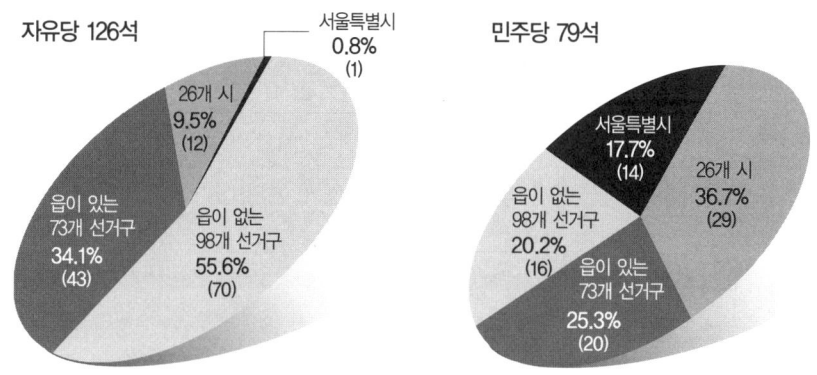

출처 : 윤천주 1978, p.198.

시화가 덜 된 선거구에서는 전체 의석의 55.6%를 얻고 있고, 민주당은 읍이 없는 선거구에서는 단 20.2% 만을 얻고 있다(윤천주 1978, 198).

그리고 이러한 여촌야도의 현상은 다수의 학자들에 의해 민주화가 될 때까지 지속적으로 나타나고 있는 것으로 밝혀지고 있다(Lim 1968; 송인국 1971; Kim & Koh 1972; Kihl 1973; 윤천주 1981; Choe & Kim 1985). 문제는 왜 선거 때마다 여촌야도 현상이 나타나는가 하는 점인데, 이에 대해 다수의 학자들은 근대화를 그 이유로 제시하고 있다.

근대화로 교육수준이 높아진 도시는 투표선택에 있어서 정부의 관권, 금권에 의한 개입에 의해 영향을 덜 받았지만, 교육수준이 낮고 전근대 사회의 특징인 1차적인 관계가 지속되던 농촌에서는 준봉투표가 혹은 동원투표가 이루어지고 있었기 때문이라고 한다(송인국 1971; Kim & Koh 1972).

민주화 이후에도 도시와 농촌은 연령, 교육수준과 같은 사회학적인 특성이나 정치이념 등과 같은 가치적인 특성에 있어서 뚜렷한 차이를 보이고 있고(김민전 2007), 또 선거에서의 선택에 있어서도 차이를 보일 때가 있지만,[4] 정치적 균열로서의 의미는 잃게 되었다. 급격한 도시화는 농촌의 급속한 축소를 야기했고, 이에 따라 농촌은 도시와 정치적 균열 축을 이루기에는 이제 너무 약화되었다고 할 수 있다.[5] 또, 민주화 이후 주요지도자의 출신지역을 중심으로 정치적인 선호가 나뉘는 지역균열이 강력하게 나타나게 됨에 따라 약 40년간 한국 정치를 지배하던 정치균열이 정치적 영향력을 잃게 된 것이다.

민주화와 지역균열

1971년 대통령선거에서 박정희 후보는 강원과 영남지역에서 압도적인 득표를 했지만, 김대중 후보는 서울, 경기를 비롯해 호남지역에서 우세한 것으로 나타났다. 이 같은 표의 동서현상에 대해 정부의 개발정책에 의해 혜택을 받은 지역과 그렇지 않은 지역 간에 표 차이가 난 것이라는 지적이 나오기도 했다(송인국 1971).

서구의 역사에서 국민국가의 형성이나 산업화를 주도한 지역과 그렇지 못한 지역 간에 균열이 나타났던 것과 마찬가지로 정부가 주도하는 산업화정책의 혜택을 크게 받은 지역과 그렇지 못한 지역 간에 균열이 나타났던 것이다. 그러나 1971년에 나타났던 지역균열이 한국정치의 주된 균열로 곧바로 자리 잡지는 못했다. 무엇보다도 국민이 직접 뽑는 대통령선거가 민주화가 될 때까지 더 이상 실시되지 못했고, 체제의 비민주성이 강화되었기 때문에 산업화 대 민주화의 대립구도가 좀 더 지속될 수밖에 없었던 것이다.

13대 대선은 민주화에 따라 16년 만에 국민의 손으로 직접 대통령을 선출한 선거였다. 그리고 민주화로 인해 13대 대선에서는 더 이상 산업화 대 민주화의 구도는 작동하기 어려웠다. 이러한 상태에서는 유권자의 표심은 주요 대선후보의 고향에 따라 나누어졌고, 수도권도 유권자의 고향에 따라 표가 나누어지는 현상이 나타났다.

　대통령선거에서부터 나타난 지역 간의 대립은 그 다음 해에 치러진 13대 국회의원 선거에서는 걷잡을 수 없는 상황에 이르렀다. 여당인 민정당은 대구의 8개 선거구에서 모두 승리하고 경북의 21개 선거구 중 17개 지역에서 승리하였다. 김대중이 이끄는 평민당은 광주와 전라남·북도 37개구 선거구에서 모두 승리했고, 김영삼이 이끄는 민주당은 부산의 15개 선거구 중 14개에서 승리하였다. 그리고 김종필이 이끄는 공화당은 충남의 18개 선거구중 13개 선거구에서 승리하였다(이남영 1996, 155).

　민주화와 같은 주요 이슈가 사라진 가운데 같은 고향의 후보를 선택하는 유권자의 선호와 지역적으로 결집된 표의 대표에 유리한 선거제도인 1인선거구 최다득표제, 그리고 지역감정을 건드리는 선거전략, 영남의 장기집권에 대한 호남의 소외감 등으로 인해 민주화 이후 처음 형성된 정당체제는 동부벨트가 이분되고 서부벨트가 이분된 지역균열에 의해 만들어진 4당 체제로 정립되었다.

　그러나 4분된 지역균열은 그 다음 14대 대선에서는 동부벨트와 서부벨트로 통합되었다. 정치제도와 정치인들의 선거전략이 동시에 작동하고 있었기 때문이다. 일반적으로 의원내각제는 선거가 끝나고 난 이후에 집권을 위한 정당 간 연합이 이루어지지만, 대통령제에서는 선거를 하기 이전에 선거연합을 키워 선거에서 이기고자 하게 되는데, 13대 대선에서 분열하면 진다는 교훈을 얻은 정치인들은 대선승리를 위해 적극적으로 연합을 하게 되었기 때문이다.

　14대 대선을 앞두고는 3당 합당에 의해 경상남·북도와 충청도가 결합해 호남과 대립하는 구도가 만들어졌으며, 15대 대선을 앞두고는 DJP연합에 의해 호남과 충청이 결합해 영남과 대결하는 구도가 만들어졌다. 그리고 16대 대선을 앞두고는 노무현과 정몽준의 단일화와 더불어 수도이전 공약으로 인해 호남과 충청이 지역연합을 하는 모양새가 만들어졌지만, 세대, 이념과 같은 새로운 균열이 강화되면서 3김 시절에 비해 지역주의가 일부 약화되었다고 볼 수 있다.

16대 대선에서 지역주의의 약화를 주장하는 근거는 주로 영남과 충청지역의 변화를 바탕으로 하고 있다. 충청지역이 과거의 DJP 연대에서와 같이 정치지도자의 정치적인 결정에 따라 투표를 한 것이 아니라 행정수도 이전과 같은 이슈에 따라 투표선택을 하였다는 점, 그리고 충청지역에서의 표 차이가 줄어들었다는 점에서 충청도에서의 지역주의가 16대 선거에서 과거보다 덜 했다고 평가할 수 있다.

　　영남 역시 16대 대선에서 지역적인 몰표가 이전 선거에 비해서 줄어 든 것으로 나타나고 있다. 15대 대선은 3자 대결이었던 반면에 16대 대선은 양자대결이었으므로 일 대 일 비교를 하기는 어렵지만, 15대 대선에서 호남기반 정당이 15%를 넘지 못했던 것에 반해 16대 대선에서는 25%에 이르게 된다. 이렇게 영남에서 노무현 후보의 지지율이 약진할 수 있었던 것은 영남출신의 민주당 후보라는 점이 크게 작용했던 것이 분명하지만, 그에 못지않게 중요한 것은 세대와 이념균열에 따라 젊은 세대와 진보층이 노무현 후보를 지지함에 따라 지역주의

〈표1〉 14~16대 대선의 지역별 득표율 (%)

지역구분	14대		15대		16대	
	김영삼	김대중	김대중	이회창	노무현	이회창
수도권	36.0	34.8	41.4	37.8	50.5	44.3
충청	36.2	27.3	43.1	26.9	51.8	40.9
영남	68.0	10.0	13.2	58.1	25.5	68.6
호남	4.2	90.9	92.9	3.3	92.3	4.9
강원	40.8	15.2	23.3	42.4	40.9	51.8
제주	39.3	32.4	39.8	35.9	55.3	39.4
전체	41.4	33.4	39.7	38.2	48.5	46.2

자료 : 중앙선거관리위원회, 역대선거정보시스템(http://www.nec.go.kr/sinfo/index.html)

적인 몰표가 줄어들 수 있었던 것으로 보인다.

탈3김, 그리고 세대와 이념

세대균열이 지니고 있는 정치적 중요성에 대한 주목 역시 민주화 직후부터 학계에서 나오기 시작했다. 1987년 대선, 1988년 국회의원 선거, 1991년 광역의회선거를 분석한 정진민(1993)은 도농균열보다 세대균열이 더 강하게 작동하고 있음을 밝히고 있다. 이는 1988년 국회의원선거를 분석한 이갑윤(1990)의 결과와 동일한 것이기도 한데, 이렇게 세대요인이 선거결과에 영향을 주는 것은 우리의 역사적 경험과 무관하지 않은 것으로 보인다. 식민, 전쟁, 그리고 압축적인 경제성장으로 세대마다 상이한 경험을 하였고, 이것이 정치적 태도에도 영향을 주고 있는 것이다.

그러나 세대균열이 주요한 정치균열로 등장한 것은 2002대선에서였다. 〈표2〉에서 보듯이 1997년 대선에서도 세대요인이 작동하지 않았던 것은 아니지

〈표2〉 16, 15대 대선의 세대별 득표율 (%)

연령	16대 *				15대**		
	노무현		이회창		이회창	김대중	이인제
	MBC-KRC	KBS-Gallup	MBC-KRC	KBS-Gallup			
20대	59.0	62	34.9	31	21.9	25.8	33.9
30대	59.3	59	34.2	34	22.9	24.0	30.2
40대	48.1	47	47.9	49	22.4	18.8	20.1
50대	40.1	40	57.9	58	32.8	31.4	15.9
60대	34.9		63.5				

주1. * KBS와 MBC의 출구조사결과.
주2. ** 한국사회과학데이터센터 1997 대통령선거후조사 자료. 강원택(2003) pp. 298-299에서 재인용.

만,[6] 2002년 대선에서 폭발적으로 증가하고 있는 것이다. 이렇게 세대갈등이 표출된 원인은 미군장갑차에 의한 여중생사망사건으로 인해 평화이슈가 전면에 부각된 것과 무관하지 않다. 전쟁과 냉전의 경험이 없는 젊은 세대는 기성세대보다 북한에 대해서는 유화적인 입장을 지니고 있는 반면, 한미동맹에 대해서는 부정적인 입장을 지니고 있었다. 이에 따라 '평화냐 전쟁이냐'를 호소하던 노무현 후보에게 높은 지지를 보냈던 것이다. 또, 3김의 퇴장은 지역주의가 약화될 수 있는 원인을 제공함에 따라 세대균열이 더 부각될 수 있었던 것으로 보인다.

건국 초기를 제외하고는 이념이라는 용어가 한국정치에서는 별 의미를 지니고 있지 않았다. 그 대신 경제성장을 업적으로 내세우는 권위주의 정부를 지지하는 여당지지성향과 민주화를 지지하는 야당지지성향, 즉 여야성향이라는 개념이 서구에서의 이념에 해당하는 정치적 중요성을 가진 개념이었다(조중빈 1993). 그러나 민주화 이후에는 여야성향이라는 개념이 지니고 있는 분석력은 줄어들 수밖에 없게 되었다. 이제 정권교체가 언제든지 일어날 수 있게 되었고, 특히 과거의 야권이 여당이 될 수 있는 상황이 되었기 때문에 여야 성향이 일관된 잣대로 작동하기 어렵게 된 것이다.

이념성향은 이와 같이 여야성향이라는 개념의 현실 적용성이 감소되는 가운데에서 출현하였다. 이러한 상황 속에서 출현한 개념이 이념성향이다. 김영삼 정부의 등장은 과거의 야권이 여권과 연합해 정권을 창출한 것으로 여야성향이라는 것이 고정된 방향성을 가진 개념이 더 이상 아님을 보여주는 계기가 되었다. 뿐만 아니라 산업화 대 민주화라는 큰 갈등 축이 사라진 가운데에서 대북정책과 통일정책을 두고 첨예한 갈등이 나타나게 되었다.

이렇게 민주화 이후 대북정책을 두고 첨예한 갈등 구조가 나타난 것은 어떤 면에서는 당연한 수순이었다. 세계 유일의 냉전지역으로 남아 있는 한국이 직면한 가장 시급한 문제는 한반도의 탈냉전화였으며, 그 방법론을 두고 정치적인 갈등의 축이 만들어지게 된 것이었다.

<표3> 16대 대선의 이념성향별 지지율

구분		대선후보		전체
		이회창	노무현	
이념성향	진보	115 (22.5%)	395 (77.5%)	510 (100.0%)
	중도	169 (43.3%)	221 (56.7%)	390 (100.0%)
	보수	225 (64.3%)	125 (35.7%)	350 (100.0%)
전체		509 (40.7%)	741 (59.3%)	1250 (100.0%)
		$X^2 = 151.386$ df = 2 p = .000		

출처 : 김주찬, 윤성이(2003) p.87.

 이렇게 민주화 이후 대북문제를 두고 형성된 정치적인 갈등 축이 먼저 등장했기 때문에 우리나라에서는 대북정책에 대한 입장차이가 곧 이념성향과 동일시되는 특수한 상황이 발생하게 되었다. 이는 민간부문의 자율과 국가의 개입, 즉 정부의 크기를 중심으로 이념이 정의되는 서구와는 상당한 차이가 있는 것이었다(김민전 2007, 65).

 <표3>은 2002년 대선에서 이념성향별 지지율을 나타내고 있다. 노무현 후보는 스스로 진보성향이라고 응답하고 있는 유권자의 77.5%의 지지율을 받고 있는 것에 반해, 이회창 후보는 단 22.5%의 지지만을 받고 있는 것으로 나타나고 있다. 또, 노후보가 스스로 보수라고 응답하는 유권자의 35.7%에서 지지를 받은 것에 반해, 이후보는 64.3%의 지지를 받았다. 16대 대선에서는 이념이 상당히 중요한 요소로 작용하고 있었던 것이다.[7]

 결국 2002년 선거에서는 세대와 이념균열이 상당한 정치적 영향성을 발휘했던 선거라고 할 수 있다.

2007 대선에 나타난 정치균열

앞에서 살펴본 것처럼 도농균열, 지역균열, 세대균열, 그리고 이념균열이 그 동안 한국의 정치지형을 그려 온 주요 균열이라고 할 수 있는데, 도농균열은 민주화 이후 정치적 영향력을 상실한 것으로 나타나고 있다. 또, 민주화 이후 맹위를 떨쳐온 지역균열도 2002년 대선에서 일부 약화되는 조짐을 보이는 반면, 세대균열과 이념성향이 정치적 영향력을 얻기 시작한 것으로 나타났다. 2007년 대선은 이러한 정치균열의 진화경로를 그대로 유지하고 있는지, 아니면 수정하고 있는지 고찰해보고자 한다.

도농균열

2007 대선에서도 도시의 규모에 따른 선택의 차이는 분명히 드러나고 있다. 〈표 4〉에서 보듯이 이명박 후보는 대도시 지역에서는 50.1%의 득표율을 보이고 있고, 중소도시지역에서는 47.4%, 그리고 군지역에서는 45.5%를 보이고 있음에 반해, 정동영 후보는 대도시 지역에서는 18.5%, 중소도시지역에서는 23.6%, 그리고 군 지역에서는 32.1%를 기록한 것으로 조사되고 있다. 이는 이후보는 도시의 규모가 커질수록 지지율이 높아지고 있음에 반해, 정후보는 도시의 규모가 작아질수록 지지율이 높아지고 있는 것을 의미한다.

이렇게 이후보가 도시의 규모가 커질수록 유리한 반면, 정후보가 도시의 규모가 작아질수록 유리한 것으로 나타나는 것은 두 후보의 지역별 득표율과 밀접한 관계가 있는 것으로 보인다. 이명박 후보의 경우에는 수도권지역에서 높은 득표율을 보이고 있기 때문에 대도시지역에서 높은 득표율을 기록한 것으로 조사되고 있는 것에 반해, 정동영 후보는 호남지역에 득표가 집중되어 있는 것이 군 지역에서 강세를 보이는 것으로 나타나고 있는 것이다.

〈표4〉 17대 대선 도시규모별 득표율 (%)

권역구분	후보자	대도시	중소도시	군지역	합계
수도권	이명박	51.4	50.7	53.6	51.1
	정동영	19.3	17.8	20.0	18.6
영남권	이명박	55.9	62.5	62.1	58.8
	정동영	9.6	9.8	6.9	9.5
호남권	이명박	20.7	14.0	3.2	14.2
	정동영	67.2	68.4	90.3	71.1
전국	이명박	50.1	47.4	45.5	48.6
	정동영	18.5	23.6	32.1	21.7

자료 : EAI 17대 대선 패널조사(사후조사).

〈표4〉의 수도권, 영남, 호남 지역 내에서의 도시규모별 득표율 조사를 보면, 수도권 지역의 경우에는 이후보나 정후보 모두 도시규모별 득표율에 있어서 큰 차이가 없지만, 영남과 호남 지역에서는 약간 다른 모습이 드러난다. 영남에서는 이후보의 득표율이 대도시보다 중소도시나 군 지역에서 월등히 높은 것으로 나타나고 있는 반면, 정후보의 득표율은 군 지역이 대도시나 중소도시보다 낮은 것으로 나타나고 있다. 또한, 호남에서는 이후보가 군 지역보다 중소도시와 대도시에서 높은 득표율을 보이고 있으며, 정후보는 반대로 군 지역으로 갈수록 압도적으로 많은 득표를 한 것으로 조사되고 있다. 이는 조금 성급하지만, 영남과 호남의 대보시보다는 군 지역에서 지역주의가 더 강하게 작동하고 있는 것으로 보인다. 그러나 전반적으로 보면 도시의 규모가 독자적인 변수로서 자신의 이해를 대변하는 그런 주요 정치균열로 작동하고 있지는 않는 듯하다.

지역균열

민주화 이후 한국 정치의 가장 중요한 균열선이었던 지역균열은 2007년 대선에서도 적지 않은 영향을 발휘한 것으로 보인다. 전국적으로 보아서 이명박 후보는 호남이 8.9%로 최저의 득표율을 보이고 있다. 또, 이후보의 영남지역 득표율은 전국평균보다 약간 높은 편으로 지역몰표가 나왔다고 말하기 어렵지만, 대구 경북지역만 떼어 놓고 보면 70.6%의 놀라운 득표율을 보이고 있다. 정동영 후보의 지역의존성은 더 크게 나타나고 있다. 전국적인 득표율이 26.5%에 지나지 않지만 호남에서의 득표율은 79.5%나 된다.

또한, 이명박 후보의 지역별 득표율의 편차가 2002년 노무현 후보의 지역별 득표율의 편차와 비슷한 것에 반해, 정후보의 경우에는 2002년 이회창 후보의 지역별 득표율의 편차보다도 더 커진 것으로 나타나고 있다.

그럼에도 불구하고 민주화 이후 한국정치를 지배해 온 지역균열에 상당한 변화가 일어났다고 결론지을 수 있다. 변화의 진원지는 수도권이다. 과거 수도권은 영호남 지역주의가 경쟁하는 격전지이자, 어느 세력이 더 우세한가에 따라서 선거결과도 변하는 스윙 swing 지역이었다. 특히 수도권의 영남과 호남, 그리고 충청은 고향에 따라 투표를 하는 경향이 있었고, 얼마나 고향표를 결집시키는가에 따라서 선거의 결과가 바뀌는 곳이었다.

그러나 이번 선거에서는 수도권이 스윙지역이 아니라 이명박 후보의 텃밭으로 작용했다는 점에서 과거의 지역균열과는 큰 차이가 있다. 경선에서 박근혜 전대표를 누르고 이명박 후보가 한나라당의 후보가 되는 데에는 수도권의 지지가 있었기 때문에 가능했다. 처음으로 영·호남이 아니라 수도권의 지지를 받는 정치인이 주요 정당의 후보가 된 것이었다.

특히 주목할 만한 것은 충청이나 호남지역 출신 수도권 유권자들의 고향과의 동조 현상이 감소하고 있다는 사실이다. 〈표5〉에서 보듯이 충청지역은 행정

〈표5〉 16, 17대 대통령선거 지역별 및 수도권의 고향별 지지율 (%)

구분	전국*				수도권고향별**		
	16대		17대		17대		
	이회창	노무현	정동영	이명박	이명박	정동영	비율
수도권	44.3	50.5	23.9	52.0	53.0	14.2	43.6
충청	40.9	51.8	22.5	36.8	57.3	12.7	15.4
영남	68.6	25.5	10.2	62.0	69.9	6.5	14.8
호남	4.9	92.3	79.5	8.9	25.5	45.7	17.0
강원/제주***	48.6	44.6	22.2	48.2	52.7	16.1	9.2
전체	46.2	48.5	26.0	48.4	51.1	18.8	
표준편차	28.1	29.8	35.6	28.6	10.5	10.7	

주1. * 중앙선거관리위원회 최종집계 결과. (16대-http://www.nec.go.kr/sinfo/index.html,
17대- http://www.nec.go.kr:7070/pdextern/Main/)
주2. ** 동아시아연구원, 17대 대선패널 사후조사.
주3. *** 수도권 고향별 통계에 있어서는 기타지역도 포함되었음.

수도이전에 대한 이명박 후보의 반대 전력과 이회창 후보의 이 지역에서의 강세로 인해 이명박 후보가 호남 다음으로 낮은 득표율을 보인 곳이다. 그러나 대선조사패널조사에 응답한 충청출신 수도권 유권자들은 영남 다음으로 표를 몰아준 것으로 나타나고 있다. 또, 호남지역에서의 이후보의 지지율은 10%를 못 넘기고 있지만, 호남출신 수도권유권자들은 이후보에게 25%의 지지율을 보낸 것으로 드러나고 있다. 이러한 수도권 유권자들의 고향과의 동조화의 약세현상은 정후보에 대한 득표율 조사에서도 마찬가지로 발견된다.

이러한 동조화의 약세현상 못지않게 중요한 것은 수도권에 있어서 비수도권 출신이 줄어들고 있다는 사실이다. 패널조사에서 응답한 비율을 보면 스스로 수도권을 고향이라고 응답하는 유권자가 43.6%에 이르고 있다. 이러한 응답률이 실제 통계와 차이가 있다고 할지라도 이미 주관적으로는 스스로 수도권을 고향이라고 생각하고 있음을 의미한다고 할 수 있을 것이다. 이렇게 수도권을 고향이라고 여기는 유권자가 늘어나고 있다는 사실은 수도권은 과거와는 달리 영남이나 호남과 동조화 현상을 보일 가능성이 줄어들고 있음을 의미한다고 볼 수 있을 것이다.

세대와 이념균열

2002년 대선에서 강력하게 작용했던 세대와 이념 변수가 선거운동 도중에 크게 표출되지는 않았는데, 선거결과도 그것을 확인해 주고 있음을 알 수 있다. 17대 대선 결과를 보면, 모든 세대에서 이명박 후보가 정동영 후보를 앞선 것으로 나타나고 있다. 특히 놀라운 것은 16대 대선에 노무현 후보는 20대와 30대에서 거의 이회창 후보의 두 배에 가까운 득표를 한 것으로 나타나고 있지만, 17대 대선에서는 이명박 후보의 득표율이 오히려 정후보의 득표율을 앞서고 있다는 점이다. 여기서 특히 주목할 것은 이명박 후보는 16대에서 이회창 후보가 얻은 득표율에 비해 약 3%p정도 상승한 것임에 반해 정동영 후보의 지지율의 하락은 상당한 것으로 나타나고 있다는 점이다. 정후보의 20대 30대에서의 지지율은 16대 대선에서 노후보의 지지율의 약 1/3정도 밖에 되지 않는 것으로 나타나고 있다.

그러나 〈그림2〉를 보면, 이후보의 연령별 지지율의 구성에서 여전히 연령층이 높아질수록 지지율이 높아지고 있는 것을 볼 수 있다. 다만, 주목할 점은 16대 대선에서의 이회창 후보에 비해 기울기가 상당히 완만해지고 있다는 점인데, 이것은 이명박 후보에 있어서 세대별 지지율의 격차가 줄어들고 있음을 의미한다.

더욱 흥미로운 것은 정동영 후보의 세대별 지지율의 분포이다. 정후보는 20대에서 가장 지지가 낮으며, 그 다음은 60대 이상과 40대로 연령과 지지율 간에 선형적인 관계가 전혀 없는 것으로 나타나고 있다.

결국 이명박 후보에게 있어서는 연령대별 지지율의 격차가 완화되었고, 정

〈표6〉 16, 17대 대선 세대별 득표율 (%)

지역구분	17대 대선 *		16대 대선 **	
	이명박	정동영	노무현	이회창
20대	37.4	17.5	59.0	34.9
30대	37.4	25.4	59.3	34.2
40대	50.0	21.3	48.1	47.9
50대	56.2	25.4	40.1	57.9
60대 이상	69.0	19.3	34.9	63.5
합계	48.5	21.7	48.5	46.2
표준편차	10.1	2.9	8.7	10.5

주1. * 동아시아연구원 17대 대선패널 사후조사
주2. ** MBC-KRC 공동 여론조사 결과

〈그림2〉 16, 17대 대선 세대별 득표율

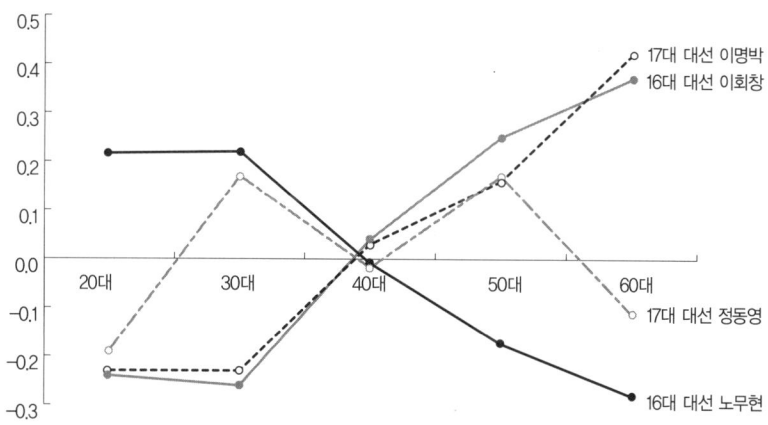

〈표7〉 16, 17대 대선 이념별 득표율 (%)

구분	17대 대선 *		16대 대선 **	
	이명박	정동영	노무현	이회창
진보	31.2	33.9	77.4	22.5
중도	48.7	24.9	56.6	43.3
보수	57.7	12.9	35.7	64.3
합계	48.6	21.8	59.3	40.7
표준편차	9.8	7.3	13.9	13.9

주1. * 동아시아연구원 17대 대선패널 사후조사
주2. ** 김주찬·윤성이 2003, 87.

〈그림3〉 16, 17대 대선 이념별 득표율

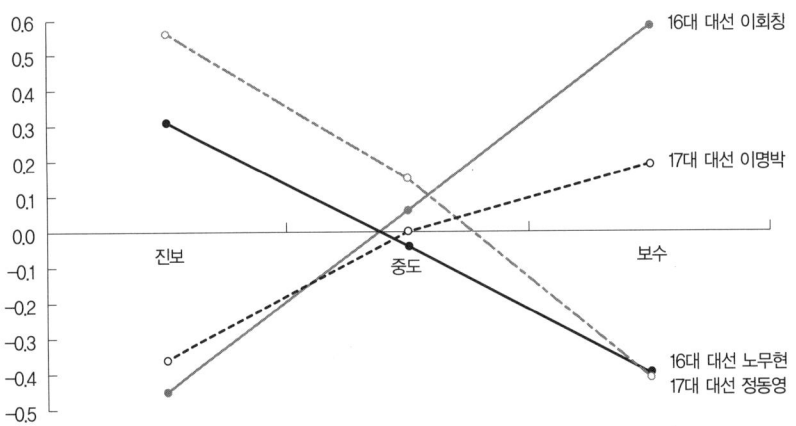

후보에게 있어서는 연령과 지지율 간에 아무런 관계가 없는 것으로 나타나고 있다. 이러한 점에서 2007년 대선에서는 세대균열이 약화되었다고 할 수 있다.

2007 대선 역시 이념변수가 적지 않게 중요한 것으로 보인다. 이명박 후보는 스스로 진보라고 응답하는 유권자에서 31.1%의 지지율을 보이고 있는 것에 반

해, 보수라고 응답하는 유권자에서는 57.6%의 득표율을 보이고 있다. 보수 성향의 유권자에서 더 높은 득표율을 보이고 있는 것이다. 반대로 정후보는 진보성향이라고 응답하는 유권자에서 33.8%의 득표율을 보이고 있는 것에 반해 보수성향에서 단 12.9%의 지지만을 얻은 것으로 나타나고 있다. 이는 두 후보 모두에게 있어서 이념성향별 지지율에 있어서 상당한 차이가 있는 것으로 나타나고 있는 것이다.

그러나 16대 대선과 비교해보면, 비록 정후보는 노무현 후보보다 진보성향의 유권자에 대한 의존도가 더 높아졌지만, 이명박 후보는 이회창 후보보다 보수성향 유권자에 대한 의존도가 큰폭으로 줄어든 것으로 나타나고 있다. 또, 이명박 후보의 지지율이 정후보의 약 두 배에 이르기 때문에 가중치가 높다는 점을 감안하면, 17대 대선은 16대 대선보다 다소 이념균열이 감소하였다고 볼 수 있을 것이다.

성별과 소득수준

성별과 소득수준은 그간의 한국정치에서 정치균열로서의 중요성을 주목받지 못한 변수들이었다. 그리고 2007년 대선에서도 크게 부각되지 못한 변수로 볼 수 있다. 다만, 한나라당 경선 당시 이명박 전시장과 박근혜 전대표의 지지율 분포를 보면 흥미로운 사실이 발견된다.

〈그림4〉는 20, 30, 40대 남성과 여성의 이명박 전시장과 박근혜 전대표에 대한 지지율을 나타내고 있는데, 1차 조사에서 두 경선주자에 대한 남, 녀의 지지율에 있어서 차이가 나타나기 시작하더니 2차 조사에서는 더 확대되고 있음을 보여준다. 1차 조사에서 이명박 전시장에 대한 남성의 지지가 46.8%이고 2차지지에서는 43%로 나타고 있는 것에 반해, 여성의 지지는 1차가 43.6%이던 것이 2차 조사에서는 34.6%로 감소하고 있다. 남성들에게 있어서도 1차보다 2차에서 약

간의 지지율 하락이 있었지만, 여성들에게 있어서는 10%p에 가까운 감소가 나타났다.

반면에 박근혜 전대표의 경우에는 1차 조사에서의 남성지지율이 15.3%이고 2차 조사에서는 16%로 나타나고 있는 것에 반해, 여성은 1차 조사에서 23.2%이던 것이 2차 조사에서는 29.6%로 나타나고 있다. 1, 2차 조사에서 남성의 지지율은 크게 변화하지 않은 것에 반해 여성의 지지율은 6%p나 상승해 2차 조사에서 20, 30, 40대 여성의 박근혜 전대표에 대한 표쏠림이 강화되고 있는 것을 볼 수 있다. 또, 2차 조사에서의 박근혜 전대표에 대한 여성의 지지는 남성지지의 두 배나 되는 것으로 드러나고 있다.

이렇게 남성과 여성의 지지율에 있어서 차이가 큰 것은 본격적인 고등교육

〈그림4〉 20, 30, 40대 성별 지지율 추이

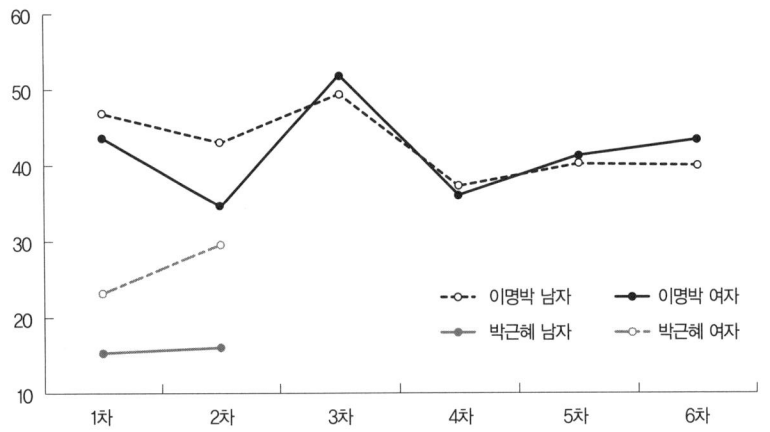

을 받은 이 세대의 여성들이 성인지적 정치의식을 형성하기 시작한 것이 아닌가 생각된다. 여성이 여성을 더 잘 대표한다는, 여성의 정치적 역할모델이 필요하다는 성인지적 정치의식에 눈뜨기 시작한 것으로 보인다.

그러나 여성후보가 사라진 이후의 여성유권자들의 흐름을 보면 남성과 여성의 의미 있는 차이는 거의 존재하지 않는 것으로 나타나고 있다. 여성후보가 없어지면서 여성의 성인지적 정치의식도 수면 아래로 잦아든 것으로 보인다.

결론 : 2007 이후의 정치균열 진화경로

2007 대선에 나타난 한국 정치균열은 특징은 크게 두 가지로 요약될 수 있을 것이다. 첫째, 2002년 선거와 비교할 때 이념균열과 세대균열은 일부 줄어들었다는 점이다. 이는 2002년 대선에서는 한반도 탈냉전의 문제가 대선의 주요 이슈로 부각되었던 것에 반해, 2007대선에서는 경제가 주요 이슈로 부각되었던 것과 밀접하게 관계가 있는 것으로 보인다. 탈냉전의 문제는 한국전의 경험여부와 같이 세대의 경험이 매우 다르기 때문에 세대균열의 작용가능성이 컸지만, 경제문제에 있어서는 '88만원 세대'라는 표현에서 보듯이 경제적 불안을 느끼는 젊은 세대가 기성세대와 현 정권의 책임을 묻는 입장을 취했기 때문으로 보인다.

그리고 앞으로도 2002년에 보았던 것과 같은 격한 세대균열이 나타날 가능성은 낮은 것으로 보인다. 2002년 세대균열의 핵은 전전세대와 광주를 경험한 386세대였다. 그러나 이제 인구구성의 측면으로 보아서 전전세대와 386세대가 대립할 수 있는 기회는 다시 오지 않을 것으로 보인다. 그리고 지난 10년 동안 일정 정도의 한반도 탈냉전화가 이루어졌기 때문에 이 역시 다시 국민적으로 논란을 일으키는 이슈로 등장할 가능성은 낮은 것으로 보인다.

둘째, 2007년 대선에서는 민주화 이후 한국정치를 지배해오던 지역균열에 있어서 적지 않은 변화가 있었던 것으로 추적된다. 그간에는 영남과 호남을 핵으로 하는 동서의 균열이 이루어져왔지만, 2007 대선에서는 수도권이 더 이상 영호남세력의 전쟁터가 아님을 분명히 하였다. 이렇게 수도권이 자신의 목소리를 낸 것은 이명박 후보가 서울시장 출신이고, 또 참여정부의 국토균형발전정책이 수도권의 발목을 잡았다는 인식이 팽배했던 것과도 무관하지 않았던 것으로 보인다.

그럼에도 불구하고 수도권의 독자화는 앞으로도 지속될 것으로 보인다. 무엇보다도 수도권의 인구가 전국의 절반을 차지하고 있기 때문에 사회, 경제에 이어 정치적인 영향력에 있어서도 수도권이 약진할 것이기 때문이다. 또한, 수도권 내에서 비수도권을 고향으로 하고 있는 주민이 줄어들고 있고, 나아가 비수도권을 고향으로 하고 있는 경우에도 고향과의 동조화현상이 줄어들고 있기 때문이다.

이러한 수도권의 독자화는 국가균형발전정책과 같은 정책이 이슈화가 되었

<그림5> 이명박 당선인의 정책포지션[8)]

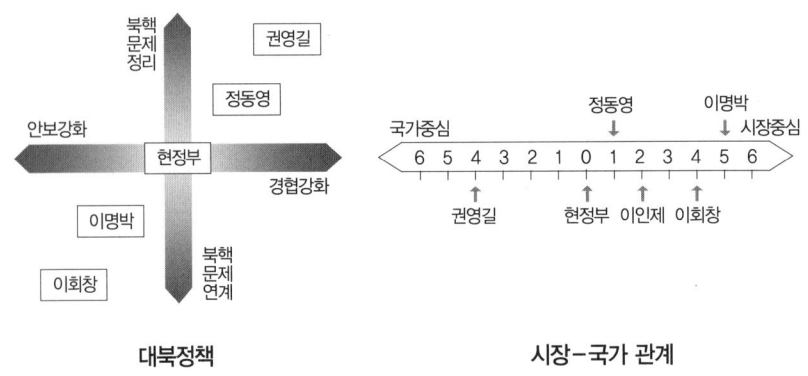

을 때에는 수도권 대 비수도권의 균열이 생길 수 있음을 의미하는 것이다. 동시에 더 이상 영·호남 지역적 패권주의가 수도권을 나누어 갖고, 또 한국정치를 재패하기는 어려움이 있음을 의미하는 것으로 보인다.

아울러 2002년 대선정국을 주도한 이념균열이 김영삼, 김대중 정부의 대북정책에 대한 지지와 반대를 중심으로 형성되기 시작했음을 감안해보면, 이명박 당선자의 정책은 새로운 정책균열을 일으킬 가능성이 있을 것으로 보인다. 〈그림5〉에서 보듯이 이명박 당선인은 대북정책에 있어서는 비교적 온건한 노선을 가지고 있지만, 경제정책에 있어서는 강한 시장주의적인 성향을 지니고 있다. 따라서 대북정책을 두고 사회적인 논쟁이 일어날 가능성은 적을 것으로 보이지만, 정부의 개입을 어느 정도로 할 것인지, 또 시장의 자율성을 어느 정도 보장할 것인지를 두고 논쟁이 일어나고, 또 이를 중심으로 정책균열이 생길 가능성이 상당히 높은 것으로 보인다. 이러한 가능성은 빈부격차가 커지고 있는 사회상황을 배경으로 쉽게 배양될 여지가 있을 것으로 보인다.

이렇게 될 경우 이념의 의미 자체가 변할 가능성이 있을 것으로 보이는데, 북한문제를 중심으로가 아니라 서구와 같이 정부의 개입정도에 대한 입장을 중심으로 이념이 나누어질 가능성이 있는 것으로 보인다.

1) 베일(Tim Bale)은 오늘날 유럽정당의 기원이 되는 균열을 다음과 같은 9가지로 보고 있다. 1) 토지-산업(18세기), 2) 소유주-노동자, 3) 도시-농촌, 4) 중앙-지역, 5) 교회-국가, 6) 개혁-중도, 7) 민주주의와 전체주의(1930년대 파시스트의 출현), 8)모더니즘-포스트모더니즘(1960년대), 9) 다문화주의-단일문화주의.

2) 이러한 지리적인 균열의 변화에 대해서는 여러 원인이 지적되고 있다. 남부의 개발과 함께 남부로의 부유층이 이동했다는 사실에서 그 원인을 찾기도 하고, 인종문제, 베트남전쟁, 문화적 급진주의가 정치적 갈등의 중심축에 등장함에 따라 진보적인 북부는 민주당의 지지로, 보수적인 남부는 공화당의 지지로 돌아서게 되었다고 한다. (Schneider 1981)

3) 독일의 Christian Democratic Union, 프랑스의 Nouveau Centre, 이태리의 Unione dei Democratici Cristiani 등을 들 수 있다.

4) 정진민(1996)은 14대 국회의원선거에서 제1야당은 농촌보다는 도시, 도시보다는 대도시에서 높은 지지율을 보이고 있음을 지적하고 있다.

5) 통계청이 발표하는 도시화율을 보면 60년 39.1%이던 것이 70년 40.7%, 80년 56.7%, 90년 73.8%에 이어 2005년에는 80.8%에 이르게 된다. 국가통계포탈 참조.

6) 1997년에 있어서 세대요인은 주요 두 후보에 있어서는 크게 작용하지는 않았다. 그러나 이인제 후보의 지지율을 보면 젊은 세대가 이인제 후보를 선호하고 있었음이 나타난다.

7) 김주찬, 윤성이(2003)는 정책이슈에 대한 태도를 요인분석한 결과 일부정책이슈에 있어서는 이념 대결이 나타나지만, 다른 정책이슈에 있어서는 그러하지 않으므로 이념선거, 정책선거였다고 보기 어렵다고 결론을 내리고 있다. 이러한 차이가 나는 이유는 이념이라는 단어가 한국적인 상황에서 특수하게 사용되고 있음을 감안하지 않은, 일반적인 의미에서의 이념을 기준으로 하고 있기 때문이다.

8) SBS와 한국매니패스토 실천본부가 공동으로 각 캠프로 하여금 자신들의 입장을 좌표위에 표시하

도록 한 것임.

# 2

지역주의는 변화했을까
2007년 대통령 선거와 지역주의

강 원 택

서론

2007년 대통령 선거는 여러 가지 면에서 이전 선거와는 많은 차이를 보였다. 선거일 1년 전부터 한 정당의 후보들의 지지율이 다른 정당의 후보들을 크게 압도하는 현상이 지속되었고, 선거 결과 역시 당선자와 차점자 간 득표의 격차가 민주화 이후 선거에서 가장 크게 벌어졌다. 그러나 투표율은 65%로 역대 대통령 선거 가운데 제일 낮았다. 선거에 대한 관심은 상대적으로 크지 않았던 셈이다. 투표율이 낮았던 이유 가운데 하나는 2007년 대통령 선거에서는 정치적 쟁점이나 논란거리가 크게 부각되지 않았기 때문일 것이다. 2002년 대통령 선거에서 반미 집회나 정치적 변화에 대한 찬성과 반대의 입장이 부딪치며 선거 열기를 뜨겁게 했던 것과 비교하면 2007년의 대통령 선거는 상대적으로 '조용했다.' 따라서 그동안 한국 유권자의 선거 결정의 중요한 요인으로 간주되었던 이념이나 지역주의와 같은 정치적 균열 역시 선거 과정에서 별다른 논란거리가 되지 않았다.

이 글은 2007년 대통령 선거에서 나타난 이와 같은 특성에 주목하며 이러한 현상이 한국 정치에 나타나고 있는 새로운 변화를 의미하는 것인지에 대해 살펴보려는 것이다. 이 글에서 특히 관심을 갖는 것은 지역주의이다. 지역주의는 김대중, 김영삼, 김종필과 같은 정치인들의 퇴장에 따라 크게 약화될 것으로 기대되었고, 사실 이전만큼 강하게 지역감정이나 지역주의적 갈등을 피부로 느낄 수도 없게 되었다. 2002년 노무현 후보의 성공 역시 그가 지역주의에 저항해 온 정치인이었다는 사실과 긴밀한 관련이 있었다. 이처럼 지역주의 정치에 대한 '체감 지표'는 크게 약화되었지만 투표 결과를 보면 선호 후보나 정당에 대한 지역적 집중 현상은 여전한 것으로 보인다. 2007년 대통령 선거에서도 정동영 후보는 전북 81.6%, 전남 78.7%, 광주 79.8% 등 호남 지방에서 압도적인 지지를 받았고, 이명박 후보는 대구 69.4%, 경북 72.6% 등 영남 지방에서 큰 지지를 얻었다. 지역주의적 투표 행태는 외형상 여전한 것으로 보인다.

이 글은 확실히 낮아진 체감지표에도 불구하고 여전한 지역주의 투표 행태를 어떻게 이해해야 할 것인가에 대한 궁금증에서 출발하고 있다. 과연 우리나라 선거에서 지역주의는 변화하지 않은 채 계속 그 영향력을 지속하고 있는 것인지 아니면 외형적인 유사성에도 불구하고 그 근본적인 속성에는 커다란 변화가 일어난 것인지에 대해 살펴보고자 한다. 이 글에서 주장하고자 하는 점은 외형적인 유사성에도 불구하고 지역주의는 이미 의미심장한 변화의 과정을 겪고 있으며 그 특성 역시 이전과는 매우 다른 모습을 보이게 되었다는 것이다.

여기에서 사용되는 데이터는 동아시아연구원·중앙일보·SBS·한국리서치가 공동으로 실시한 2007년 대통령 선거 패널 조사 결과이다. 이 패널조사에서는 동일한 표본 집단을 대상으로 선거 전 다섯 차례, 선거 후 한 차례 등 모두 여섯 차례 조사를 실시하였다. 패널 조사의 장점을 최대한 살리면서 여섯 차례의 조사 가운데 연구의 필요에 따라 적절한 항목을 선택하여 분석할 것이다.

기존 연구에 대한 검토

민주화 이후 한국 선거에서 지역주의는 언제나 중요한 변인으로 영향을 미쳐왔다. 이 때문에 다양한 시각에서 지역주의의 원인이나 효과를 분석하려는 시도가 학문적으로 꾸준히 시도되어 왔다. 정치·경제적 자원 배분과 사회적 불평등이라는 구조적인 요인에서 지역주의의 원인을 진단하기도 하고(김만흠 1997; 최장집 1998), 정치적 효용의 극대화를 추구하는 지역 유권자의 합리적 선택의 결과로 보기도 한다(조기숙 1996). 또한 소위 '3김씨' 등 정치인들의 지지 동원 전략이라는 차원에서 지역주의의 부상을 바라보기도 한다(손호철 2003). 한편, 이남영(1998)은 지역주의를 사회심리적 정향에서 분석하면서 미움, 경멸, 적대감 등 다양한 감정적인 요소들이 포함된 사회적 거리감이라는 개념으로 설명하고 있다.

그런데 선거에서 지역주의 투표성향에 대한 기본적인 전제는 거주 지역보다 출신 지역이 중요하다는 것이다. 호남 출신 유권자라면 어디에 거주하든 호남을 대표하는 정당이나 정치인을 선택할 것이며, 영남 출신 유권자라면 역시 거주지와 무관하게 영남을 대표하는 정당이나 정치인에게 표를 준다는 것이다. 즉 현재의 거주 지역과 무관하게 어떤 지방 출신인가에 따라 지지하는 정당이나 지지 후보자가 달라지게 되고 이 때문에 출신 지역이 투표 성향을 결정하는 중요한 요인이 되어 온 것이다. 이러한 특성은 특히 전국이 하나의 지역구가 되어 선거가 실시되는 대통령 선거에서 잘 드러났다. 이갑윤(1997)은 지역주의 투표 행태를 두 가지로 구분하여 분석하였는데, 하나는 유권자가 애향심이나 지역적 정체성 때문에 고향을 떠나서도 자신의 출신 지역을 대표하는 정당에 투표하는 경우가 있을 수 있으며, 또 다른 경우는 거주지의 발전을 기대하는 합리적 동기에 의해서 자신의 거주지를 대표하는 정당에 투표하는 경우가 있을 수 있다고 가정했다. 경험적 자료를 분석한 결과 이갑윤은 거주지보다 고향이 더 큰 설명력이 있다고 주장했다. "호남인과 영남인의 정치적 태도의 차이는 다른 이유가 아니라 바로 그들이 호남인과 영남인이기 때문에 발생한다"(이갑윤 1997, 168)는 것이다.

과거 김대중, 김영삼, 김종필과 같은 '지역주의 정치 지도자들'은 자신이 태어난 고향 지역에 거주하고 있는 유권자들뿐만 아니라, 전국에 흩어져 살고 있는 각 지역 출신 유권자들의 지지를 이끌어 낼 수 있었기 때문에 커다란 정치적 영향력을 발휘할 수 있었다. 예를 들면, 서울이라고 해도 어떤 지역에 호남 지역 출신 이주자들이 많이 거주하고 있다면 김대중의 정치적 위력은 호남이 아니라 서울에서도 강력하게 발휘될 수 있었던 것이다. 이는 김영삼이나 김종필의 경우에도 마찬가지였다. 특히 서울과 수도권은 산업화와 도시화의 진행과 함께 여러 지방으로부터 많은 이주자들이 몰려들었기 때문에 출신 지역에 따라 표심이 결정된다면 지역주의 맹주로서 이들의 영향력은 매우 막강할 수밖에 없었다.

그런데 만일 출신 지역에 따른 유대감으로부터 거주 지역에 대한 일체감으로 지역주의의 정체성이 변화해 갔다면, 외면상 유사한 결과가 나타난다고 해도, 지역주의 투표의 속성은 매우 중요한 변화가 생긴 것으로 봐야 할 것이다. 다시 말해 서울이나 수도권에 거주하는 어느 지역 출신 유권자의 정치적 판단 기준과 '고향'에 지금도 거주하는 유권자들 간의 정치적 관심사가 서로 달라지게 된다면 지금껏 우리가 목도해 온 지역주의 투표 행태와는 그 속성에서 매우 의미심장한 차이가 생겨나게 된 것이다. 예컨대, 대구에서 A라는 특정 후보에 대한 지지율이 압도적으로 높은 반면 광주에서 A 후보의 지지율은 매우 낮고, 반대로 B 후보는 광주에서 매우 높은 지지를 받았지만 대구에서는 외면 받았다고 한다면 지역주의적 투표 행태는 그대로 온존되어 있다고 말할 수 있다. 그러나 이러한 외면적인 특성에도 불구하고 만일 서울에 거주하는 대구 출신 유권자들과 대구에 거주하는 유권자들 간의 정치적 판단 기준이 달라진다면 이는 과거에 보아온 지역주의와는 매우 다른 모습이다. 서울에 거주하는 대구 출신 유권자들이 A가 아니라 B 후보 혹은 C 후보를 더 선호한다면 A 후보를 선호한 대구 거주 유권자들과는 상이한 선택을 한 것이기 때문이다. 즉, 이는 전국적으로 출신 지역에 따라 정파적 지지가 '동조화' 되는 모습을 보여 온 이전의 지역주의 투표 행태와는 분명히 구분되는 것이다.

지역주의가 과연 약화 혹은 변화되었나 하는 문제는 또 다른 진지한 학문적 논쟁의 대상이 되어 왔다. 예컨대, 최영진(2001)은 16대 국회의원 선거를 분석한 결과 지역주의의 약화 가능성을 부정하고 우리나라의 지역주의는 이념적·정책적 정당화를 통해 더욱 강력한 결집의 동인으로 작용할 것으로 예측했다. 김만흠(2003) 역시 2002년 대통령 선거 연구에서 후보 구도가 지역균열 해체에 영향을 미치기는 했지만 지역감정 등 사회적인 차원에서 호남·비호남의 균열이 해체되었다고 보기는 어렵다고 주장했다. 이에 비해 최준영·조진만(2005)은 16대, 17대 국회의원 선거의 비교연구를 통해 이념과 세대 요인이 지역주의 요인을 약화시키고 있으며 지역주의가 이제 과거와 같은 정도의 강한 영향력을 갖기는 어려울 것으로 보았다. 강원택(2003: 254) 역시 2002년 대통령 선거 이후 정당 지지의 재편성 realignment 이 시작되었다고 평가하고 있다. 그러나 이러한 논의에도 불구하고 지역주의가 어떤 형태로 변화해 가는지에 대한 연구는 그동안 거의 제시되지 않았다.

만일 지역주의의 속성이 출신지 중심에서 거주지 중심으로 변화되어 간다면 이는 지역주의가 대표하는 정치적 요구의 변화를 의미하는 것으로 볼 수 있다. 출신 지역을 중심으로 정파적 지지가 갈려져 온 것이 출신 지역별 배타성과 지역 차별의 결과라고 한다면, 거주 지역 중심으로 지역주의 투표 행태가 강화되는 현상은 특정 지역의 발전이나 지역 공동체의 문제에 대한 거주민들의 유사한 대응이라는 측면에서 볼 때보다 직접적인 생활공간의 이해관계를 대표하는 것이기 때문이다. 즉 이전의 지역주의가 '손에 잘 잡히지 않는' 추상적이거나 심리적인 이해관계나 징향을 반영하는 것이라면, 새로이 나타나는 지역주의는 생활환경, 교육, 부동산, 교통, 지역개발 등 보다 구체적인 생활 속의 이해관계를 반영하는 것이라고 볼 수 있다.

이러한 변화는 투표 행태를 설명하는 사회경제적 요인과도 잘 부합된다. 도시 개발 및 재개발의 결과로 지역별로 거주하는 유권자의 사회경제적 지위가 비교적 유사한 이들이 한데 모이는 경향이 나타나고 있기 때문에 그 지역에 거주하는 유권자의 투표 행태 역시 유사한 모습을 보일 것으로 기대할 수 있다. 대표적인 경우가 서울의 강남-서초-송파 등 비교적 부유한 유권자들이 집단적으로 거주하는 강남 지역에서 보수적인 정치 성향이 강하게 나타나고 투표 행태에서도 한나라당에 대한 견고한 지지가 확인되는 사례일 것이다. 이처럼 지역적으로 유사한 투표 행태는 2007년 대통령 선거에서도 잘 나타나고 있다. 위클리 조선(Weekly Chosun 2008. 1. 7)이 중앙선거관리위원회의 자료를 토대로 읍·면·동별 득표율을 분석한 자료에 따르면, 이명박 후보가 서울에서 가장 높은 득표를 기록한 곳은 강남구 압구정 1동이었다. 이명박 후보는 여기서 79.1%의 득표율을 올렸다. 이 수치는 이명박 후보의 전국 평균보다 30% 높은 득표율이다. 반면 정동영 후보는 이곳에서 서울에서 최저 득표율(7.4%)을 기록했다. 이 밖에 이명박 후보가 70% 이상의 높은 득표율을 보인 곳은 강남구의 압구정 2동, 도곡 2동, 대치 1·2동, 청담 1동, 송파구의 잠실 5·7동, 오륜동, 서초구의 서초 4동 등이었다. 반대로 서울에서 이명박 당선자의 득표율이 가장 낮은 동네는 구로구 구로4동(38.9%)으로 압구정 1동의 절반에 머물렀다. 이외에도 관악구 봉천 4·6·7·8·10동과 신림 9동, 구로구의 구로 2·3·6동에서 이명박 후보의 득표율이 전국 평균보다 10% 가량 낮은 40% 내외에 머물렀다. 이러한 현상은 거주하는 지역의 동질적인 사회경제적인 환경이 지역 유권자들로 하여금 유사한 정치적 선택을 하게끔 이끌었다고 추론해 볼 수 있다.

또 다른 한편으로는 서울과 지방, 혹은 서울-수도권과 지방 간의 발전 격차에 대한 입장 차이도 특정 정책의 추진을 둘러싸고 거주 지역을 중심으로 드러나기도 한다. 노무현 정부 하에 추진된 행정 수도 이전을 둘러싼 정치적 공방이나, 수도권 공장 증설 억제 정책을 둘러싼 논란, 지역균형 발전 정책에 대한 입장 차이

등과 같은 정책 추진을 두고 서울(혹은 서울-수도권)과 지방 간의 정치적 갈등이 노정되었다. 어떤 경우에는 서울과 인근 수도권 지역 간의 이해관계가 극명하게 갈리는 일도 나타나고 있다. 이와 같은 지역 간 갈등은 매우 구체적인 정책 추진에 따른 이해관계가 지역적으로 매우 상충되는 결과를 낳을 수 있다는 것으로, 출신지보다는 거주지 중심으로 정치적 이해관계가 반영되게 하는 조건을 마련해 주고 있다.

따라서 지역주의가 출신 지역이 아니라 거주 지역을 중심으로 재편되는 현상은 비교적 동질적인 사회경제적 환경을 갖는 지역의 정치적 이익을 극대화하기 위한 일종의 합리적 선택으로 볼 수 있다. 이 때문에 출신 지역에 대한 심리적인 충성심이나 소속감, 혹은 경쟁 지역에 대한 적대감에 근거한 '봉건적인' 지역주의보다 거주 지역을 중심으로 한 이해관계의 표출은 오히려 긍정적인 요소를 지닌다. 득표를 위해서 각 정당은 지역감정을 자극하거나 지역의 특수성을 강조하기보다 보편적인 사회경제적 정책 대안을 제시하고 이에 대한 지지를 이끌어냄으로써 전국적인 대표성을 확보하는 일이 상대적으로 용이해 보이기 때문이다. 그렇다면 2007년 대통령 선거에서는 과연 출신 지역을 중심으로 한 '전통적인' 지역주의 투표 행태로부터 거주 지역이 보다 중시되는 새로운 형태의 변화가 생겨난 것일까?

2007년 대선과 지역주의

출신 지역과 투표 행태의 분화

각 후보에 대한 지역별 득표율을 살펴보면 이번 선거에서도 지역주의 투표 행태는 사라지지 않았다. 〈표1〉에서 보듯이, 각 지역별로 선호되는 후보자는 매우 분명하게 구분되었다. 정동영 후보는 전국적으로 평균 26.1%를 득표했지만 호남 세 지역에서는 80% 수준의 압도적인 지지를 받았다. 반대로 대구, 경북 지역에서는 평균 6%의 매우 낮은 지지율을 보였다. 이명박 후보는 전국적으로 평균 48.7%를 얻었는데 경북에서는 72.6%, 대구에서는 69.4%, 부산에서는 57.9%를 득표했다. 그러나 호남에서는 한 자리 수의 지지율에 머물렀다. 전국적으로 15.1%의 득표를 한 이회창 후보는 충청 세 곳에서는 평균 득표율에 거의 두 배에 달하는 지지를 얻었지만, 호남에서는 3% 대의 매우 저조한 득표를 했다. 이러한 투표 패턴을 보

〈표1〉 지역별 득표율 (%)

	이명박	정동영	이회창
서울	48.7	26.1	15.1
인천	49.2	23.8	15.2
경기	51.9	23.6	13.4
강원	52.0	18.9	17.6
대전	36.3	23.6	28.9
충북	41.6	23.8	23.4
충남	34.3	21.1	33.2
광주	8.6	79.8	3.4
전북	9.0	81.6	3.6
전남	9.2	78.7	3.6
대구	69.4	6.0	18.1
경북	72.6	6.8	13.7
부산	57.9	13.5	19.7
울산	54.0	13.6	17.5
경남	55.0	12.4	21.5
제주	38.7	32.7	15.0
평균	48.7	26.1	15.1

자료 : 중앙선거관리위원회.

면 2007년 대통령 선거에서도 지역주의는 전혀 변화하지 않고 굳건하게 유지되고 있다고 할 수 있다. 2007년의 투표 패턴이 2002년과 다른 점이라면 김종필의 정치적 은퇴 이후 '공석'으로 남아 있던 충청 지역에 이회창이 새로운 '정치적 맹주'로 등장할 가능성이 엿보인다는 점일 것이다. 그런 점에서 본다면 2007년 대통령 선거에서 지역주의는 이회창의 대선 출마로 인해 5년 전보다 오히려 강화되는 경향이 나타났다고 볼 수도 있다. 그렇다면 2007년 대선은 영남권의 이명박, 호남권의 정동영, 충청권의 이회창이라고 하는 새로운 지역적 대표주자로 3분된 셈이다. 과연 지역주의적 투표 행태는 김대중, 김영삼, 김종필의 정치적 퇴장 이후에도 지역을 대표하는 인물을 교체하면서 변화 없이 계속 유지되거나 심지어 강화되어 가는 것일까?

이러한 지역별 득표율에도 불구하고 지역주의 투표 행태가 이전보다 강화되고 있다거나 혹은 지역주의가 2002년 이전 상태로 되돌아간 것이라는 주장에 대해 선뜻 동의하기 어려운 까닭은, 지역주의적 대립이나 갈등은 이전 선거와 비교할 때 선거 과정에서 일반 유권자들이 잘 느끼지 못할 만큼 그 영향이 크게 줄어들었기 때문이다. 사실 2007년 대통령 선거에서 '지역주의 변수'는 언론이나 정치권, 일반 유권자들의 큰 관심의 대상이 아니었다. 따라서 〈표1〉에서 본 것과 같이 투표 행태가 여전히 지역주의에서 벗어나지 못하고 있는 모습을 보이는 것은 매우 의외의 결과이다.

2007년 대통령 선거에서 드러난 지역주의 투표 행태의 속성을 보다 자세히 살펴보기 위해서 이번에는 유권자의 거주지가 아니라 유권자의 출신 지역을 기준으로 지역별 투표율을 파악하였다. 거주지가 아니라 출신지를 기준으로 한 것은 지역주의 효과를 파악하는데 출신지가 보다 의미가 클 것으로 판단했기 때문이다. 앞에서 지적된 대로, 그동안 지역주의 투표 행태가 중요한 의미를 지녔던 것은 출신 지역에 따라 어디에 거주하든 유사한 투표 행태를 보이는 현상이 나타났기 때문이다. 즉, 과거 지역주의 투표 행태는 거주 지역보다 출신 지역이 중요했다. 서울과 같은 '타지(他地)'에 거주하더라도 호남 출신이면 호남, 영남 출신이면 영남, 충청 출신이면 충청 지역의 '고향 유권자들'과 투표 선택에 있어서 동조(同調) 현상이 나타났다. 김대중에 대한 호남인의 강한 지지는 비단 전남, 광주, 전북 지역에 거주하는 이들이 아니더라도 서울, 경기, 부산 등 어느 지역에서도 확인될 수 있었다. 이러한 현상은 김영삼이나 김종필의 경우에도 마찬가지였다. 이번 대선에서도 과연 그런 특성이 마찬가지로 확인되는지 살펴보기로 했다.

⟨표2⟩는 거주 지역이 아니라 출신지별로 각 후보자에 대한 투표율을 조사한 것이다. 언뜻 보기에는 ⟨표1⟩에서의 결과와 그리 큰 차이를 찾아보기 어렵다. 이명박 후보에 대한 지지율은 광주-전라를 제외하고 대체로 50% 가량 되는 것으로 나타났지만 대구-경북 지역 출신들의 경우에는 70.1%로 유독 높은 비율의 지지를 보낸 것으로 나타났다. 한편 정동영 후보에 대한 지지는 영남 지역 출신 유권자들에게서는 7.3%, 서울, 수도권, 충청권 출신에게서는 10% 중반 정도의 지지를 받았지만, 광주-전라 지역 출신 유권자들에게서는 59.2%라는 높은 지지를 받았다. 이회창 후보는 광주-전라 지역을 제외하면 대체로 10% 전후의 지지를 받았지만 대전-충청 지역 출신들로부터는 18.7%로 상대적으로 높은 지지를 받았다. 출신

⟨표2⟩ 유권자의 출신지별 지지 후보 비율 (%)

	이명박	정동영	이회창	문국현	기타	기권/모름	합계(N)
서울	52.6	12.8	9.1	12.0	3.3	10.3	100.0(274)
인천/경기	53.6	16.7	8.6	9.6	2.9	8.6	100.0(209)
대전/충청	49.8	13.8	18.7	9.6	3.7	7.6	100.0(327)
광주/전라	19.0	59.2	3.4	7.5	2.2	8.6	100.0(441)
대구/경북	70.1	7.3	10.5	4.2	2.3	5.6	100.0(354)
부산/울산/경남	56.1	7.3	14.0	7.0	3.3	12.2	100.0(328)
제주/강원	42.7	20.7	10.0	9.3	8.0	9.3	100.0(150)

자료 : 패널조사 6차 대선후 조사 결과

지별로 살펴본 각 후보에 대한 지지율은 두 가지 특성을 동시에 보여주고 있다. 한 가지는 지역별로 선호하는 후보가 매우 뚜렷이 구분되는 특성이 여전히 확인되고 있다. 대구-경북 출신 유권자들의 이명박에 대한 압도적 지지나 광주-전라 지역 출신 유권자들이 정동영에 대해 높은 지지를 보내는 것은 거주 지역뿐만 아니라 출신 지역을 중심으로 분석하더라도 마찬가지의 패턴이 확인되었다. 출신 지역에 따른 지역주의는 투표 결정에 여전히 중요한 변인인 셈이다.

그러나 이와 함께 〈표2〉에서는 거주지 중심의 투표 비율과 비교할 때 조금 다른 차이점도 보여주고 있다. 무엇보다 〈표2〉에서 확인할 수 있는 각 후보별 득표율은 〈표1〉과 비교할 때 득표의 지역별 집중도라는 점에서 볼 때 상대적으로 낮다. 영남 지역에서 이명박 후보에 대한 지지율은 거주지역이든 출신지역이든 별 차이가 없는 것으로 나타났지만, 정동영 후보와 이회창 후보의 경우에는 거주 지역별 득표율이 출신 지역을 중심으로 살펴본 득표율보다 높다는 사실을 알 수 있다. 정동영 후보는 〈표1〉에서 본 대로, 호남 지역에서 80%가량의 지지를 받았지만 호남 출신 유권자들로부터는 59.2%의 지지를 받아 20% 이상 지지율이 떨어졌다. 이회창 후보 역시 충청 지역에서 30% 전후의 지지를 받았지만 충청 출신 유권자들로부터는 18.7퍼센트의 지지를 받아 10% 이상 지지율의 차이를 보이고 있다. 이처럼 〈표1〉과 〈표2〉의 득표율의 차이는 특히 정동영 후보와 이회창 후보의 경우에 각각 호남과 충청 지역에 거주하는 유권자들과 그 지역 외부에 거주하는 호남 출신, 충청 출신 유권자들의 정치적 선택이 달랐다는 사실을 보여준다는 점에서 매우 흥미롭다. 그런데 거주 지역과 출신 지역별 득표율에 차이가 생겼다는 사실은 정치적으로 매우 의미심장하다. 이는 이전의 지역주의 투표 행태를 규정하던 출신 지역별 유권자의 정치적 선택의 동조화 현상이 약화되거나 사라져 가고 있음을 보여주는 것일 수도 있기 때문이다. 이렇게 된다면 외형적인 유사성에도 불구하고 지역주의 투표 행태는 구조적으로 상당한 변화의 과정을 거치고 있다고 보아야 할 것이다.

이러한 특성을 보다 상세하게 살펴보기 위해서 한 지역 출신 유권자를 거주 지역별로 고향 지역에 거주하는 유권자 집단과 고향 외부에 거주하는 유권자 집단으로 구분하여 각 집단의 정치적 선택의 차이에 대해 분석하였다. 즉 호남을 예로 들면, 호남 출신 유권자 중 광주, 전남, 전북 지역에 살고 있는 호남 사람들과, 서울이나 인천, 혹은 부산이나 대구와 같은 '외지'에 살고 있는 호남 사람들의 정치적 선택이 2007년 대통령 선거에서 과연 다르게 나타났는지 아니면 동일한 것인지 살펴보았다. 출신지별로 '외지' 거주자의 비율은 지역별로 다소 차이가 나기는 하지만, 고향이 어디든 서울과 수도권에 집중되어 있다는 점은 대체로 유사했다. 특히 충청 출신 유권자 중 비충청권 거주자의 86%가 서울-경기에 거주하고 있는 것으로 나타났고, 호남 출신 유권자 중 비호남 지역 거주자의 81%가 서울-경기 지역에 살고 있었다. 부산-울산-경남 출신자 가운데서 이 비율은 69%로 다소 낮아지고 대구-경북 지역 출신 유권자 가운데서 서울과 수도권 출신 비율은 50.4%로 가장 낮았다. 대구-경북 지역 출신 가운데 '외지' 거주자의 36.5%는 부산-울산-경남권에 살고 있는 것으로 나타났다 (자세한 사항은 부록의 〈표9〉 참조). 전체적으로 볼 때, 지방의 고향을 떠난 이들의 대다수는 서울 및 수도권에 거주하는 것으로 보아도 큰 무리는 없을 것으로 보인다.

호남, 대구-경북, 부산-울산-경남, 그리고 충청의 네 지역 출신을 대상으로 각각 '고향'에 거주하는 유권자들과 '외지'에 거주하는 유권자들의 투표 행태를 분석한 것이 〈표3〉이다. 〈표3〉은 매우 흥미로운 결과를 보여주고 있다. 영남권 두 지역 출신을 대상으로 한 분석에서는 거주 지역별로 투표 선택에 있어서 별다른 큰 차이를 보이지 않았다. 어디에 살고 있든지 영남 출신 유권자들의 정치적 선택은 놀랄 만큼 유사한 모습을 보여주고 있다. 통계적으로도 큰 차이가 없음을 카이제곱 검정이 확인해 주고 있다.

그런데 호남과 충청 출신 유권자들의 경우는 다소 다른 특성이 확인된다. 우선 호남을 살펴보면, 호남 지역에 거주하는 호남 사람들과 다른 지역에 거주하는

<표3> 출신 지역과 거주 지역을 동시에 고려한 후보자 선택 (%)

구분	호남 출신		대구/경북 출신		부산/울산/경남 출신		충청 출신	
투표한 후보	호남 거주자	비호남 거주자	TK 거주자	비TK지역 거주자	PK 거주자	비PK지역 거주자	충청 거주자	비충청 거주자
이명박	13.8	27.2	77.3	70.6	61.7	69.5	45.9	61.5
정동영	79.6	51.0	11.0	11.1	8.3	8.5	15.1	14.7
이회창	1.5	5.8	6.6	9.2	17.0	13.4	28.8	12.2
문국현	3.6	12.6	4.4	4.6	8.3	7.3	8.2	5.8
기타	1.5	3.4	0.6	4.6	4.9	1.2	2.1	5.8
합계(N)	100.0 (196)	100.0 (206)	100.0 (181)	100.0 (153)	100.0 (206)	100.0 (82)	100.0 (146)	100.0 (156)
카이제곱 검정	$X^2 = 38.7$ $p < 0.01$		$X^2 = 7.6$ $p > 0.1$		$X^2 = 3.2$ $p > 0.05$		$X^2 = 17.0$ $p < 0.01$	

자료 : 패널조사 6차 대선후 조사 결과.

호남 사람들 간 투표 행태가 매우 다르다는 것을 알 수 있다. <표1>에서 본 것처럼, 여기서도 정동영 후보는 호남 지역에서 거의 80%의 몰표를 받았다는 점이 다시 확인된다. 그러나 호남 이외 지역에서 거주하는 호남 사람들 가운데 정동영에 대한 지지율은 51%로 크게 낮아졌다. 거의 30% 정도의 차이가 두 집단 간 확인되었다. 호남 출신 유권자 중 호남 지역에 거주하는 이들 가운데 이명박 후보를 선택한 비율은 13.8%였지만, 비호남 지역에 거주하는 호남 사람들 가운데 그 비율은 두 배인 27.2%에 달했다. 또한 문국현 후보에 대한 지지도 역시 호남 지역의 호남 유권자들은 3.6%밖에 되지 않았지만, 비호남 지역에서는 12.6%로 크게 높아졌다. 정동영 후보는 호남 지역에 거주하는 호남 유권자들에게서는 압도적인 지지를 받았지만 서울이나 수도권 등 비호남 지역에 사는 호남 사람들에게는 그만큼 강력한 지지를 얻어내지 못했던 것이다.

충청 출신 유권자들의 선택 역시 흥미롭다. 이명박 후보는 충청 지역에 사는 충청 사람들에게는 45.9%의 지지를 받았지만 충청 외부에 살고 있는 충청 사람들에게는 61.5%의 지지를 받았다. 두 집단 간 지지의 차이는 15.6%나 된다. 반면 이회창 후보에 대한 지지는 이명박의 경우와 역전된 모습을 보인다. 충청권 외부에 거주하는 충청 사람들 가운데 이회창을 지지한 이들의 비율은 12.2%에 불과했지만, 충청 지역에 살고 있는 충청 사람들 가운데서는 두 배가 넘는 무려 28.8%가 이회창을 지지했다. 이회창은 충청권 외부의 충청 사람들에게는 그다지 큰 지지를 이끌어내지 못했지만, 충청 지역 현지에서는 높은 지지를 받았고 정동영보다 지역 유권자들이 선호하는 후보였던 것이다.

호남 출신 유권자들이나 충청 출신 유권자들에게서 찾아볼 수 있는 이와 같은 거주 지역별 차이는 과거 지역주의가 출신 지역에 따라 정파적 일체감이 분명하게 정의되었던 것과는 달리 이제 '출신 지역의 현지 민심'과 '고향을 떠난 이들'의 정치적 선택이 차이를 갖게 되었음을 말해주는 것이다.

이러한 특성을 조금 더 분명하게 확인하기 위해서 이번에는 후보별 호감도를 분석해 보았다. 후보별 호감도에 주목한 것은 투표 결정에는 단지 좋다고 하는 호감도 이외에도 여러 가지 사항이 고려될 수 있어서 정치적 선호가 다소 왜곡되는 일도 있을 수 있기 때문이다. 예컨대 가장 호감을 갖는 후보가 있지만 당선 가능성이 낮기 때문에 다른 후보를 선택하는 전략투표를 행했을 수도 있고, 혹은 제일 좋아하지는 않지만 될 법한 후보에 표를 던지는 승자 편승 효과의 영향을 받았을 수도 있기 때문이다. 이에 비해 여기서 관심을 갖는 후보별 선호도는 그와 같은 복잡한 고려를 수반하지 않기 때문에 보다 분명하게 이러한 특성을 확인할 수 있을 것으로 기대했다.

〈표4〉는 각 후보에 대한 좋고 싫음의 정도를 출신지와 거주지를 구분하여 각 후보별 평균값을 조사한 것이다. 앞에서 본 결과와 유사하게 호남 출신과 충청 출신 유권자들 가운데서 후보별 호감도의 평균 차이가 통계적으로 유의미하게 나타났다. 호남 출신 유권자들의 경우, 호남 거주자들은 정동영 후보에 대한 호감도

〈표4〉 거주지별 후보자에 대한 호감도 (%)

구분	호남 출신		대구/경북 출신		부산/울산/경남 출신		충청 출신	
후보 호감도	호남 거주자	비호남 거주자	TK 거주자	비TK지역 거주자	PK 거주자	비PK지역 거주자	충청 거주자	비충청 거주자
이명박	4.50	4.73	7.11	6.67	6.09	6.27	5.58	6.31**
정동영	6.56	5.70*	3.64	3.68	4.26	3.82	4.03	3.97
이회창	4.09	4.21	4.85	4.38	4.94	4.35**	5.20	4.38*
문국현	5.12	5.74*	5.26	4.95	4.99	5.28	5.50	5.26

자료 : 패널조사 6차 대선후조사 결과.
주1. * t - test 결과 p<0.01 수준에서 차이가 통계적으로 확인된 것임.
주2.** p<0.05.
주3. 0 - 매우 싫어한다, 10 - 매우 좋아한다.

는 압도적으로 높게 나타났다. 정동영 후보와 이명박 후보와의 호감도의 차이는 평균 2를 넘었다. 정동영 후보에 대한 선호도는 두 번째로 선호하는 후보인 문국현 후보에 대한 호감도와도 1.44 정도의 차이를 나타냈다. 그런데 흥미롭게도 비호남 지역에 거주하는 호남 사람들의 각 후보에 대한 호감도는 호남에 거주하는 호남 사람들과는 뚜렷한 차이를 나타내고 있다. 이명박, 이회창 후보에 대한 호감도에서는 거주 지역에 따라 별다른 차이를 보이지 않고 있지만, 정동영과 문국현 후보에 대한 호감도에서는 같은 호남 출신이라고 해도 거주 지역에 따라 비교적 큰 차이가 확인된다. 무엇보다 호남 지방 외부에 거주하는 호남 사람들에게서 정동영 후보에 대한 호감도가 상대적으로 크게 낮아진다는 점이 눈에 띈다. 비호남 지역에 거주하는 호남 사람들에게서 가장 호감도가 높게 나타난 인물은 정동영이 아니라 문국현으로 나타났다는 점에 주목할 필요가 있다. 정동영 후보가 호남 출신 정치인이고 호남의 전통적 지지를 받아 온 통합민주신당의 후보였지만, 호남 외부에 거주하는 호남 사람들에게는 그렇게 열렬한 지지를 받지 못했다는 사실이 확인된 것이다. 〈표4〉의 결과는 정동영 후보의 입장에서 본다면 지지층의 결속이라는 측면에서 볼 때 〈표3〉에서 본 단순한 지지율의 차이보다 더욱 근본적인 문제점을 지니고 있었음을 보여주는 것이기도 하다.

충청 출신 유권자들의 경우도 흥미롭다. 충청 지역에 거주하는 충청 사람들에게는 이명박, 문국현, 이회창 세 후보에 대한 호감도가 대체로 비슷하게 나타났다. 정동영 후보에 대한 호감도가 크게 떨어지는 것을 제외하면 다른 후보에 대한 호감도의 차이는 그리 크지 않았다. 다른 지역 출신들과 비교하면 이회창에 대한 호감도가 유독 높게 나타난 점이 주목할 부분이다. 〈표4〉에서 보듯이, 충청 지역에 거주하는 충청 유권자들의 이회창에 대한 호감도의 평균은 5.20으로 높게 나타났다. 그러나 충청 지역 외부에 거주하는 충청 출신 유권자들의 호감도는 이와는 매우 대조적인 모습을 보이고 있다. 이회창에 대한 호감도는 4.38로 충청 지역 거주자들과 비교하여 크게 낮아진 반면, 이명박에 대한 호감도는 6.31로 크게 높아진 것을 알 수 있다. 충청 지역에 거주하는 충청 사람들에게 이회창이 크게 어필하였더라도 충청 지역 외부에 거주하는 충청 사람들에게 이회창은 그다지 선호되는 후보가 아니었다. 즉 같은 충청 출신이라고 해도 충청 지역 외부에 거주하는 유권자들은 충청 지역에 거주하는 유권자들과 정치적 정서를 공유하고 있지 않음을 잘 보여주고 있다.

〈표4〉에서 본 대로 후보별 호감도가 같은 지역 출신 유권자라고 해도 거주 지역에 따라 각기 상이하게 나타남을 알 수 있다. 이전의 지역주의가 출신 지역에 따라 선호하는 후보가 거주 지역과 무관하게 매우 유사한 특성을 보였다면 2007년의 경험은 이러한 과거 지역주의의 모습으로부터 의미심장한 변화가 생겨났다는 사실을 보여주고 있다. 지역주의의 내재적 속성에 중요한 변화가 일어난 것이다.

지역과 선거 이슈

그렇다면 이제 제기해 볼 수 있는 궁금증은 왜 이런 차이가 생겨났을까 하는 점이다. 우선 생각해 볼 수 있는 점은 관심의 분화이다. 즉 과거처럼 출신 지역이 정치적 정체성을 자동적으로 부여해 주지 못하고 있고 거주 지역에 따라 정치적 선택이 달라지고 있는 것은 거주 지역별로 유권자들이 중요하게 생각하는 이슈가 서로 상이해졌기 때문일 수 있다. 출신 지역이 아니라 거주 지역에 따른 이해관계의 상이함이나 분화가 이러한 차이를 이끌어 냈다고 가정해 볼 수 있을 것이다. 이를 알아보기 위해 거주 지역별로 선거에서 중요하게 관심을 갖는 이슈에 대해서 살펴보았다.

〈표5〉에서는 눈길을 끌만한 흥미로운 결과가 나타났다. 각 지역별로 중요하게 생각하는 이슈가 다르게 나타나기도 했지만, 같은 지역 출신 유권자라고 해도 거주 지역에 따라 중시하는 이슈가 각각 다르게 나타났다는 점이 더욱 흥미롭다. 특히 부동산 이슈에 주목할 필요가 있다. 호남 출신 유권자의 경우에, 호남 지역 거주자의 15.3%만이 이번 대통령 선거에서 이 이슈를 중요하게 생각한다고 답했지만, 호남 이외의 지역에서 거주하는 호남 사람들 가운데서는 두 배 가량인 30.4%가 부동산 이슈가 중요하다고 응답했다. 대구/경북 지역 출신 유권자들도 부동산 이슈에 대해서는 호남 출신 유권자들과 유사한 응답의 패턴이 발견되었다. 대구/경북 지역에 거주하는 이 지역 출신 유권자의 13.7%가 부동산 이슈가 중요하다고 응답했지만, 다른 지역에 거주하는 대구/경북 출신 유권자들 가운데서는 24.3%가 이 이슈가 중요하다고 답했다. 10% 이상의 차이가 나타나고 있다. 충청 출신 유권자들의 응답 패턴도 마찬가지인데, 충청 거주 충청 유권자의 14.8%만이 부동산 이슈가 중요하다고 응답했다면 충청 지역 외부에 거주하는 충청 출신 유권자들 가운데서는 24.5%가 부동산 이슈가 중요하다고 응답했다. 부산/울산/경남 출신 유권자들에게서는 별다른 차이가 확인되지 않았지만, 나머지 세 지역 출신 유권자들 사이에서 나타난 부동산 정책에 대한 입장의 확연한 차이는 2007년 대통령 선거를 바라보는 유권자의 지역적 이해관계가 출신 지역에서 거주 지역으로 변화했다는 사실을 뚜렷하게 보여주고 있다. 부록의 〈표9〉에서 제

〈표5〉 출신 지역과 거주 지역을 고려한 중요한 선거 이슈 (%)

구분 중요한 정책	호남 출신		대구/경북 출신		부산/울산/경남 출신		충청 출신	
	호남 거주자	비호남 거주자	TK 거주자	비TK지역 거주자	PK 거주자	비PK지역 거주자	충청 거주자	비충청 거주자
교육	21.8	18.5	23.5	22.0	19.9	17.3	19.6	17.0
부동산	15.3	30.4	13.7	24.3	21.0	21.4	14.8	24.5
대북	9.8	4.6	4.9	4.0	3.0	4.1	5.3	6.9
연금개혁	6.2	9.2	5.8	7.3	7.5	9.2	6.9	9.0
대미관계	2.2	0.8	4.9	1.1	1.9	5.1	2.6	2.7
고용	22.5	18.5	26.5	28.2	28.1	24.5	28.0	18.6
조세	2.9	3.5	4.9	2.8	4.9	9.2	7.9	6.4
금융	6.9	3.8	7.5	4.5	5.6	5.1	8.5	7.4
보건의료	8.4	6.2	4.4	3.4	6.7	4.1	4.8	5.3
기타	4.0	4.6	4.0	2.3	1.5	0	1.6	2.1
	100.0 (275)	100.0 (260)	100.0 (226)	100.0 (177)	100.0 (267)	100.0 (98)	100.0 (189)	100.0 (188)

자료 : 패널조사 4차 조사자료

시한 대로, 출신 지역 외부 거주자의 대다수가 서울 및 수도권에 거주하고 있다는 사실을 감안하면, 〈표5〉의 결과는 서울과 수도권에 거주하는 유권자가 부동산 정책의 심각성을 인식하고 있는 정도와 지방에 거주하는 유권자가 그 정책을 바라보는 시선에 적지 않은 차이가 존재한다는 사실을 보여준다. 노무현 정부 하에서 부동산 가격의 앙등과 그 이후 추진된 종합부동산세를 비롯한 각종 규제 정책에 대한 반응이 서울 및 수도권 지역에서 보다 민감하게 반응하고 있음을 시사하는 것이기도 하다. 보다 중요한 점은 이러한 반응의 차이가 출신 지역보다 거주 지역을 중심으로 지역적 이해관계가 재편되는 현상을 이끌고 있다는 것이다.

부동산 정책 이외에도 거주 지역에 따른 이슈 중요도의 차이는 확인된다. 호남 출신 유권자들의 경우에 대북 정책은 그동안 정치적으로 중요한 의미를 갖는 정책이었다. 호남 유권자들의 큰 지지를 받은 김대중 정부의 대표적인 정책이었고 그동안의 경험적인 조사에서도 호남 유권자들이 대북 정책에 대해 상대적으로 큰 지지를 보내는 것으로 확인되었다. 이런 점에서 볼 때 〈표5〉의 결과는 흥미롭다. 호남에 거주하는 호남 출신 유권자들 가운데 9.8%는 대북 정책이 이번 대통령 선거에서 중요한 이슈라고 응답했지만 호남 지역 외부에 거주하는 호남 출신 유권자들 중에서는 그 절반도 되지 않는 불과 4.6%만이 그 이슈가 중요하다고 답했다. 선거를 바라보는 두 집단 간의 뚜렷한 인식의 차이가 여기서도 확인된다.

고용의 문제는 어느 지역 출신을 막론하고 가장 높은 응답률을 보여 2007년 대통령 선거에서 고용 문제가 매우 큰 중요성을 가진 이슈였음을 알게 한다. 그러나 충청 출신 유권자들의 경우에는 이 이슈에 대해서도 어느 지역에 거주하고 있느냐에 따라 분명한 인식의 차이를 보여준다. 충청 지역 외부에 거주하는 충청 출신 유권자 가운데 18.6%만이 고용 이슈가 중요하다고 응답한 반면, 충청 지역에 거주하는 이들 가운데서는 28.0%가 이 이슈가 중요하다고 답했다. 거주 지역에 따라 시급하게 생각하는 이슈가 다르다는 사실이 새삼 확인된다. 〈표5〉는 과거에 같은 지역 출신 유권자들의 정치적 이해관계는 동일하다는 것을 전제로 한 지역주의가 더 이상 유효하지 않다는 사실을 보여주고 있으며, 거주 지역에 기반한 매우 구체적인 현실 속에서 정치적 이해관계를 고려하는 새로운 속성의 지역주의가 등장했음을 잘 보여주고 있다.

지역과 이념

지역주의와 관련해서 살펴볼 수 있는 또 다른 중요한 점은 이념과 관련된 것이다. 그동안 지역주의 투표 행태와 관련하여 제기된 흥미로운 주장은 지역과 이념의 중첩과 관련된 것이다. 즉 이념적으로 호남 유권자들은 진보적이며 영남 유권자들은 상대적으로 보수적이라서 이념균열과 지역주의가 상당히 중첩되어 있다는 것이다 (예컨대 백준기 외 2003). 그러나 이에 대한 반론도 적지 않았다. 지역 간 이념적 차이가 존재할 수 있다고 해도 호남이 진보를, 영남이 보수를 대표한다고 보기는 어렵다는 것이다. 지역 내부적으로 다양한 이념적 입장이 공존할 수 있는 만큼 지역을 이념적 구분의 단위로 설정하기는 어렵다는 것이다 (예컨대, 강원택 2003: 62-82). 따라서 지역과 이념이 과연 중첩되었느냐는 것은 학문적으로 매우 논쟁적인 문제라고 할 수 있다. 만일 지역과 이념이 중첩되었다면 지역주의적 갈등이 이념적 균열과 연계되어 있다는 것을 의미하는 것이므로 지역주의가 갖는 정치적 의미는 더욱 큰 중요성을 갖는다고 말할 수 있을 것이다. 그러나 앞에서 본 대로 지역주의적 특성이 거주 지역별로 상이하게 분리되는 모습이 나타나고 있다는 점에서 이념과 지역이 과연 중첩된 것인지에 대해 살펴보는 일은 학문적으로 상당히 흥미로운 일이다.

〈표6〉은 유권자들이 주관적으로 평가한 자신들의 이념 성향을 지역별로 나눠 그 평균값을 조사한 것이다. 출신지이든 거주지이든 지역별로 이념적 차이가 확인되었다. 광주/전라 거주자이거나 출신자들은 상대적으로 진보적인 특성이 가장 강하게 나타난 반면, 대구/경북 지역 거주자나 출신자의 보수성이 가장 두드러졌다. 지역별로 나타난 이념 성향의 평균의 차이도 통계적으로 유의미하게 나타났다. 호남의 진보성과 영남의 보수성이라고 하는 이념과 지역의 중첩이라는 주장이 〈표6〉의 결과에 의해서 외형상 지지될 수 있을 것 같다.

그러나 앞에서 본 대로, 같은 출신 지역 유권자라고 하더라도 거주 지역에 따라 관심을 갖는 이슈가 달라지는 현상이 나타났다는 점에서 과연 지역과 이념이 중첩되어 있는지 보다 상세히 살펴볼 필요가 있다. 〈표7〉은 출신 지역과 거주 지역을 동시에 고려하여 같은 지역 출신이라도 거주 지역에 따라 주관적 이념 성향의 차이가 존재하는지에 대해 분석한 것이다. 그러나 분석 결과, 출신 지역 같은 경우 거주 지역에 따른 주관적 이념성향의 차이는 사실상 거의 없음을 알 수 있다. 통계적으로도 지역별로 거주 지역에 따른 두 집단 간의 평균의 차이가 유의미

〈표6〉 지역별 주관적 이념 평균의 비교 (%)

		서울	인천/경기	대전/충청	광주/전라	대구/경북	부산/울산/경남	제주/강원
출신지별	이념평균	5.31	5.29	5.79	5.01	5.89	5.81	5.88
	N	274	208	328	440	353	327	149
	ANOVA F = 11.6 p < 0.01							
거주지별	이념평균	5.41	5.43	5.75	5.02	6.00	5.64	5.93
	N	453	567	212	224	226	341	89
	ANOVA F = 6.56 p < 0.01							

자료 : 패널조사 6차 대선후 조사 자료
주. 0 - 가장 진보적, 5- 중도, 10- 가장 보수적

하지 않음을 확인해 주고 있다. 이처럼 지역별로는 주관적 이념 성향의 차이가 존재하며 거주 지역과 무관하게 출신 지역별로 이념 성향의 차이가 없다면, 향후 선거에서 이념적인 이슈가 부상하게 된다면 출신 지역에 따른 정치적 선호의 차이가 다시 부각될 수도 있음을 의미하는 것으로 보인다.

그러나 이런 결과는 앞에서 살펴 본 것과는 다소 상이한 결과이다. 〈표5〉에서는 부동산 정책 등 거주 지역별로 유권자들이 갖는 관심의 차이가 분명히 존재하는 것으로 나타났기 때문이다. 거주지별로 정책적 관심사는 다르지만 이념적인 차이는 없다는 결과는 사실 의외의 것이다. 이런 점을 고려하여 이번에는 주관적인 이념 성향이 아니라 이념적 특성을 드러내는 구체적인 정책을 중심으로 지역별 이념적 차이에 대해 살펴보았다. 〈표8〉에서는 모두 일곱 가지의 정책이 제시되어 있다. 일곱 가지 정책은 크게 보아 세 가지 차원으로 그 이념적 특성을 나눠 볼 수 있다. 대미외교, 대북 지원, 재벌 규제는 과거 발전국가시대와 반공이데올로기에 근거한 이념적 갈등의 '역사적 요인'을 대표하는 것이며, 소득분배와 복지확대는 시장 대 국가, 효율 대 형평이라고 하는 이념 갈등의 '경제적 요인'을 나타내는 것이다. 집회시위는 개인의 자유·권리 대 질서와 권위라고 하는 이념

〈표7〉 출신 지역과 거주 지역을 고려한 주관적 이념 평균 (%)

구분	호남 출신		대구/경북 출신		부산/울산/경남 출신		충청 출신	
	호남 거주자	비호남 거주자	TK 거주자	비TK지역 거주자	PK 거주자	비PK지역 거주자	충청 거주자	비충청 거주자
이념평균	5.00	5.01	5.97	5.80	5.76	5.97	5.74	5.83
표준편차	1.95	2.00	1.96	1.75	1.90	1.85	2.07	1.74
t 검정	t = - 0.05		t = - 0.83		t = - 0.91		t = - 0.45	

자료 : 패널조사 6차 대선후 조사 자료
주. 0 - 가장 진보적, 5- 중도, 10- 가장 보수적

갈등의 '사회적 요인'을 대표하는 것으로 볼 수 있다 (이러한 이념 구분에 대해서는 Kang 2008 참조). 시장개방은 개방 대 저항이라고 하는 세계화 요인을 보여주는 것으로 볼 수 있다. 〈표8〉에서 보듯이, 네 지역을 관통하는 일관성 있는 이념적 특성은 발견되지 않는다. 그러나 전반적으로 볼 때 대부분의 정책에서 호남 출신의 진보성이, 대구/경북 출신의 보수성이 확인되고 있다. 앞의 〈표6〉에서 본 결과와 크게 다르지 않은 결과이다. 그러나 여기서 주목할 점은 구체적인 정책에 대한 평가에서는 같은 지역 출신이라고 해도 거주 지역에 따라 시각의 차이가 뚜렷이 구분된다는 점이다. 대미외교 문제에 있어서 충청 출신 유권자들 가운데 비충청 지역에 거주하는 이들이 충청 지역 거주자들보다 보수적인 입장을 취하는 것으로 나타났고, 국내 시장의 해외 개방 문제에 대해서는 대구/경북 지역 출신들 가운데서 대구/경북 지역 외부에 거주하는 이들이 보다 개방적이고 전향적인 입장을 취하는 것으로 나타났다.

그러나 여기서 가장 흥미로운 발견은 호남 출신 유권자들의 정책적 입장에 대한 분화이다. 〈표8〉에서 제시된 일곱 가지 정책 사안 가운데 대북 지원 정책을 제외한 무려 여섯 항목에서 같은 호남 출신이라고 해도 호남에 거주하고 있는 이들과 호남 외부에 거주하고 있는 이들간의 정책적 입장이 뚜렷하게 구분되었다. 두

집단간 이념의 방향성도 매우 일관된 모습을 보이고 있다. 같은 호남 출신이라고 해도 호남에 거주하는 이들이 보다 진보적인 반면, 호남 외부에 거주하는 호남 출신 유권자들은 상대적으로 보수화된 모습을 나타내고 있다. 대미외교나 재벌규제처럼 이념을 구분하는 '전통적인 이슈'에서도 호남 출신이라고 해도 거주 지역에 따라 그 입장의 차이가 분명해졌음을 알 수 있다. 또한 집회시위와 같은 시민적 자유나 권리의 문제, 소득분배나 복지확대와 같은 경제적 이념의 문제에서도 호남 외부에 거주하는 호남인들이 호남에 거주하는 호남인들보다 보수적인 입장을 취하고 있다는 사실이 확인되었다. 그리고 시장개방 문제에서는 호남 외부에 거주하는 호남 사람들이 호남에 거주하는 이들보다 상대적으로 개방에 소극적인 것으로 나타났다. 〈표8〉은 출신 지역이 같더라도, 특히 호남인들의 경우에는, 정책적 방향에 있어서 호남 지역에 거주하느냐 아니면 '외지'에 거주하느냐에 따라 그것을 바라보는 시각의 차이가 매우 뚜렷해졌다는 사실을 알게 한다. 이념적인 분화가 출신 지역보다 거주 지역에 따라 형성된 것이다.

    주관적으로 측정한 이념 성향에서는 출신 지역에 따른 동질성이 나타났지만, 구체적인 정책 항목에서는 출신 지역보다 거주 지역에 따른 차이가 확인되었다. 막연하게 인식하는 정치적 지향성과 구체적인 현실 속에서의 이해관계가 서로 다르게 전개되고 있음을 보여주는 것이다. 이는 지역주의가 출신 지역에 따라 매우 동질적인 정치 성향과 이념적 지향점을 지니고 있다는 기존의 지역주의 정치의 전통적 해석에 대한 커다란 도전이 될 수 있다. 특히 호남이 분화되었다는 점이 의미심장한 결과라고 할 수 있다. 민주화 이후 호남은 지역주의 갈등의 중요한 한 축으로 자리 잡아 왔다. 그러나 여기서의 발견은 호남 출신이라고 해도 거주 지역에 따라 구체적인 정책을 바라보는 시각이 서로 달라지고 있다는 사실을 보여주고 있다. 출신 지역이 자동적으로 정치적 정체성을 부여해 주던 전통적인 지역주의로부터의 근본적인 변화가 일어나기 시작한 것이다.

〈표8〉 출신 지역과 거주 지역을 고려한 정책적 입장 (%)

구분	호남 출신		대구/경북 출신		부산/울산/경남 출신		충청 출신	
정책이념	호남 거주자	비호남 거주자	TK 거주자	비TK지역 거주자	PK 거주자	비PK지역 거주자	충청 거주자	비충청 거주자
대미외교	2.73	2.61***	2.43	2.46	2.61	2.64	2.66	2.37*
대북지원	2.70	2.62	2.23	2.23	2.31	2.42	2.36	2.35
재벌규제	2.78	2.60***	2.29	2.38	2.46	2.43	2.60	2.51
집회시위	1.29	1.80*	1.68	1.68	1.58	1.49	1.46	1.63
소득분배	1.28	1.65*	1.76	1.67	1.55	1.43	1.41	1.53
시장개방	1.31	1.56**	1.63	1.38**	1.35	1.40	1.41	1.47
복지확대	1.33	1.83*	1.84	1.70	1.61	1.60	1.56	1.56

자료 : 패널조사 4차조사자료
주1. t 검정 * p〈0.01, ** p〈0.05, *** p〈0.1
주2. 대미외교 : 1 - 미국 주도의 세계질서에서 더욱 협력해야 한다, 4- 미국 중심 외교 정책 전면 재검토해야
　　　대북지원 : 1- 대북지원 전면 중단해야, 4- 대북지원 확대해야
　　　재벌규제 : 1 - 시장에 맡기고 규제 전면적으로 해제해야, 4 재벌 규제 지금보다 강화해야
　　　집회시위 : "집회시위는 헌법적 권리이므로 보장해야 한다" 1- 매우 찬성, 2- 약간 찬성, 3 - 약간 반대, 4 매우 반대
　　　소득분배 : "소득분배가 경제성장보다 중요하다." 1- 매우 찬성, 2- 약간 찬성, 3 - 약간 반대, 4 매우 반대.
　　　시장개방 : "국내시장 보호하기보다 적극적으로 개방해야 한다." 1- 매우 찬성, 2- 약간 찬성, 3 - 약간 반대, 4 매우 반대
　　　복지확대 : "복지를 확대하기 위해 세금을 인상해야 한다." 1- 매우 찬성, 2- 약간 찬성, 3 - 약간 반대, 4 매우 반대
　　　집회시위, 소득분배, 시장개방, 복지확대는 응답의 방향을 반대로 하여 두 집단으로 나눠 질문한 것을 하나로 합쳐 분석하였음.

결론

2007년 대통령 선거는 민주화 이후 한국 정치를 '지배해 온' 지역주의가 외형상의 유사성에도 불구하고 그 내부적인 속성은 크게 변화하고 있다는 점을 잘 보여주고 있다. 강원택 (2003, 225-255)은 2002년 대통령 선거 분석을 통해 지역이 아

닌 북핵문제나 대미 관계 등 새로운 이슈가 중요성을 갖게 되면서 지역주의 이외의 상이한 요인이 투표 결정에 영향을 미쳤다는 점에서 지역주의의 변화가 발생했다고 주장한 바 있다. 즉 기존 정당 지지의 이탈 dealignment이 2002년 대선을 통해 시작되었다는 것이다. 2007년 대통령 선거에서는 이러한 지역주의의 변화 추세가 보다 본격화된 모습을 보여주고 있다.

2007년 대통령 선거 과정에서 지역주의의 영향력을 실감하지 못하게 된 중요한 원인은 이 연구 결과가 보여주듯이 지역주의가 존재한다고 해도 전국적인 수준에서의 동원력은 약화되었기 때문이다. 같은 지역 출신이라고 해도 거주 지역에 따라 관심사와 선호하는 후보가 달라지게 된 것이다. 2007년 대통령 선거에서 이명박의 압승과 정동영의 참패 역시 이런 변화 속에서 설명할 수 있다. 호남, 충청 유권자의 지지가 거주 지역에 따라 분리되면서 이명박 후보가 서울과 수도권의 호남, 충청 출신 유권자의 지지까지 획득할 수 있게 된 것이 압승의 주요한 원인이었다.

이렇게 된 것은 물론 김대중 등 지역적으로 정치적 상징성과 카리스마를 갖는 지도자의 부재라는 요인과도 관련이 있겠지만 보다 중요한 점은 지역주의 속성 자체가 변화하고 있기 때문이다. 과거의 지역주의가 정서적, 역사적 요인과 그 지역 출신 유권자들이 공유하는 정서에 기초해 있고 감성적 측면이 중요했다면, 이제는 보다 구체적인 정책적 이해관계에 기반한 갈등으로 변모하고 있다는 점에 주목할 필요가 있다. 즉 이전의 지역주의가 출신 지역을 토대로 과거 경쟁 지역 간의 정서적, 역사적 대립과 적대감에 기초해 있다면, 이제는 현재 거주하는 지역의 생활환경이나 지역개발이라는 보다 구체적이고 합리적인 계산에 기초해 있는 것이다. 특히 거주 지역을 중심으로 한 유사한 사회경제적 환경이 그 지역 유권자의 정치적 선택에 커다란 영향을 미치는 형태로 변화해 가고 있다. 이런 속성을 갖는 지역주의라면 이는 미국이나 영국 등 외국 선거에서 나타나는 지역적 표의 집중 현상과도 크게 다르지 않은 듯 하다. 그런 만큼 이제 한국 선거에서 지역주의를 바라보는 시각에도 변화가 필요하며, 지역주의에 대한 대응 역시 상이한 관점에서 접근해야 할 상황으로 변모했다는 점을 이 연구 결과는 시사해 주고 있다.

〈부록〉

〈표9〉 출신지에 따른 지역별 거주 인구 비율 (%)

구분	거주지역	퍼센트	구분	거주지역	퍼센트
충청 출신 비충청 지역 거주 비율	서울	33.5	호남 출신 비호남 지역 거주 비율	서울	43.0
	인천, 경기	52.6		인천, 경기	38.0
	광주, 전라	3.4		대전, 충청	5.7
	대구, 경북	2.5		대구, 경북	2.6
	부산,울산,경남	6.5		부산,울산,경남	8.1
	제주, 강원	1.5		제주, 강원	2.6
	N	325		N	384
대구, 경북 출신 비TK 지역 거주비율	서울	27.8	부산,울산,경남 출신 비PK 지역 거주비율	서울	39.3
	인천, 경기	22.6		인천, 경기	29.8
	대전, 충청	10.1		대전, 충청	7.3
	광주, 전라	1.0		광주, 전라	1.1
	부산,울산,경남	36.5		대구, 경북	19.1
	제주, 강원	2.1		제주, 강원	3.4
	N	288		N	178

제 2 부

미디어효과와 정치참여

3. 제17대 대선과 투표참여 　　　　　　　　　　서현진

4. 제17대 대선의 선거캠페인과 미디어 효과 　　　김성태

3
제17대 대선과 투표참여

서 현 진

서론

매우 이례적으로, 17대 대통령 선거 하루 전인 12월 18일 고현철 중앙선거관리위원회 위원장이 투표 참여를 호소하는 대국민 담화문을 발표했다. 이는 선거관리위원회뿐만 아니라 각종 여론조사 기관과 선거 전문가들이 제17대 대통령선거 투표율이 사상 최저인 60% 초반대로 낮아질 것이라고 예상했기 때문에 취해진 조치로 보인다. 이러한 전망대로 이번 대선의 실제 투표율은 63%로 역대 최저치를 기록했다. 역대 대선 투표율은 최초로 직선제가 실시된 1952년 제2대 선거에서 98.1%로 시작하여 1956년 3대 94.4%와 1960년 4대 97%로 매우 높았다. 이후 1963년 실시된 5대 선거에서 85%, 6대 83.6%, 7대 79.8%로 약간 하락세를 보였다. ⟨그림1⟩에서 볼 수 있듯이, 민주화 이후 대선 투표율도 꾸준히 하락하는 추세를 보여 왔다. 직선제가 부활되어 관심이 집중된 1987년 13대 대선에서는 89.2%의 높은 투표율이 나타났지만 1990년대 들어 7~8%포인트 정도 하락하여 1992년 14대 81.9%와 1997년 15대 80.7%를 기록했다. 지난 2002년에는 15대 대선과 비교

9.9%포인트 하락하여 역대 최저치인 70.8%를 기록했는데 이번 선거에서 또 다시 최저치를 기록한 것이다.

이런 투표율 하락 추세와 역대 최저치의 투표율은 사회적 관심과 우려의 대상이 되고 있다. 그렇다면 투표율 하락현상은 우리나라에서만 나타나는 현상일까? 저조한 투표율은 왜 문제가 될까? 이번 선거에서 이렇게 투표율이 저조했던 주요 요인은 무엇일까? 유권자 개개인의 투표 참여에 영향을 미친 요인은 무엇이었을까? 이글에서는 이런 질문에 초점을 맞추어 17대 대선 투표참여와 관련이 있는 중요한 요인들은 무엇이었는지 경험적으로 분석해보고자 한다.

먼저 2절에서는 투표율 하락과 저조한 투표참여의 정치적 의미에 대해 검토하였다. 3절에서는 이번 대선에서 유권자 개인의 투표참여에 영향을 미친 주요 요인들을 경험적으로 분석하였다. 일반적으로 투표참여에 영향을 미치는 요인은 사회경제요인, 심리요인, 선거운동 요인, 후보와 정당 요인 등 다양하다. 이 중에서 네거티브 선거운동, 선거관심도, 정치 불신, 이명박 대세론, 세대 등이 이번 선거의 투표참여와 관련이 있는 요인들로 추정되었는데 실제로 이 변수들이 유권

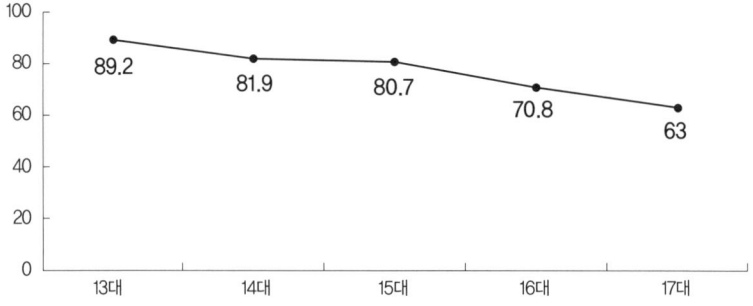

〈그림1〉 역대 대통령 선거 투표율 변화 (%)

자료 : 중앙선거관리위원회

자 개개인의 투표참여에 영향을 미쳤는지를 분석해보았다. 분석에는 2007년 대선을 전후하여 동아시아연구원 · 중앙일보 · SBS · 한국리서치가 공동으로 여섯 번에 걸쳐 설문조사한 패널자료를 사용했다.

투표율 하락의 의미

이번 대선 투표율 63%는 다른 나라의 투표율과 비교해 볼 때 매우 저조한 수치일까? 또한 투표율 하락 추세는 우리나라에서만 나타나는 현상일까? 투표율은 투표권을 가진 유권자의 몇 퍼센트가 실제 투표에 참여했는가를 나타내는 지표이다. 이런 투표율은 각 국가가 처한 정치, 경제, 사회, 문화적 제도와 환경을 반영하기 때문에 국가마다 다르게 나타난다. 뿐만 아니라 한 나라 안에서도 선거마다 또는 선거 유형에 따라 다르게 나타난다. 따라서 단순하게 투표율 자체를 놓고 저조한지를 따지거나 다른 나라와 섣불리 비교하는 것은 어리석은 일이다. 다만 몇 가지 일반적 현상을 고려하여 우리의 상황을 판단해보는 기준으로 삼을 수는 있을 것이다.

국가 간 투표율 차이는 정치 · 문화적 차이나 경제적 차이 등 여러 요인에 의해 설명된다. 예를 들면 1945년부터 2000년까지 평균 투표율을 보면 서유럽 국가들은 77%로 아시아나 라틴 아메리카 국가들(54%) 보다 높은 편인데 이는 교육과 소득 수준이 높고 정치적 관심이나 효능감과 신뢰도가 높으며 오랫동안 안정적인 민주주의를 유지해온 나라들이기 때문이라는 것이다. 하지만 경제적으로 부유하거나 민주주의 지속 기간이 길지 않은 말타, 앙골라나 이디오피아 같은 나라가 아주 오랫동안 90%대의 높은 투표율을, 반대로 미국은 50%대의 낮은 투표율을 유지해왔기 때문에 이에 대한 반론도 많다.

따라서 국가 간 투표율 차이를 설명함에 있어서 가장 보편적으로 적용되는 요인은 선거제도이다.[1] 투표율은 각 국가가 사용하는 선거제도에 따라 다르게 나타나는데 주로 강제투표제 compulsory voting를 실시하는 나라의 투표율이 높게 나타난다. 1945년부터 2000년까지 치러진 선거의 투표율 평균을 비교한 결과에 따르면, 강제 투표제를 사용하는 호주는 세계에서 가장 높은 투표율인 95%를 기록했다. 벨기에(91%), 룩셈부르크(90%), 그리스(86%) 등 강제투표제를 채택한 다른 나라들도 역시 투표율이 높았다. 자유투표가 시행되는 오스트리아(92%), 이탈리아(90%), 덴마크(87%), 독일과 스웨덴(86%), 캐나다, 영국, 프랑스(76%), 일본(71%) 등 선진 민주주의 국가들의 투표율도 높은 편이지만 강제투표를 사용하는 나라들보다는 낮다(Franklin 2001).

특히 자유투표제인 미국의 대통령 선거 투표율은 54%정도로 다른 서유럽 민주주의 국가들의 평균보다 훨씬 낮다. 그 이유는 실제로 70%의 유권자만이 등록 가능한 거주자 투표등록제 residential requirement of registration laws나 부재자 투표제 absentee ballot laws같은 세계에서 가장 까다로운 선거등록조건과 사표발생이 많은 승자독점식 방식 Winner-Take-All system 때문이라는 의견이 지배적이다 (Rosenstone & Wolfinger 1978, 22-45; Powell, Jr. 1986, 17-43; Squire, Wolfinger & Glass 1987, 45-65; Rosentone & Hansen 1993, 230).[2]

한 국가 내에서도 투표율은 대통령 선거, 국회의원 선거, 지방선거, 보궐선거 등 유형에 따라 다르다. 주로 지방보다는 대통령과 같은 주요 공직자를 선출하는 중앙 정부와 관련된 선거의 투표율이 높다. 또한 선거마다도 다른데 투표율이 저조하기로 소문난 미국에서도 부시 George Bush와 클린턴 Bill Clinton 간의 경쟁이 치열했던 1992년(55.2%)과 부시 George W. Bush와 캐리 John F. Kerry가 경합한 2004년의 투표율(55.3%)은 일시적으로 상승하였다. 반면 빌 클린턴의 재선거인 1996년 투표율(49%)은 1960년 이래 역대 최저치를 기록했다. 이처럼 후보자 간 경합이 치열하거나 주요 쟁점이 있을 경우, 투표율은 올라간다. 따라서 투표율은 국가 간뿐만 아니라 국가 내에서도 다르게 나타나는 것이 자연스러운 현상이다.

그런데 〈그림2〉에서 보는 바와 같이, 각 국가 간 또는 국가 내 선거마다 다르긴 해도 1960년대 이래 대부분 선진 민주주의 국가에서는 투표율이 하락하는 현상이 나타났다. 이런 현상은 많은 학자들 간 관심과 논란의 대상이 되었고 그 원인 규명과 개선방안을 마련하는 노력이 계속되고 있다. 현재까지 거론된 중요한 요인은 전 세계적으로 보편화된 정당일체감의 약화로 인한 무당파independent 유권자의 증대, 네거티브 선거운동의 만연, 정치 불신의 증대와 젊은 층의 정치적 무관심 등이다(Abramson & Aldrich 1982; Conway 1991).

이와 같이 투표율 하락은 우리만의 문제는 아니다. 평균으로 볼 때도 우리 투표율은 민주화 이후 77%로 그리 저조한 것도 아니다. 하지만 우리나라 대통령 선거의 투표율이 한 번의 반등 없이 지속적으로 하락하고 있다는 점은 눈여겨 볼 필요가 있다. 또한 우리나라는 강제투표제를 실시하고 있지는 않지만 미국처럼 까다로운 등록제를 사용하고 있지도 않다. 세계에서 가장 효율적인 등록 제도를 사용하는 나

〈그림2〉 다른 나라의 투표율 하락 추세 (%)

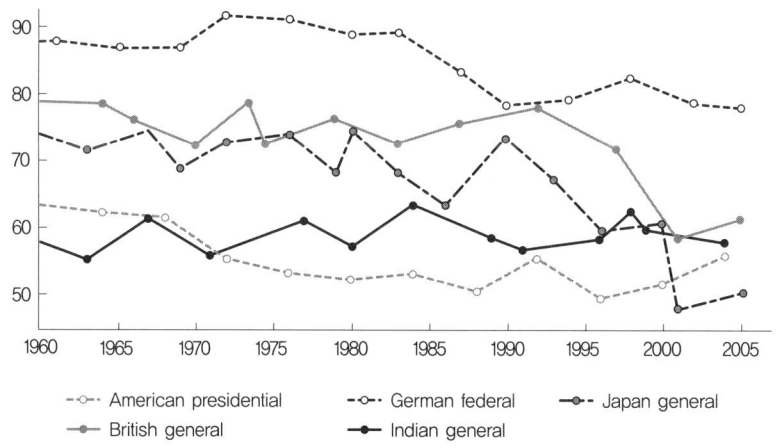

자료 : http://en.wikipedia.org/wiki/voterturnout(검색일 2008/1/5)

라는 프랑스로 18세 이상 자동 등록되며 투표를 위한 번거로운 절차가 없는 나라로 알려져 있는데 우리도 선거등록이 쉬운 나라 중 하나이다. 그럼에도 이번 투표율이 63%로 1/3 이상의 유권자가 투표를 포기했다는 점은 주목할 만하다.

낮은 정치적 관심도와 참여율을 정치체제와 정부에 대한 전반적인 만족도의 반영으로 보려는 시각도 있다. 하지만 대부분 학자들은 민주주의가 국민들의 적극적 정치참여를 기반으로 유지되고 발전된다는 점에서 끊임없이 투표율이 하락하고 궁극적으로 저조한 투표율로 이어지는 현상에 대해 우려한다. 왜냐하면 투표는 개개인이 자신의 의사를 정부정책에 반영시키기 위해서 민주사회에서 보장되는 가장 중대한 정치적 시민권을 행사할 수 있는 기본적인 기회이기 때문이다. 투표결과는 이런 유권자 개개인이 내린 정치적 선택의 총합을 의미한다.

투표율이 낮은 경우, 거대한 조직을 갖추고 있는 세력이 유리할 수 있으며 지역주의 조장이나 학연·지연 등을 내세우는 동원 투표 현상이 나타나기도 한다. 조직과 연고에 의해 동원된 유권자만 참여한 선거결과는 다양한 국민의 의사가 평등하고 민주적으로 반영된 정치적 선택의 총합이라고 보기는 어려울 것이다. 즉, 낮은 투표율은 실제 여론과 투표 결과의 괴리를 부를 수 있으며 특정 계층의 선호도가 과다대표 되거나 기권자의 선호도가 과소 대표 되는 등 선거결과가 왜곡될 소지가 다분하다. 또한 투표율이 지나치게 낮아지면 승자의 정통성 문제가 발생하며 향후 정치적 무관심과 사회적 갈등을 해결함에 있어서 부담이 될 수 있다. 이렇듯 낮은 투표율의 정치적 함의가 크기 때문에 이 문제에 대한 사회적, 학문적 관심이 지속되고 있는 것이다.

17대 대선 투표 참여에 영향을 미친 요인 분석

그렇다면 유권자들이 17대 대선에 등을 돌린 이유는 무엇이었을까? 17대 대선의 투표율 하락은 예견된 일이었고 이를 막을 만한 요인이 나타나지 않은 채 최저의 투표율을 기록했다. 저조한 투표율만큼 그 원인에 대한 설명도 학문적 관심의 대상이 되어왔다. 투표율과 유사하게, 투표참여에 영향을 미치는 중요한 요인 또한 각 국가적, 정치적, 사회적 상황이나 선거의 종류에 따라 다르게 나타난다. 그럼에도 불구하고 사회경제적 지위 변수들, 정치적 태도 등 심리적 요인들, 매스컴을 비롯한 선거운동 요인들, 그리고 정당 또는 후보자 지지 요인 등은 보편적으로 투표참여 여부를 설명하는 중요한 요인들로 연구되어 왔다.

이런 요인들 중 특히 이번 17대 대선의 저조한 투표율에 영향을 미친 원인으로 다음 요인들이 주목을 받았다. 첫째, 유권자들의 저조한 선거 관심과 불신의 증대가 중요한 원인이다. 언론 보도나 전문가 의견에 따르면, 선거는 민주주의의 꽃이나 축제라는 말이 무색할 정도로 이번 선거에 대한 관심은 낮았다. 왜 선거에 관심이 없었을까? 윤성이 경희대 교수는 이번 대선에서 "전반적으로 유권자를 흡입할 수 있는, 관심을 끌 수 있는 쟁점이라든가 인기 있는 후보라든가 이런 부분들이 없었기 때문"이라고 말했다(CBS 라디오 인터뷰 2007년 12월 18일자).

16대 대선에서는 행정수도 이전과 같은 유권자들의 이해관계와 직결되는 정책 쟁점이 부각되었고 계층별, 지역별, 세대별 대결구도도 형성되었다. 하지만 이번 대선에서는 유권자의 관심을 끌만한 쟁점과 이를 바탕으로 한 갈등구조가 형성되지 않았다. 대신 BBK 동영상 변수 같은 네거티브 선거전이 격화되었고 그 결과 유권자들의 관심이 저하되고 정치적 냉소주의가 심화된 것이 투표율 저하의 중요한 원인이었다(MBC 뉴스 2007년 12월 19일자; 한국일보 2007년 12월 19일자; 뉴스메이커 2007년 12월 25일자).

게다가, 선거운동 기간 내내 이명박 후보 대세론이 지속되고 후보 간 경합도가 떨어진 것도 중요한 이유로 꼽혔다. 강원택 숭실대 교수는 "투표율 하락세는 미래 이슈가 의혹 공방에 밀리며 유권자의 정치 불신이 커지고, 승자 독주 현상이 겹친 결과"라며 "그 자체가 정치권의 각성을 요구하는 것"이라고 지적했다(경향

신문 2007년 12월 15일자). 즉 이번 선거에서는 이명박 후보의 독주가 이어져 '해 보나 마나' 라는 인식을 심어주었고 대선 결과에 대한 궁금증이 크게 저하되었다. 투표결과가 바뀔 것이라는 기대감이 줄어들면서 다른 후보 지지자들의 투표의욕 도 줄어들었다. 궁극적으로 유권자들을 투표장으로 끌어낼 동인이 사라졌다는 것이다.

마지막으로 세대변수도 이번 선거의 저조한 투표율에 중대한 영향을 미친 원인으로 주목받았는데, 그간 선거에서 투표율이 가장 낮았던 20대가 이번 선거에서는 더 적극적으로 투표거부의사를 나타냈기 때문이라는 설명이다. 한 인터넷 신문은 "(자신의 세대가) 대통령이 바뀐다고 자신의 삶이 바뀌지 않는다는 걸 빨리 알아차린 철든 세대" 라는 한 유권자의 말을 인용하면서 이번 선거에서 20대는 좀 더 적극적으로 '투표거부' 의사를 밝혔고 '투표하지 않을 권리' 를 주장했다고 보도했다(뉴스메이커 2007년 12월 25일자).

이상의 논의를 정리해보면, 네거티브 선거운동으로 인한 선거관심도 저하와 정치 불신의 증대, 이명박 대세론으로 인한 투표의욕 저하, 젊은 유권자 층의 저조한 투표참여 등이 이번 선거의 저조한 투표율에 영향을 미친 중요한 요인들이다. 따라서 이 절에서는 이런 논의에 주목하여 실제로 이 요인들이 유권자 개개인의 투표참여에 영향을 미쳤는지를 분석해보았다.[3]

네거티브 선거운동 : 선거관심도와 정치 불신 그리고 투표참여

저조한 선거관심과 정치 불신의 증대가 투표율 저하에 기여했다는 논의를 검증하기 위해 투표자와 기권자의 차이가 주로 정치관심과 정치 불신이라는 요인에 의해 설명될 수 있는지 살펴보았다. 이와 관련하여 먼저 검증할 가설은 앞서 논의한 바와 같이 네거티브 선거운동이 선거관심도 저하와 정치 불신 증대와 관련이 있는지 그리고 궁극적으로 이번 선거의 투표참여 결정요인이 되었는지의 여부이다.

기존 선거연구 결과에 따르면, 선거운동은 유권자에게 필요한 다양한 정보를 제공하고 정치적 관심을 제고시켜 투표에 참여하도록 유도한다. 선거운동 기간 중에 직접 후보자와 만나거나 전화 통화나 이메일 등을 통해서 정보를 많이 얻을 수록 투표에 참여할 확률이 높다(Gerber et al. 2000; Green et al. 2004; Lassen 2005). 그리고 친한 사람들로부터 얻는 정보도 투표참여에 중요한 역할을 한다 (Grober & Schram 2006). 특히 대중매체의 영향력이 정당의 역할을 대신할 만큼 커지면서 선거운동 기간 동안 유권자는 TV, 신문, 인터넷 등의 뉴스와 광고 등을 통해서 후보자들에 대한 정보를 얻고 이를 통해 투표 여부를 결정하게 된다.

그런데 최근 들어 대중매체를 통한 부정적인 캠페인이 늘면서 선거운동이 정치적 관심을 저하시키고 불신을 증대시켜 궁극적으로 기권을 유도하는데 결정적 역할을 한다는 주장이 제기되었다(Ansolabehere et al. 1995, 1999). 한편에서는 부정적인 선거운동이 불신을 증대시키지만 오히려 관심이 있는 유권자에게 필요한 정보를 제공하여 투표장에 나오도록 한다는 주장도 제기되었다(Kahn et al. 1999; Wattenberg et al. 1999; Lau & Pomper 2002; 서현진 2003). 이처럼 네거티브 선거운동과 선거관심도, 정치 불신 그리고 투표참여의 관계가 부정적인지 긍정적인지는 논란의 대상이 되고 있다. 하지만 네거티브 선거전이 투표참여와 밀접한 관련이 있는 것만은 분명하며 그 중요성에 대한 연구가 활발히 진행되고 있다.

그렇다면 이번 17대 한국 대선에서는 네거티브 선거전이 유권자의 선거관심도나 정치 불신에 어떤 영향을 미쳤을까? 투표 참여에는 어떤 영향을 미쳤을까? 이번 대선에서는 누가 잘할 것이라는 이미지만 있을 뿐 후보별 차별화된 구체적 정책이 없었다. 정책의 현실성과 구체성을 검증하는 대신 모든 유력 후보들이 이명박 후보의 BBK연루설에 초점을 맞추는 네거티브 선거운동에 주력하였다. BBK 사건은 금융관린 사건으로 금융지식이 풍부한 유권사 외에 펑범한 유권사들은 사건 자체를 이해하기 힘들었다. 이렇듯 유권자들에게 쉽지 않은 이슈인 BBK는 경선기간과 공식 유세 기간 내내 가장 중요한 이슈가 되었다. 게다가 대선을 코앞에 둔 16일에는 이른바 '이명박 BBK 설립 발언 관련 동영상'이라는 변수까지 등장했다.

　기존 연구결과와 마찬가지로, 이에 대한 유권자들의 반응은 무관심과 불신이라는 것이 중론이었다. 물론 역대 대선마다 각 후보 간의 정책대결이 아닌 비방과 흑색선전이 난무하여 유권자들에게 불신감을 안겨주었다. 하지만 이번 대선에서는 민주화 이후 그 어느 때보다 네거티브 선거운동이 심각했으면 그로 인한 정치와 정치인에 대한 불신도 심각한 수준이었다. 실망과 배신감 그리고 체념이 기권의 중요한 이유였다는 설명이 전문가들의 의견이다.

　이를 경험적으로 검증하기 위해 우선 네거티브 선거운동의 대표적 쟁점이었던 BBK 동영상 변수가 선거관심도, 정치 불신 그리고 투표여부와 어떤 연관성이 있는지를 살펴보았다. 이 후보의 BBK 연루설이 사실인지 아닌지보다 더 중요한 것은 유권자들이 그 사건을 어떻게 받아들였는가 하는 것이다. 따라서 BBK 동영상 파문으로 인해 유권자들의 선거관심이 저하되었는지, 불신이 증대되었는지 그리고 기권하였는지를 검증해 보았다.

　〈표1〉을 보면, BBK 동영상공개 사건이 이명박 후보에 대한 생각에 미친 영향에 따라 유권자 그룹이 셋으로 나뉘는데 이 그룹 간 선거관심도 차이를 발견할 수 있었다. BBK 동영상 파문 이후 이 후보가 더 좋아졌다거나 별 영향이 없다는 유권자의 선거관심도가 싫어졌다는 유권자들보다 더 높은 것으로 나타났고 그 차이는 통계적으로 유의미했다. 이는 선거관심도에 따라 BBK 동영상의 영향이 달라짐을 의미하는데 선거관심이 높을수록 동영상 파문으로 인해 이명박 후보 지지에 영향을 받을 가능성이 적다는 것을 알 수 있다.

　다음으로 BBK 동영상의 영향과 정치 불신의 관계에 대해 살펴보았다. 정치 불신은 두 가지 변수에 의해 측정되었다. 하나는 소수가 정부와 정치를 좌우한다는 생각에 동의하는지인데, BBK 동영상 파문 이후 이 후보가 싫어졌다는 유권자 집단과 별 영향이 없다는 집단, 그리고 더 좋아졌다는 집단 간 차이가 나타났다.

또한 이 세 집단은 정치인이 당선 후 다르다고 생각하는지에 대해서도 차이가 났다. 즉 BBK 동영상으로 이 후보가 싫어진 유권자 집단의 정치 불신 평균이 별 영향을 받지 않았거나 오히려 좋아졌다는 집단의 불신 평균보다 높았다.

투표참여와는 어떤 관계가 있을까? 역시 세 집단 간 평균차이가 나타났는데, 더 좋아졌다는 집단이 평균적으로 싫어졌다는 집단보다 투표에 참여할 확률이 높게 나타났다. 선거관심도나 정치 불신, 투표여부에 대한 세 집단 간 차이는 통계적으로 유의미했다. 이런 결과를 요약해 보면, BBK 동영상 파문에 대한 유권자의 각기 다른 반응은 선거관심도, 정치 불신, 투표여부와 모두 관련이 있음을 알 수 있다. BBK 동영상으로 인해 이 후보가 싫어진 유권자들은 별 영향을 받지 않았거나 좋아진 유권자들에 비해, 선거관심도는 낮았고 불신수준은 높았으며 투표에 참여할 확률은 낮음을 확인했다. 이는 또한 선거에 관심이 높고 정치 신뢰가

⟨표1⟩ BBK 동영상의 영향(ANOVA)

	BBK 동영상 영향	N	평균	F값	p
선거관심도	더 좋아졌다	85	1.47	25.4	.000
	별 영향 없다	1,222	1.62		
	싫어졌다	770	1.83		
소수가 정치 좌우	더 좋아졌다	85	2.14	26.4	.000
	별 영향 없다	1,197	1.97		
	싫어졌다	769	1.74		
정치인 선거후 다름	더 좋아졌다	80	1.93	59.6	.000
	별 영향 없다	1,212	1.83		
	싫어졌다	765	1.49		
투표여부	더 좋아졌다	85	1.00	5.3	.005
	별 영향 없다	1,222	1.07		
	싫어졌다	770	1.09		

자료 : EAI · SBS · 중앙일보 · 한국리서치 대선패널여론조사(2007), 6차 데이터

높을수록 그리고 투표자가 기권자보다 BBK 동영상 파문으로부터 별 영향을 받지 않았음도 의미한다.

이번에는 네거티브 선거전에 대한 평가와 선거관심도, 정치 불신, 투표참여의 관계에 대해 살펴보았다. 〈표2〉에서 보듯이, 네거티브 선거전에 대한 평가는 선거관심도와 밀접한 관련이 있는 것으로 나타났다. 이번 선거에서 네거티브 선거전이 심각했다고 본 유권자의 선거관심이 그렇지 않다고 본 유권자보다 더 높은 것으로 나타났고 그 차이는 통계적으로 의미가 있었다. 투표참여에 있어서도 네거티브 선거전이 심각했다고 본 유권자가 그렇지 않은 유권자보다, 투표에 참여할 확률이 더 높은 것으로 나타났다.

이와 같이 네거티브 선거운동에 대한 평가는 선거관심과 투표참여와 관계가 있었다. 선거에 관심이 높은 유권자가 관심이 없는 유권자보다, 그리고 투표자가 기권자보다 네거티브 선거전이 심각했다고 보았음을 알 수 있다. 하지만 정치 불신과 네거티브 선거전에 대한 평가 간의 관계는 통계적으로 유의미하지 않은 것으로 나타났다. 이는 네거티브 선거운동이 심각했다고 느낀 유권자들의 불신 수

〈표2〉 네거티브 선거운동에 대한 평가 (T-test)

	네거티브 선거운동	N	평균	t값	자유도	유의도
선거관심도	심각했다	1,573	1.66	-4.05	904.6	.000
	아니다	527	1.80			
소수가 정치 좌우	심각했다	1,551	1.89	-.59	842.4	.555
	아니다	524	1.91			
정치인 선거후 다름	심각했다	1,555	1.71	.502	2079	.616
	아니다	525	1.69			
투표여부	심각했다	1,573	1.07	-2.66	772.3	.008
	아니다	527	1.11			

자료 : EAI · SBS · 중앙일보 · 한국리서치 대선패널여론조사(2007), 6차 데이터

준이 그렇지 않은 유권자에 비해 높다고 할 수 없음을 의미한다.

다음에는 선거관심도와 투표참여의 관계를 검토해 보았다. 그 동안 서구의 많은 연구들이 선거 관심도가 투표참여를 결정짓는 중요한 변수임을 입증해 왔다. 개인적 수준에서 정치적 관심이 높은 사람일수록 지식을 많이 갖게 되며 정치적 만족감이나 효능감도 높다. 이러한 정치적 관심과 효능감은 투표를 비롯한 다른 정치활동에 참여할 확률을 높인다(Abramson and Aldrich 1982; Abramson et al. 1996). 한국의 역대 대통령 선거에서도 선거관심도는 유권자들의 투표참여에 영향을 미친 가장 핵심요인이었는데, 선거관심이 약하거나 보통일 경우 기권한 반면 선거관심이 높은 경우 투표에 참여할 확률이 높은 것으로 나타났다(강경태 2003).

이번 선거에서도 선거관심도와 투표참여가 관계가 있었는지 살펴보았다. 〈표 3〉을 보면, 1차에서 5차까지 조사된 응답자 중에 선거에 관심이 있다고 한 유권자와 없다고 한 유권자 중 반드시 투표하겠다고 답한 응답자의 비율 차이를 알 수 있다. 대통령 선거 출마 예비 후보자 등록이 시작된 4월 23일 직후에 실시된 1차 조사 대상자 3,503명 중 선거에 관심이 있다고 답한 응답자의 85.4%가 반드시 투표하겠다고 하였다. 반대로 선거에 관심이 없다고 답한 사람들 중에 반드시 투표하겠다는 비율은 1차에서 36.8%로 선거에 관심이 있다고 한 응답자에 비해

〈표3〉 선거관심도와 적극적 투표의향 (반드시 투표, %)

선거관심	1차 조사 (4월 25~28)	2차 조사 (8월 10~13)	3차 조사 (10월 17~20)	4차 조사 (11월 25~27)	5차 조사 (12월 11~12)
있음	85.4	81.2	81.2	77.6	80.4
없음	36.8	28.7	25.4	17.1	27.6
% 차이	48.6	52.5	55.8	60.5	52.8

자료 : EAI · SBS · 중앙일보 · 한국리서치 대선패널여론조사(2007), 1~5차 데이터

48.6%나 적었다. 이런 차이는 시간이 지날수록 점점 커지다가 선거 일주일 전인 5차 조사에서 다시 줄어들었지만 선거운동 기간 내내 두 집단 간 차이는 매우 컸다. 또한 선거에 관심이 있는 집단과 아닌 집단 모두 반드시 투표하겠다는 비율은 약간 줄어들고 있지만 그 하락폭은 관심이 없는 집단에서 더 컸다.

그러면 선거관심이 있는 집단과 아닌 집단의 투표의향 차이는 통계적으로 의미가 있는 것일까? 〈표4〉를 보면 1차에서 5차까지 선거관심이 있는 층의 평균 투표의향은 시간이 흐르면서 약간씩 증가한 반면 관심이 없는 층은 약간 하락한 것을 알 수 있다. 더 중요한 것은 모든 조사시점에서 선거관심도가 있는 유권자들의 투표의향이 관심이 없는 유권자들보다 높고 그 차이는 통계적으로 유의미하다는 것이다. 이는 선거관심 여부에 따라 투표 참여 여부가 달라질 수 있음을 의미한다.

〈표5〉에는 선거관심이 투표의향뿐만 아니라 투표자와 기권자의 차이를 설명하는데도 중요한 요인인지를 분석한 결과가 정리되어 있다. 선거관심이 있는 유권자가 그렇지 않은 유권자보다 투표할 가능성이 높은 것을 알 수 있다. 그러므로

〈표4〉 선거관심 유무와 투표의향 비교 (T-test)

비교시점	선거관심	N	평균	t값	자유도	유의도
1차	있음	3,125	1.20	-26.0	1142.7	.00
	없음	995	2.15			
2차	있음	2,530	1.24	-23.7	829.9	.00
	없음	713	2.22			
3차	있음	2,220	1.24	-20.5	543.2	.00
	없음	472	2.21			
4차	있음	2,068	1.27	-22.7	440.5	.00
	없음	396	2.51			
5차	있음	1,964	1.22	-15.7	272.1	.00
	없음	257	2.25			

자료 : EAI · SBS · 중앙일보 · 한국리서치 대선패널여론조사(2007), 1~5차 데이터

〈표5〉 선거관심 유무와 투표여부 (T-test)

선거관심	N	평균	t값	자유도	유의도
있음	1,874	1.06	-5.9	255.8	.000
없음	237	1.23			

자료 : EAI · SBS · 중앙일보 · 한국리서치 대선패널여론조사(2007), 6차 데이터

이번 선거에서도 기존 연구 결과와 같이 유권자들의 선거관심도는 투표참여에 영향을 미친 것으로 나타났다.

〈표6〉을 보면 정치 불신 변수도 투표 참여에 영향을 미쳤는지에 대한 분석결과를 알 수 있다.[4] 소수가 정치를 좌우하는지에 대해 동의한다는 유권자와 동의하지 않다는 유권자 간 투표여부 차이는 없는 것으로 나타났다. 그러나 선거 후 정치인의 행동이 다르다는 점에 동의하는 유권자와 동의하지 않는 유권자 간 차이는 통계적으로 의미가 있었다. 즉 선거 후 정치인의 행동이 다르다는 점에 동의하는 유권자가 더 기권할 확률이 높아 정치 불신 수준이 투표참여에 영향을 미친다는 것을 알 수 있다.

이상의 논의를 정리하면, 네거티브 선거전과 동영상 파문은 선거관심과 밀접

〈표6〉 정치 불신과 투표여부 (T-test)

소수가 정치와 정부 좌우	N	평균	t값	자유도	유의도
그렇다	1,698	1.08	1.0	616.1	.315
그렇지 않다	388	1.07			
정치인 선거후 다르다					
그렇다	1,869	1.08	2.2	314.3	.032
그렇지 않다	222	1.05			

자료 : EAI · SBS · 중앙일보 · 한국리서치 대선패널여론조사(2007), 6차 데이터

한 관계가 있었다. 그리고 네거티브 선거전, 동영상 파문, 선거관심 변수 모두 투표참여와도 관계가 있었다. BBK 동영상 파문으로부터 별 영향을 받지 않은 유권자는 부정적 영향을 받은 유권자에 비해 선거 관심이 낮지 않았으며 투표에 참여할 가능성도 높았다. 또한 이번 선거에서 네거티브 선거전이 심각했다고 느낀 유권자는 그렇지 않은 유권자보다 선거관심이 높았고 투표에 참여할 가능성도 높았다. 즉 네거티브 선거전이 심화되었다고 느낀 유권자들이 동영상 파문을 보고 선거관심이 저하되거나 기권할 가능성도 적다는 것을 알 수 있다.

이번 선거에서 네거티브 선거전이 심각해졌다고 본 유권자들은 이명박 지지자들일 가능성이 높다. BBK 이슈가 네거티브 선거운동에 끊임없이 이용된다고 보았기 때문에 BBK 동영상을 보고도 이 후보 지지에 별 영향을 받지 않았을 것이다.[5] 즉 이런 네거티브 선거운동이 이들의 선거관심을 저하시키기보다는 오히려 더욱 투표에 참여하여 네거티브 선거운동을 펼친 세력을 응징해야 한다고 생각했을 것이다. 궁극적으로 이번 선거에서는 네거티브 선거전이 오히려 이명박을 지지하는 유권자의 관심을 높이고 투표참여를 독려한 결과를 가져온 것으로 볼 수 있다.

한편 불신이 높은 유권자들은 BBK 동영상 파문으로부터 부정적인 영향을 받은 것으로 나타난 반면, 네거티브 선거전에 대한 평가와 정치 불신 수준 간에는 관계가 없었다. 그리고 정치 불신 변수 중 하나만 투표참여와 관련이 있었다. 정치 불신이 투표참여에 영향을 미치는지는 논란의 대상이 되고 있는데 이번 선거 결과에서는 이 변수의 영향력이 복합적으로 나타난 것이다. 따라서 네거티브 선거전과 정치 불신 그리고 투표참여의 관계는 명확하게 검증되지 않았다.

이명박 후보 지지와 투표참여

다음으로 선거운동 기간 내내 이명박 후보의 독주가 지속되면서 후보 간 경합도가 떨어진 것이 중요한 이유라는 가설을 검토해 보았다. 기존 연구에 따르면, 보편적으로 유권자들은 지지하는 정당이나 후보자가 있을 경우 그리고 정당이나 후보자 간 경쟁이 치열할 경우에 그렇지 않은 경우보다 자신들이 지지하는 정당이나 후보의 당선을 위해 투표에 참여할 확률이 높다(Abramowitz & Stone 2006; 강경태 2003; 이재철 2007).

이번 선거에서는 이명박 후보의 독주가 눈에 띄었는데 이 현상은 다른 후보를 지지하는 유권자들의 의욕을 저하시켜 투표율 저하에 기여했을 가능성이 있다. 이 경우, 이명박 후보 지지자들의 투표의향이 다른 후보 지지자의 투표의향보다 높았을 것이다. 실제 패널 조사 결과, 1차에서 5차까지 이명박 후보 지지자들이 가장 많았고 그 차이도 커서 이 후보의 독주 현상이 확인되었다. 반드시 투표하겠다는 적극적 투표자 층에서 이명박 후보 지지자는 1차(45.8%), 2차(40.8%), 3차(59.2%), 4차(47.2%), 5차(51.6%)에서 가장 높은 비율을 차지했다.

<표7>에는 후보 지지자 별로 투표의향 차이가 있는지를 1차에서 5차까지 패널 설문조사 응답자를 대상으로 경험적으로 검증한 결과가 정리되어 있다. 후보 지지자 집단 간 차이를 보기 위해, 1위 후보 지지자, 2위 후보 지지자, 3위 이하 후보 지지자와 지지 후보자가 없는 유권자 집단으로 나누었다. 분석 결과, 지지자 집단 간 투표의향 차이는 1차에서 5차 까지 모두 통계적으로 의미가 있었다.

대통령 선거 출마 예비 후보자 등록이 시작된 4월 23일 직후에 실시된 1차(4월 25~28일) 조사에서 응답자 3,503명 중 이명박 후보 지지자들이 1,764명으로 가장 많았다. 가장 많은 지지를 얻은 이 후보 지지자들의 투표의향이 박근혜 후보나 다른 후보 지지자들보다 높음을 알 수 있다. 이런 현상은 언론기관의 대선 후보자 초청 대담 토론회가 가능해진 2차 조사 시점(8월 10~13일)에서 2,911명을 대상으로 한 설문결과에서도 동일하게 나타났다. 이 후보 지지자들의 투표의향이 다른 후보 지지자들이나 지지 후보가 없는 유권자들 보다 높다.

3차 조사(10월 17~20일)는 한나라당과 범여권의 경선 후 2,524명을 대상으로 실시되었는데 역시 이 후보 지지자들의 투표의향이 가장 높다. 또한 시간이 지나면서 이들의 투표의향이 더욱 높아진 것을 알 수 있다. 반면 2위 후보에 대한 투표의향은 별 차이가 없고 지지 후보가 없는 유권자의 투표의향은 점점 저조해지고

〈표7〉 후보 지지자별 투표의향 차이 (ANOVA)

	지지후보	N	평균	F값	p
투표의향1	이명박	1,764	1.31	28.7	.000
	박근혜	930	1.40		
	다른 후보	769	1.52		
	없음	410	1.67		
투표의향2	이명박	1,214	1.32	46.7	.000
	박근혜	842	1.42		
	다른 후보	569	1.46		
	없음	458	1.83		
투표의향3	이명박	1,424	1.24	105.2	.000
	정동영	431	1.41		
	다른 후보	366	1.49		
	없음	339	1.99		
투표의향4	이명박	1,006	1.25	62.9	.000
	정동영+이회창	756	1.46		
	다른 후보	286	1.56		
	없음	302	1.92		
투표의향5	이명박	1,026	1.19	68.6	.000
	정동영+이회창	634	1.27		
	다른 후보	257	1.41		
	없음	190	1.85		
투표여부6	이명박	979	1.05	3.4	.018
	정동영+이회창	601	1.08		
	다른 후보	248	1.07		
	없음	180	1.11		

자료 : EAI · SBS · 중앙일보 · 한국리서치 대선패널여론조사(2007), 1~6차 데이터

있다. 4차(11월 25~27일)는 2,382명을 대상으로 후보자 등록 첫날인 11월 25일 직후에 실시되었는데 3차 조사 결과와 큰 차이가 나타나지 않았다. 다만 2위 후보에 정동영 후보와 이회창 후보를 함께 묶은 것은 두 후보 간 지지자 수의 차이가 그리 크지 않아 차이를 둘 수 없었기 때문이었다. 2,208명을 대상으로 선거 일주일 전에 실시된 5차 조사(12월 11~12일)에서는 모든 후보 지지자들의 투표의향이 전보다 높아졌다. 하지만 이 후보 지지자들의 투표의향이 가장 높은 추세는 변함이 없었다.

그리고 선거 다음날 실시된 6차(12월 20~21일) 패널조사에서는 2,111명이 응답했는데 기권자들에게 누구를 지지했는지를 묻지 않아서 어느 후보 지지자가 투표에 많이 참여했는지 직접적으로 알 수는 없다. 하지만 선거 일주일 전 실시한 지지자 조사를 근거로 분석해 보았을 때 이 후보를 지지한다고 한 유권자 집단이 다른 후보 지지자 집단이나 지지후보가 없는 집단보다 투표에 참여했을 가능성이 더 높았다. 이런 결과를 통해 선거 초반부터 내내 이명박 후보 지지자들이 다른 후보 지지자들 보다 월등히 많고 투표의향도 높았음을 알 수 있다. 이는 이 후보의 독주가 다른 후보 지지자들의 투표의향을 저하시켰다는 추론이 타당함을 보여주는 증거이다.

세대와 투표 참여

이번 선거의 투표율 저하에 가장 큰 기여를 한 집단은 젊은 층이라는데 정말 20대와 30대의 투표참여는 다른 세대보다 저조했을까? 보편적으로 투표율에 있어서 20대와 30대가 고연령층보다 투표율이 낮으며 역대 한국선거에서도 투표율 하락의 주요 원인은 저연령층의 투표불참이었다. 15대 대선 20대 투표율은 68.2%였고 16대 대선에서는 56.5%였다. 15대 대선뿐만 아니라 16대 대선에서도 20대와 30대의 투표율은 가장 낮았다. 뿐만 아니라 다른 연령층에 비해 투표율이 가장 많이 하락했다(한국갤럽조사연구소 2003, 271). 이번 대선에서도 저연령층의 저투표율 현상은 계속되었는데, 선관위는 20대와 30대 투표율을 45~50%대로 예측하였다.

그럼 실제로 20대와 30대의 투표율이 다른 세대에 비해 저조했는지 살펴보자. 선거후 패널 설문 조사 결과에 따르면, 투표를 했다고 답한 응답자 비율은 전체 92.2%였는데, 20대 응답자 중에는 투표를 했다고 답한 비율이 81.7%로 가장 저조하였다. 다음 30대(90.3), 40대(95.8), 50대(97.8), 60대 이상(98.4) 순으로 그 비율이 점점 높아졌다. 또한 〈그림3〉에서 볼 수 있듯이 세대별 적극적 투표 층(반드시 투표) 비율을 살펴보아도 1차에서 5차 조사까지 20대가 가장 저조하며 30대가 그 다음으로 저조한 것을 알 수 있다.

그렇다면 왜 20대와 30대의 투표참여가 다른 세대보다 저조했을까? 민주화

〈그림3〉 세대별 적극적 투표 층의 비율 변화 (%)

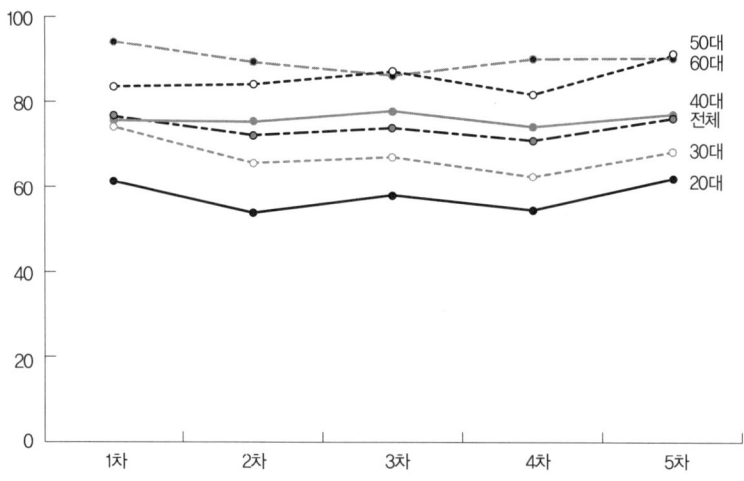

자료: EAI · SBS · 중앙일보 · 한국리서치 대선패널여론조사(2007), 1~5차 데이터

이후 15대 대선까지 한국 대선을 결정짓는 가장 중요한 변수는 지역주의였지만 이 외에도 세대요인이 유권자들이 투표행태를 결정짓는 중요한 역할을 해왔다(정진민·황아란 1999). 특히 지난 16대 대통령 선거에서는 지역 외의 이념과 세대 등 새로운 정치 갈등이 선거에 반영되었다. 새천년 민주당과 노무현 후보가 사회적 갈등구조의 변화를 적절히 인식하고 수용하는 선거 전략을 통해 지역균열에 기초한 선거에서 소외되었던 부동층 유권자들을 선거에 참여시키는데 성공한 것이다(이정진 2007).

16대 대선에서는 세대별 지지후보가 일찍부터 비교적 확실히 구분되었고 선거운동 내내 일관된 형태로 유지되어 왔다. 이회창 후보에 대한 지지율은 50대 이상 연령층에서 높은 반면 20-30대 유권자층에서는 매우 낮은 상태였다. 젊은 세대의 정치참여는 국민경선에서 노무현 후보가 돌풍을 일으키는 과정에서 노사모 활동과 함께 본격화되었다. 이후 노풍이 꺼지고 지지가 추락하는 와중에는 이회창 보다는 정몽준 후보쪽으로 옮겨갔다. 최종 선거에서는 2030의 약 65%정도가 노무현 후보를 지지한 것으로 나타났다(강원택 2003).

또한 16대 대선에서는 인터넷을 통한 20대와 386세대 네티즌의 정치활동이 투표참여율 상승에 기여했다. 2002년 대선 당시 인터넷은 여론 형성의 장으로 기능하였고 20·30대를 중심으로 한 누리꾼들은 논쟁과 노사모 지지 세력의 주체가 되었었다. 인터넷 정치활동이 활발한 유권자일 경우, 정치효능감이 증대되고 결과적으로 정치참여욕구가 상승되었다. 노무현 후보는 네티즌 비율이 절대적인 20대와 30대 유권자 집단에서 확실한 우세를 보였다(윤성이 2003; 안형기·신범순 2006).

하지만 이번 대선에서는 인터넷 상에서 대선 판도를 뒤흔들만한 여론은 형성되지 않았고 UCC 돌풍 예감과는 달리 누리꾼들의 관심은 저조했다. 물론 이는 유권자의 창작 활동을 제한한 선거법 때문으로 볼 수도 있다. 그러나 전반적으로 이번 선거에 대한 20대와 30대의 관심이 저조했기 때문이라고 보는 의견이 보편적이다.

젊은 층의 관심이 저조했던 이유는 무엇일까? 88세대로 불리는 이들의 각박한 사회적 현실이 정치참여에 대해 냉소적으로 만들었다는 견해가 있다. 한국청년연합회가 각 대선 후보가 발표한 정책 공약에 2030 유권자들의 의견이 얼마나 반영되었는지를 평가한 바에 따르면, 정동영 후보가 가장 높은 점수를 받았고 다음 권영길, 문국현, 이인제, 이명박 후보 순이었다(경향닷컴 뉴스메이커 2007년 12월 25일자). 그러나 현실적으로 가장 높은 점수를 받은 정동영 후보의 당선 가능성은 저조했다. 물론 2030 세대가 정동영 후보를 적극 지지했다면 당선 가능성은 커졌을 것이다. 하지만 이들이 가장 지지하는 후보는 이명박 후보였는데 이 후보는 자신들에게 가장 현실적이지 않은 정책을 내놓은 것이다.

〈그림4〉에 나타난 적극적 투표 층의 연령대별 이명박 후보 지지율 변화를 보

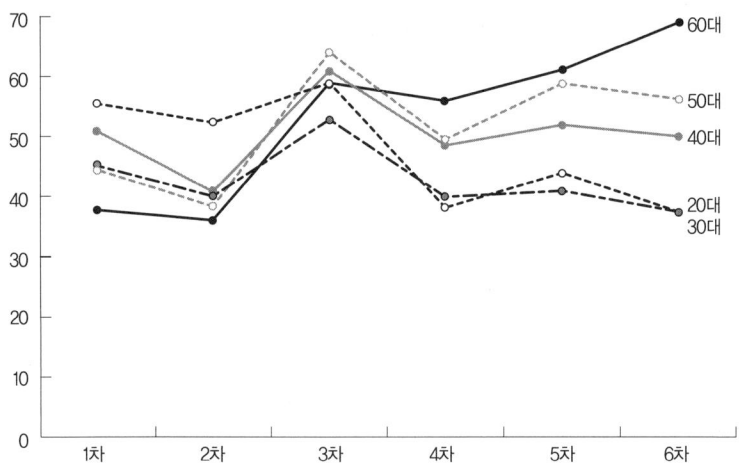

〈그림4〉 적극적 투표 층에서 나타난 세대별 이명박 지지율 변화 (%)

자료: EAI · SBS · 중앙일보 · 한국리서치 대선패널여론조사(2007), 1~6차 데이터

면 이를 더 명확히 알 수 있다. 다른 세대 유권자들처럼 20대와 30대 유권자도 이명박 후보에게 가장 많은 지지를 보냈다. 놀랍게도 20대 유권자의 이명박 후보 지지율은 1차 조사에게 55.4%로 다른 연령대에 비해 가장 높았다. 그런데 선거 기간 동안 가장 가파르게 하락했고 이렇게 이탈한 표심은 쉽게 되돌아오지 않았다. 30대 유권자의 이명박 지지율도 지난 몇 달간 하락했다. 4차 조사 이후 20~30대의 이명박 지지율은 유사하게 나타났다. 그리고 실제 선거에서 이명박 후보에게 투표했다는 유권자 비율을 세대별로 보면, 20대와 30대가 37.4%로 가장 낮고 40대 50%, 50대 56.2%, 60대 이상 69% 순으로 높아진다.

여기서 더 중요한 것은 이 후보에 대한 지지가 추락하는 만큼 다른 후보에 대한 지지가 상승한 것이 아니라 투표율 하락으로 이어졌다는 것이다. 이명박 후보에 대한 지지율 하락은 쉽게 예측할 수 있는 BBK나 다른 도덕성 관련 이슈 때문인 것으로 해석된다. 한 신문보도에 따르면, BBK 사건이 이슈화되면서 20-30대의 이탈은 빠른 속도로 확대되었고, 실제 투표 결과 40대 이상은 50% 이상의 지지를 보냈지만 20-30대의 지지율은 40% 초반 수준에 그쳤다. 투표를 앞두고 실시한 설문조사 결과 대학생의 16% 가량이 최근 한 달 사이에 지지 후보를 바꿨으며, 그중 63%가 이명박 후보로부터 지지후보를 바꾼 것으로 나타났는데 그 이유는 "까도 까도 나오는 양파" 같은 비리사건에 실망했기 때문이라고 했다(한겨레신문 2007년 12월 13일자).

〈표8〉에는 이런 논의들에 대해 세대별 차이가 있는지를 검증한 결과가 나타나 있다. 우선 BBK 동영상 공개 사건이 이명박 후보에 대한 생각에 어떠한 영향을 미쳤는지를 물었는데 이에 대해 답은 이 후보가 이전보다 좋아졌다(1), 별 영향이 없었다(2), 이후보가 싫어졌다(3) 순이었다. 이 질문에 대한 세대별 답 평균은 차이기 있었고 그 치이는 통계적으로 유의미하였다. 즉 20대와 30대는 다른 세대보다 이 후보가 싫어졌다는 쪽으로 평균이 기울었다. 다음 네거티브 선거전이 이전보다 심각해졌다고 생각하는지에 대한 질문에 대해서도 세대별 차이가 나타

〈표8〉 세대 차이 분석 (ANOVA)

	세대	N	평균	F값	p
BBK 영향	20대	452	2.44	24.0	.00
	30대	487	2.42		
	40대	474	2.34		
	50대	309	2.25		
	60대 이상	355	2.11		
네거티브 선거전	20대	453	1.91	6.6	.00
	30대	493	1.97		
	40대	473	1.95		
	50대	314	1.85		
	60대 이상	368	1.70		
소수가 정치좌우	20대	457	1.88	6.3	.00
	30대	494	1.81		
	40대	471	1.84		
	50대	307	1.93		
	60대 이상	357	2.05		
정치인 선거후 다름	20대	454	1.74	7.3	.00
	30대	492	1.60		
	40대	474	1.70		
	50대	313	1.67		
	60대 이상	359	1.85		
선거관심도	20대	457	1.90	42.8	.00
	30대	494	1.81		
	40대	478	1.69		
	50대	314	1.63		
	60대 이상	368	1.33		
투표여부	20대	457	1.18	29.8	.00
	30대	494	1.09		
	40대	478	1.04		
	50대	314	1.02		
	60대 이상	368	1.01		

자료 : EAI · SBS · 중앙일보 · 한국리서치 대선패널여론조사(2007), 1~6차 데이터

났다. 이명박 후보에 대한 지지율이 더 높은 50~60대보다 젊은 세대는 네거티브 선거전이 이전보다 심각하지 않았다고 답했다.

또한 정치 불신을 측정하기 위해 마련된 두 가지 설문항에 대한 의견에서도 세대차를 발견할 수 있다. 소수가 정치와 정부를 좌우한다고 생각하는지에 대해 젊은 세대가 50~60대보다 그렇다고 느끼는 사람이 많았다. 정치인은 당선 후 달라진다고 생각하는지에 대한 답에서도 마찬가지로 세대 간 평균 차이가 나타났다. 젊은 세대의 정치 불신이 50~60대보다 더 높은 것을 알 수 있다. 마지막으로 그렇다면 선거관심과 투표여부는 어떠한가? 선거관심과 투표 참여 평균도 세대별로 차이가 나타났는데 20대가 가장 낮고 60대가 가장 높은 것으로 나타났다.

따라서 이런 경험적 결과에 근거해 볼 때 20대와 30대가 다른 세대보다 정치 불신이 높고 선거 관심은 낮으며 투표 참여 수준도 낮다는 논의는 타당하다. 그러나 앞에서 본 바와 같이 젊은 세대가 처음부터 투표참여 권리를 포기하려고 했던 것은 아니었다. 이번 선거 초반에 그들은 어느 세대보다 이명박 후보를 지지했었다. 하지만 선거 중반에 접어들면서 이 후보 지지자들의 이탈이 지속되었다. 이는 끊임없이 터져 나오는 각종 비리 때문으로 보이는데, 특히 비정규직 일자리가 일상화된 그들에게 BBK는 그만 두고라도 위장취업 같은 이슈는 용납하기 어려웠을 것이다. 이런 사회적 현실에 대해 조직적으로 반응하기보다는 개별적으로 기권함으로써 정치적 불신을 표시한 것으로 보인다. 게다가 범여권을 비롯한 여타 후보들도 대안을 제시하지 않고 네거티브 선거전에만 주력하는 상황에서 마땅히 지지할 다른 후보를 찾지 못한 유권자들은 계속해서 이 후보를 지지하거나 기권하는 수밖에 없었던 것이다.

결론

이번 선거의 저조한 투표율에 영향을 미친 중요한 요인들로 네거티브 선거운동으로 인한 선거관심도 저하와 정치 불신의 증대, 이명박 대세론으로 인한 다른 후보 지지자들의 투표의욕 저하, 젊은 유권자 층의 저조한 투표참여 등이 주목을 받았다. 이 글에서는 이런 요인들이 유권자 개개인의 투표참여에 영향을 미쳤는지를 경험적으로 분석해 보았다.

분석 결과, BBK 이슈로부터 영향을 받지 않았거나 네거티브 선거운동이 이번 선거에서 심각했다고 답한 유권자들의 선거관심은 오히려 높았고 투표에도 적극적으로 참여한 것으로 나타났다. 하지만 BBK 동영상으로부터 부정적인 영향을 받은 유권자들의 반응은 무관심과 불신이었고 기권할 확률도 높은 것으로 나타났다. 그리고 선거운동 기간 내내 이명박 후보 지지자들의 투표의향이 다른 후보 지지자들이나 지지후보가 없는 유권자들보다 높았다. 또한 이번 대선에서 20대와 30대 젊은 세대가 다른 세대보다 이명박 후보 지지율이 낮았으며 정치 불신이 높고 선거 관심은 낮으며 투표참여가 저조하였다.

이런 결과가 시사하는 바는 무엇인가? 이 연구를 통해 BBK 동영상 파문 등 네거티브 선거운동이 정치 불신과 선거관심도 그리고 궁극적으로 투표참여와 연관성이 있음을 발견하였다. 특히 네거티브 선거운동이 심각했다고 생각한 유권자일수록 예상과 달리 선거관심도가 높고 더 적극적으로 투표에 참여할 가능성이 발견된 것은 향후 한국선거에서 네거티브 선거운동의 영향력을 연구함에 있어서 중요한 기초자료가 될 것이다. 이번 선거에는 한나라당 후보만 있었다. 이명박 후보를 지지하는 유권자들은 BBK 동영상 파문으로부터 별 영향을 받지 않았고 이번 선거에서 네거티브 선거운동이 심각해졌다는 인식이 확고했다. 따라서 선거 관심이 저하되거나 불신이 증대되는 대신 더 관심을 갖고 투표에 참여한 것 같다.

반면 이명박 후보가 싫은 유권자에게는 후보자가 12명이나 되었지만 딱히 지지할 만한 다른 후보를 찾지 못해서 기권 외의 대안이 없었다. 범여권은 BBK 이슈에만 몰입했는데 유권자들은 이에 대해 심리적으로 무언가 잘못되었다고 생각했지만 확실히 무슨 일이 벌어졌는지 자신들이 확보한 정보를 통해서는 알 수가 없었다. BBK 등 네거티브 선거전으로 이명박 후보가 싫어졌어도 대안이 없었다. 왜냐하면 이들은 통합한다는 말만 되풀이 할 뿐 끝내 자기희생을 바탕으로 이뤄야 할 단일화에 실패했기 때문에 범여권 지지층은 큰 실망과 불신을 맛봐야 했고 대선 승리 가능성이 낮아지면서 기권했을 가능성이 크다. 특히 선거 초반 어느 세대보다 이명박 후보를 지지했던 젊은 세대에게서 이런 현상이 더 뚜렷이 나타났다. 젊은 유권자층의 낮은 선거관심과 높은 불신은 세대요인을 형성하여 향후에도 기권으로 이어질 가능성이 있다. 그 결과는 계속되는 투표율 하락 추세로 나타날 것이기 때문에 투표율 제고를 위한 사회적 관심과 노력이 필요하다.

그러나 이러한 함의에도 불구하고 이 연구가 갖는 한계점이 있다. 먼저, 이글에서 논의된 각각의 변수들과 투표참여의 관계는 좀 더 정교한 통계분석 틀을 바탕으로 재검토될 필요가 있다. 왜냐하면 각 요인들은 서로 상관관계나 인과관계를 맺으며 영향을 미칠 수 있는데 이 글에서는 단지 두 변수들 간 관계나 집단 간 평균비교만을 중심으로 분석하였기 때문에 향후 이런 변수들 간 인과관계에 대한 규명이 필요하다. 또한 네거티브 선거전과 정치 불신 그리고 투표참여의 관계는 명확하게 검증되지 않았는데 향후 이에 대한 지속적인 연구가 필요하다.

둘째, 이글의 분석에 사용한 패널데이터에서 오는 문제가 있다. 투표자와 기권자를 온전히 비교할 수 없을 정도로 패널 참가자들의 기권비율이 지나치게 저조하다. 이는 6차례의 패널데이터 수집과정에서 학습된 응답자의 반응에서 비롯된 결과일 수도 있고 패널에서 이탈하지 않고 남아있는 응답자들의 본래 적극적 성향이 반영된 것일 수도 있다. 이유가 무엇이든 투표자와 기권자 비율이 실제와는 다르게 왜곡된 점이 있으므로 이 연구에서 얻어진 결과를 해석하거나 일반화함에 있어서 신중하게 주의를 기울여야 할 것이다.

1) 여기서 논의된 제도적 요인 외에 대통령제와 내각책임제의 차이, 대통령 결선투표제의 유무, 국회의원 선거의 경우 소선거구 단수다수제와 비례대표제의 차이가 투표율 차이에 반영되기도 한다.

2) 이들은 노스 다코타North Dakota를 제외한 모든 주에서 투표를 하기 위해서는 선거한 달 전에 등록을 마쳐야 하는데thirty-days-before-an-election registration deadline, 투표에 참여하지 않은 대다수의 사람들이 최근에 이사를 하여 투표등록을 할 수 없는 사람들이었으며 따라서 이동인구가 증가하고 있는 현 추세는 투표율의 하락 결과를 초래했다고 보았다. 또한 부재자 투표를 위해서는 투표에 참가할 수 없는 유권자 자신이 직접 찾아가서 등록in-person requirement을 해야 하는데 이러한 어려움으로 인해 부재자자들의 투표 참여에 대한 의욕이 저하되고 있다고 주장한다.

3) 분석에 사용된 변수들은 부록에 정리되어 있음.

4) 정치 불신 변수는 6차에서만 조사되어 투표의향과의 관계는 분석할 수 없었다.

5) BBK 동영상 변수와 네거티브 선거전 변수 간에는 통계적으로 유의미한 상관관계가 있는 것으로 나타났다. 즉 BBK 동영상 파문이후 이명박 후보가 더 좋아졌다는 유권자의 59.8%가 이번 선거에서 네거티브 선거전이 심각해졌다고 보았다. 반면 생각이 별로 변하지 않았다고 답한 유권자의 43.6% 그리고 이 후보가 싫어졌다고 본 유권자의 30.9%만이 네거티브가 심했다고 보았다.

4
제17대 대선의 선거캠페인과 미디어 효과

김 성 태

서론

미디어가 대통령 선거와 같은 정치적 이벤트를 보도하는 것을 어떻게 이해해야 하는가? 미디어는 선거캠페인 과정이나 선거에 출마하는 후보자들을 보도하면서 어떠한 사회적 기능을 수행하는가? 선거에서 국회의원이나 대통령을 선택하는 것은 대의제에 의한 민주 사회에서 그 자체로서 정치적 참여이고 매우 중요한 정치적 의미를 지니고 있다. 또한 선거 캠페인 과정 그 자체는 후보자의 등장과 퇴장, 지지도의 상승과 하락, 승리와 패배 등 사람들에게 어필할 수 있는 흥미성·시의성·근접성·갈등성 등 최고의 뉴스 가치를 지닌 정치적 이벤트가 되고 있다.

특히 요즘 들어 '미디어 선거', 'TV 선거' 혹은 '인터넷 선거'라는 말을 자주 하곤 한다. 대의 민주주의 정치과정에서 미디어의 중요성을 일컫는 말일 것이다. 오래전부터 미디어는 사회가치나 문화 전수, 권력 감시, 오락 제공과 함께 사람들에게 새로운 정보를 제공하는 역할을 하고 있다고 여겨져 왔다. 선거과정에서도 유권자들은 선거에 출마하는 후보자들에 대한 다양한 정보를 대부분 언론

보도에 의해서 얻는다고 볼 수 있다. 그런 면에서 언론 매체에 의한 다양한 선거 캠페인 방법은(예로, TV 토론, 방송연설, 선거광고 등) 유권자들이 선거에서 올바른 판단을 하는데 가장 기초적인 정보가 되고 있음은 분명하다.

또한 언론매체의 선거 관련 뉴스보도가 중요한 이유는 선거판도에 미치는 영향력 때문이기도 하다. 중앙선거관리위원회의 〈제17대 국회의원선거관련 유권자 의식 조사〉에 따르면, 지지후보를 결정하는데 가장 도움이 된 정보원으로 'TV 대담/토론/방송 연설' 등을 꼽은 유권자의 비율이 23.3%로 가장 높았다. 'TV, 신문 등의 언론매체 보도'를 선택한 유권자는 20.9%로 그 다음으로 많은 수를 차지했다. 이는 '정당후보자의 각종 홍보물', '가족, 친구, 이웃과의 대화', '선전벽보', '후보자 정보공개자료' 등의 비율을 크게 앞서는 것으로, 지지후보 결정시 미디어의 영향력이 매우 강하게 작용했음을 보여준다고 하겠다(중앙선거관리위원회 2004).

본 논문은 2007년 12월 19일 있었던 제17대 대통령 선거과정에서의 텔레비전, 신문, 인터넷을 포함하는 미디어의 영향과 선거 캠페인 그리고 최근 들어 더욱 중요해지고 있는 TV토론에 관한 연구이다. 구체적으로 6차례의 패널 분석을 통해 선거 캠페인 기간과 투표과정에서 유권자들이 후보자나 선거 이슈에 대한 정보를 어디서 얻고 있는지, 선거와 관련해서 미디어를 어느 정도 이용하고 있는지, 기존의 매스 미디어와 비교해서 인터넷의 영향력은 어떠한지, 후보자 TV 토론의 영향력은 어떠했는지를 패널을 중심으로 한 서베이 자료를 통해 알아보고자 하였다. 또한 미디어 캠페인과 TV토론에 대한 문헌 검토를 통해 그동안 이 분야의 연구 동향을 살펴볼 것이다.

이는 어떤 특정 시점에서의 미디어 이용정도를 일회적으로 살펴보는 것이 아니라, 패널 조사의 장점을 살려 투표일까지의 시간 변동에 따라 이용정도가 어떻게 변화되었는지를 중심으로 알아보는 것이다. 이를 통해, 선거 캠페인 과정에서 미디어의 영향력을 예측할 수 있는 의미 있는 분석결과와 패널 조사를 통한 향후 후속 연구를 위한 분석틀을 제공하고자 한다.

현대 선거와 미디어 캠페인

미디어와 정치가 현대 사회에서 밀접한 관계를 맺는 것은 불가피하다. 일반 유권자들은 시간적, 공간적 제약으로 인해 정치인들을 직접 만날 기회가 매우 드물다. 알 권리를 추구하고 필요한 정보를 얻고자 하는 유권자들은 미디어를 통해 정치인들과 간접적으로 교류하며 필요한 태도와 선택을 결정한다. 물론 개인 간의 대면적 접촉이나 집회와 같은 채널을 통하여서도 정치적 정보를 전달하거나 받을 수 있다. 하지만 대인 접촉에 비해 시간적이나 공간적으로 훨씬 자유로운 미디어는 이를 훨씬 효율적으로 가능하게 만든다. 때로는 미디어는 정치인들의 효율적 도구로서 사용되는 기능도 한다. 유권자들이 정치 정보에 대한 보다 손쉬운 접근을 미디어를 통해 얻게 되면서, 미디어의 영향력을 아는 정치인들은 자신들이 원하는 메시지를 미디어가 담아 유권자들에게 다가가길 원하는 것이다. 현대 정치 과정에서 미디어의 중요성을 아무도 부정할 수 없는 이유이기도 하다.

다음으로 본 논문은 현대 선거에서의 미디어 캠페인의 중요성, 선거에서의 미디어 효과에 대한 다양한 논의와 함께 최근까지의 국내 언론 매체들의 선거관련 보도 성향에 대하여 간략하게 살펴보고자 한다.

미디어 캠페인의 역할 중대

그 동안 국내외 학계에서는 미디어가 선거캠페인 과정에서 유권자들에게 어떤 영향을 미치는가에 대하여 많은 연구가 이루어져 왔다. TV토론이나 신문보도, 최근 들어서는 인터넷의 관련정보가 선거에서 유권자들의 선택에 중요한 단서를 제공하고 있음은 대부분의 기존연구에서 발견되었다. 특히 최근 들어 유권자를 동원하는 효율적인 조직으로서의 정당의 역할은 감소하는 반면에 후보자 중심의 선거운동이 증가하고 있음을 목격하는 상황에서는 더욱 그러하다. 유권자들은 후보자와 관련된 각종 정보는 물론 후보자 선택에 이르기까지 상당 부분을 매스미디어에 의존하고 있다. 새로운 커뮤니케이션 기술의 발달과 사회 성원 간의 사회적 관계, 커뮤니케이션 양태의 변화는 전통적인 정당 중심의 선거운동을 약화시켰고, 이로 인해 정치과정은 점차 미디어에 의존하는 경향을 띠게 된 것이다.

구체적으로 정당의 기자회견, 후보의 정견발표, 후보자 간 토론, 개별 인터뷰 등과 같은 선거 관련 정보가 언론 매체에 의해 유권자들에게 전달된다. 따라서 언론은 정치적 과정의 '전달자' disseminator 이자 '해석자' interpreter 이며, 동시에 특정한 이념이나 조직의 '주창자' advocator 이자 '반대자' adversary 이고, 때에 따라서는 정치적 토론의 장을 제공하고 토론을 실제로 진행하는 '중개자' mediator 이기도 하다. 또한 언론은 이슈 가운데 특정한 것을 강조하여 보다 중요한 사회적 이슈로 만드는 '의제 설정자' agenda-setter 이며, 그 이슈에 따라 정치일정의 완급을 조절하는 '일정조정자' scheduler 이기도 하다. 즉, 언론 자체가 정치적 행위자라는 것이다. 이러한 특징은 선거 국면에서 정당과 후보의 캠페인 과정에서 더욱 두드러지게 나타나기에, 현대 선거에서의 미디어 캠페인의 중요성은 아무리 강조해도 부족하지 않은 것이다.

앞에서 기술하였듯이 선거에 출마하는 후보자들은 유권자들에게 자신들을 알리기 위해 미디어를 적극적으로 활용하고 있다. 최근의 선거 과정이나 결과를 살펴보면, 미디어를 잘 활용한 후보자가 선거에서 이긴 경우가 많았다. 특히 지난 1997년 15대 대통령 선거부터 처음 등장한 TV토론은 우리나라에서도 본격적인 미디어 선거시대가 도래했음을 보여준다. 최근 들어서는 선거과정에서 수용자들의 정치적 욕구가 인터넷이라는 기술적 발달과 함께 매우 적극적으로 작용할 가능성 또한 높아지고 있다. 그런 점에서 미디어 캠페인, 유권자들에 대한 미디어

효과 연구는 학문적으로나 선거와 관련된 사람들에게 여전히 중요한 관심사임은 분명하다.

미디어 캠페인의 효과

다음으로 미디어 캠페인과 선거에서의 영향력에 대한 기존 논의를 살펴보자. 최근까지 선거과정에서 미디어 캠페인이 유권자의 선택에 미치는 영향력, 그리고 전체 선거결과에 미치는 효과에 대해 꾸준하게 연구되어져 왔다. 특히, 최근에는 1980년대 이후 정당일체감의 하락이나 사회경제적 지위가 최종 투표에 미치는 영향력의 쇠퇴 등으로 점차 선거운동 기간 동안의 다양한 미디어 이벤트나 채널들의 영향력에 맞추어졌었다. 후보자들 간의 TV 토론이 대표적이다.

예를 들면, 노리스(Norris 2000)는 미디어 캠페인의 역할에 대해, 먼저 시민토론광장civic forum으로서 미디어가 공공문제의 다양한 토론을 활성화시킨다고 말했다. 다음으로 파수견watchdog으로서 권력 남용을 감시하며, 마지막으로 선거 과정에서 유권자들의 정치 학습을 돕고 투표 참여를 촉진시킨다고 하였다 (권혁남 2006). 효과에 대한 대표적인 접근 방법으로는 의제설정이론 Agenda Setting Theory을 들 수 있다.

맥콤스와 쇼(McCombs & Shaw 1972)는 미디어가 사람들로 하여금 어떤 의제가 중요한가를 결정하는데 매우 중요한 역할을 한다고 주장하였다. 미디어가 어떤 의제를 비중 있게 다루면 일반 수용자들은 그 이슈를 중요한 것으로 생각하게 된다는 것이다. 의제설정 이론 Agenda Setting Theory에 따르면 미디어는 수용자로 하여금 사회에서 어떤 의제가 더 중요하고 어떤 의제가 덜 중요한지 여부를 판단하는데 영향을 미친다는 것이다. 수용자는 미디어가 반복적으로 보도하는 이슈를 자주 접할수록 관련 이슈가 중요하다고 생각하게 된다는 것이다. 이런 측면에서, 유권자가 후보자를 인지하거나 선택을 하는 과정에서 TV토론과 마찬가지로 각 후보자에 대한 보도기사 또한 매우 중요하다고 하겠다.

 이와 함께, 선거에서 유권자들의 후보자 평가와 관련하여 자주 사용되는 접근 방법 중의 하나는 '점화효과' priming effects 이다. 이 개념은 사람들이 대통령과 같은 정치인을 평가하는 중요한 기준을 미디어가 제공하며, 때로는 미디어 보도 내용이 가장 중요한 선택기준이 된다는 것이다. 다시 말해, 미디어가 집중적으로 부각시킨 문제가 정부, 정치인, 정책, 공직 후보자들을 평가하는 가장 중요한 잣대가 된다는 것이다.

 아이엔거와 킨더(Iyengar & Kinder, 1987)는 텔레비전 뉴스이용과 대통령 평가에 대한 연구에서 사람들은 모든 것에 관심을 기울이기보다는 특정 기준이나 근거를 중심으로 판단하고 선택하며 이러한 선택을 함에 있어 이성적인 분석보다는 보다 쉽게 접근할 수 있는 정보에 의존하는 빠른 직관을 선호한다고 발표했다. 인간이 소리나 이미지와 같은 외부로부터의 정보에 노출될 때, 이 정보는 두뇌 신경망을 통해 이동하다가 수용자가 과거의 경험을 통해 축적한 관련 정보를 촉발시키는 현상을 보이는데, 이는 어떤 이슈에 맞닥뜨렸을 때 사람들의 두뇌 작용은 대부분 비교적 단순한 방법을 채택하려 하기 때문이라는 것이다.

 미디어의 정치인 보도에 대한 의제설정 효과나 점화효과를 정리해보면, 미디어가 특정 정치인에 관심을 집중하고 나머지 정치인에 대해서는 큰 관심을 보이지 않는다면, 수용자들 역시 미디어에 자주 노출되는 특정 정치인 대해 좀 더 중요하게 느낀다는 것이다. 그런 다음, 선거와 같은 중요한 정치 이벤트에서 스스로의 인지 구조에 잠재해있는 기억을 촉발, 혹은 활성화 하여 정치인을 판단한다는 것이 점화효과의 주된 입장이다.

 그런 점에서 미디어는 유권자들이 투표 결정 행위를 하기 위해 각 정치인들에 대한 대안적 선택들을 상호 비교할 수 있도록 해야 하는 것이다. 즉 유권자는 후보자의 지도력이나 자질, 일반적인 성향 및 철학, 그리고 정치적 주요 사항에 대한 입장, 선출되는 직위의 성격, 중요 이슈에 대한 본질적이고 정확한 정보를 가지고 있어야 한다는 것이다(Alger 1996). 이를 위해 미디어는 정치 관련 정보를 활발히 제공하고 이를 바탕으로 투표 행위가 유도될 수 있도록 이끌어야 한다.

선거관련 미디어 보도에 대한 논쟁

정치 커뮤니케이션 연구에서 뉴스 미디어의 보도가 수용자들의 후보자나 정치 이슈에 대한 인지도awareness 에 유의미한 영향을 미치고 있음은 여러 연구에서 밝혀진 사실이다 (Weaver & Drew, 2001). 이런 측면에서, 선거에서 유권자가 후보자를 선택할 때 미디어를 통해 이미 알고 있는 후보자와 그렇지 못한 후보자 사이에는 큰 차이가 있다고 볼 수 있다. 기존연구에서도 미디어에 얼마만큼 등장하는가가 후보자에 대한 평가에 중요한 역할을 하며, 선거에서 당선을 결정짓는 중요한 요소 중의 하나라도 밝혀졌다 (김성태·김지윤 2006c; Althaus, et. al. 2002; Herrnson 1998). 즉, 어떤 정치적 선택에서 미디어의 보도 여부나 보도량, 그리고 보도태도는 평가 과정에서 영향을 미치는 중요한 요소 중의 하나임이 분명하다.

하지만 선거과정에서 미디어의 공정한 보도는 올바른 선거를 위한 기본 전제임에도 국내 언론의 선거보도는 선거 때만 되면 항상 비판의 도마 위에 오르곤 했다. 공정성, 객관성, 편파성 등의 잣대를 통해 보았을 때 보도 태도의 문제는 있어 왔고, 또한 정책이나 이슈보다는 흥미위주의 단편적이고 피상적인 기사 선택에 대해 비판을 받곤 하였다. 좀 더 구체적으로 과거 국내 언론들이 선거 보도과정에서 보여줬던 문제점을 중심으로 선거보도에서 나타나는 특징들을 정리하면 다음과 같다 (Kim & Kwon 2008; 권혁남 2006).

먼저 언론은 각 정당의 공천이 시작되기도 전에 소위 출마 예상자들의 경력과 입장, 강점 등을 집중 취재 보도하여 후보자들의 사전 선거운동을 촉발시키고 후보자들 간의 대결양상을 심화시키는 경향이 적지 않았다. 또한 선거 기간 중에는 후보자와 관련된 대부분의 보도는 가십이나 스케치기사인데 이러한 기사들은 대부분이 후보자들의 재담, 각 참모들과 정당 대변인들의 상대방 비방 등 자극적인 내용이나 말장난들이어서 흥미위주로 보도하는 경향이 강했다.

다시 말해 전략적 대결 스키마를 갖고 선거 자체를 흥미로운 게임이나 전쟁으로 인식하여, 후보자들의 선거캠페인 목표를 오직 승리로 묘사하곤 한다. 그리고 후보자의 선거 캠페인과 관련해서도 후보자들이 내세운 정책이슈보다는 유세장 분위기나 유세장 폭력을 중심으로 기사화 하는 경향이 많아 각 후보자들의 국가 또는 지역을 위한 정책이 서로 어떻게 다르며 그 문제점은 무엇이고, 또 그 정책 공약이 과연 실현 가능한 것인지에 대해서는 거의 언급을 하지 않고 있다.

이런 이유에서, 선거철이 되면, 각종 시민단체, 관련 협회 등은 다양한 선거보도 및 감시준칙 등을 선포하곤 하였다. 이러한 보도준칙은 공직선거법과 기타 미디어 관련 심의규정 등을 참고하여 만들어지는데, 다음과 같은 예를 통해 확인할 수 있다. 지난 16대 총선과 최근 지방선거를 거치면서 기자협회에서는 선거에서의 후보자 검증보도와 관련해서 나름대로 보도준칙을 마련하여 바람직한 선거보도를 유도하였다. 특정 정당 또는 후보를 유리 또는 불리하게 할 목적으로 보도해서는 안 되며(공정보도원칙), 후보자의 자질, 공약을 분석, 검증해 제시하여야 하며(유익한 보도원칙), 지역여론에 편승해 특정후보 또는 정당을 비호하거나 비방하지 않는(지역주의 배제) 보도를 권장하고 있다(김성태 2006a).

또 다른 예로, 2004년 전국언론노동조합은 기계적 중립을 거부하고 유권자 참여가 가능한 쌍방향 선거보도를 지향하겠다는 내용을 중심으로 후보자 검증보도와 관련하여 총선 보도준칙 권고안을 마련했는데, 진보정당과 신진 소수 세력의 후보자 목소리를 적극 반영하고, 후보자 검증자료를 충실히 제공하며, 후보자 스케줄이나 이벤트성 행사를 따라다니는 취재활동은 최소화하고, 폭로성 발언, 흑색선전, 지역감정 조장 발언 등의 보도를 배제한다 등이 포함되어 있다(김성태 2006a).

그런 면에서 공직선거법 제8조 '언론기관의 공정보도 의무' 조항은 이해할만

하다. 언론사 경영자 및 편집자의 공정보도 의무에 대해 구체적으로 명시하고 있는데, 실정법에서의 이러한 명시적 규정은 언론의 자유나 국민의 알 권리차원에서 비판의 요소가 될 수 있으나, 대의 민주정치에서 가지는 선거의 중요성과 언론보도가 가지는 영향력을 고려할 때 올바른 유권자의 판단을 위한 공정보도 의무조항은 나름대로 정당화 되고 있는 것이다. 하지만, 헌법상으로 언론은 표현의 자유를 누리며 국민들의 알권리를 충족시켜야 하는 점에서 언론에 대한 규제는 상충적인 측면을 갖기도 한다. 공정보도를 위한 강력한 규제는 언론의 표현의 자유를 축소시킬 수 있고, 언론의 자유를 상대적으로 더 중요시 하게 되면 선거에서 공정성의 원칙이 깨어질 가능성이 있으며, 이럴 경우는 올바른 선거를 기대하기 어려운 것이다.

유권자들의 미디어 이용 현황

본 연구는 패널조사에 참여한 유권자들이 선거 관련 정보를 위해 미디어를 얼마나 이용하였고, 지지 후보를 결정하는데 있어 어느 정도의 영향력을 미쳤는지를 살펴보고자 한다. 수집된 자료의 분석결과를 정리하면 다음과 같다.

매체별 선거관련 정보 이용정도

미디어 캠페인과 효과에 대한 기존 논의를 살펴본 결과, 선거 캠페인 기간 동안 유권자들의 미디어 선거 관련 뉴스의 이용 정도는 향후 선거 결과를 예측하는데 의미 있는 잣대임이 분명하다. 본 연구는 "지난 일주일 동안에 대통령 선거와 관련한 뉴스를 얼마나 자주 보셨습니까"라는 질문에 "거의 매일 보았다"라고 응답한 비율을 매체별로 살펴보았다. 총 6차례의 패널조사에서 4차례에 걸쳐 이와 같은 질문을 하였는데, 분석결과는 〈표1〉과 같다.

텔레비전, 신문, 인터넷을 통한 대통령 선거관련 뉴스의 이용 패턴을 살펴보면, 먼저 선거일(2007년 12월 19일)이 가까워질수록 전체적으로 선거관련 미디어 뉴스를 더 자주 접한 것으로 나타났다. 표에서 보이듯이 세 매체의 이용 총합이 시간이 지날수록, 선거일이 가까워질수록 커졌음을 확인할 수 있다. 구체적인 매체 이용패턴을 살펴보면 〈표1〉에서 알 수 있듯이 텔레비전의 경우 1차 조사시점에서는 33.4%만이 "거의 매일 이용했다"라고 답했는데, 2차 조사에서는 46.2%, 4차 조사에서는 49.5% 그리고 선거직전에 실시된 5차 조사에서는 55.1%를 기록하며 선거일이 가까워질수록 유권자들의 선거관련 정보를 얻기 위한 텔레비전 시청이 크게 늘었음을 알 수 있다.

반면에 신문의 경우는 1차 조사 시점에서 텔레비전과 비슷한 33%였고, 선거직전에 있은 5차 조사에서도 35%를 기록하며 30%대 초반에서 매우 안정적인 이용 비율을 보였다. 인터넷의 경우는 1차 조사에서 21.7%로 텔레비전과 신문에 비해 이용 정도가 낮았다. 그러나 선거일이 가까워질수록 신문에 비해서는 증가폭이 컸고, 텔레비전에 비해서는 상대적으로 완만한 증가폭을 보이고 있음을 알 수 있다. 전체적으로 대통령 선거와 관련해서 가장 많이 이용한 매체는 텔레비전이

〈표1〉 매체별 대통령 선거 관련 정보 이용 빈도 비교 (%)
("거의 매일 이용했다"라고 응답한 비율)

미디어	1차 조사 (N = 3,503)	2차 조사 (N = 2,911)	4차 조사 (N = 2,382)	5차 조사 (N = 2,208)	매체별 평균
텔레비전	33.4	46.2	49.5	55.1	46.1
신문	33.0	32.8	32.5	35.0	33.3
인터넷	21.7	22.0	25.4	29.3	24.6
패널별 총합	88.1	101.0	107.4	119.4	

주. 구체적인 문항은 "지난 일주일동안 대통령 선거와 관련된 뉴스를 얼마나 자주 보셨습니까"

었으며(46.1% 평균), 다음으로 신문(33.3%), 인터넷(24.6%) 순이었다.

지지후보 결정과 매체의존도

다음으로 자신이 지지하는 후보를 선택하기 위한 정보를 가장 많이 얻은 매체는 무엇인가에 대해 알아보았다. 구체적인 질문은 "선거 운동기간 중 지지후보를 선택하기 위한 정보를 어느 매체를 통해 가장 많이 얻으셨습니까?" 였다. 성별, 연령, 교육, 월소득 정도 그리고 직업종류와 같은 인구사회학적 속성을 중심으로 지지후보 선택을 위한 매체 의존도를 살펴본 결과는 〈표2〉와 같다.

먼저, 성별의 경우는 남성 유권자가 여성에 비해 인터넷 의존도가 높았던 반면에(32.1% vs. 15.5%), 여성 유권자의 경우는 63.6%가 텔레비전으로부터 지지후보 선택을 위한 정보를 가장 많이 얻었다고 응답해 남성에 비해 텔레비전 의존도가 상대적으로 높은 것으로 나타났다.

연령별 비교에서는 〈표2〉에서 보이듯이 나이가 많을수록 텔레비전 의존도가 높았고, 반면에 인터넷 의존도는 현저하게 줄어들었다. 상대적으로 신문의 경우는 29세 이하를 제외하고는 연령대별로 20% 내외의 고른 의존도를 보였다. 재미있는 결과는 29세 이하의 유권자 그룹에서는 인터넷의 의존도가 47.3%로 거의 과반수가 인터넷을 제일 중요한 매체로 뽑았다는 사실이다. 반면에 같은 연령대에서 신문의 경우는 6.4%를 기록하며 상대적으로 낮은 의존도를 보였다. 텔레비전의 경우는 30세 이상의 모든 유권자층에서 후보 선택을 위해 가장 많이 의존한 매체로 뽑혔다.

지지 후보 선택을 위한 매체의존도와 관련해서 교육 변인도 매우 재미있는 결과를 보였다. 〈표2〉에서 보이듯이 교육정도가 높아질수록 텔레비전 의존도는 급격히 낮아지는 반면에 인터넷 의존도는 상대적으로 높아졌음을 확인할 수 있었다. 중졸이하 그룹에서는 텔레비전을 꼽은 비율이 75.4%로 11.1%의 신문 그리고

<표2> 지지후보 선택을 위해 정보를 가장 많이 얻은 매체 비교 (%)
(인구사회학적 속성을 중심으로)

변인	유목	텔레비전	신문	인터넷	선거 홍보물	기타/ 무응답
성별	남	44.1	17.8	32.1	1.0	5.0
	여	63.6	15.3	15.5	1.9	3.7
연령	19~29세	38.8	6.4	47.3	2.6	5.0
	30~39세	46.8	14.4	33.9	1.6	3.3
	40~49세	54.7	20.9	17.4	1.0	6.0
	50~59세	63.3	24.8	7.5	.5	3.8
	60세 이상	73.8	19.0	2.7	1.3	3.2
교육	중졸 이하	75.4	11.1	3.7	.9	8.9
	고졸	56.8	19.2	18.9	1.8	3.3
	대재 이상	39.3	17.1	39.5	1.5	2.7
소득(월)	100만 이하	71.0	17.3	3.3	3.1	5.3
	100~199만원	66.1	12.6	15.7	1.3	5.3
	200~299만원	60.7	13.6	20.1	1.2	4.4
	300~399만원	48.2	18.9	30.2	.5	2.2
	400만원 이상	41.1	6.5	25.8	4.9	23.5
직업	화이트칼라	36.0	12.9	46.8	2.1	2.3
	블루칼라	61.7	13.0	15.0	1.4	8.8
	자영업	59.0	22.0	15.6	.7	2.7
	주부	69.4	18.3	7.8	.8	3.6
	학생	32.1	7.5	56.5	1.3	2.6
	기타	43.9	22.1	19.4	3.9	10.7
평균		54.0	16.5	23.7	1.5	4.4

주. 구체적 문항은 "선거운동기간 중 지지후보를 선택하기 위한 정보를 어느 매체를 통해 가장 많이 얻으셨습니까?"

3.7%의 인터넷을 압도하였다. 그러나 대재 이상의 학력 그룹에서는 인터넷이 39.5%를 보여 39.3%의 텔레비전을 근소한 차이로 앞섰다. 상대적으로 신문의 경우는 10%대의 낮은 의존도를 보였다.

소득별 매체 의존도 분석에서도 연령, 학력 변인과 유사한 패턴을 보였다. 월 소득이 높을수록 텔레비전의 의존도는 낮아진 반면에 인터넷의 영향력을 상대적으로 증가하였다. 마지막으로 직업별 비교에서는 화이트칼라, 학생 직업군의 경우 인터넷, 텔레비전, 신문 순으로의 의존도를 보인 반면에서 블루칼라, 자영업, 주부의 경우 텔레비전이 신문, 인터넷에 비해 의존도가 월등히 앞섰다.

전체적으로 지지후보 선택을 위한 정보 의존도에서는 텔레비전(44.1%), 인터넷(32.1), 신문(17.8%)순으로 나타나, 선거관련 정보 이용 빈도에서 보였던 결과와는 다소 차이가 있었음을 확인 할 수 있었다.

다음으로 〈표3〉은 투표여부, 선택 후보자, 그리고 이념성향을 중심으로 지지후보자 선택을 위해 가장 많이 의존한 매체를 살펴본 결과이다. 먼저 투표여부를 살펴보면 12월 19일 선거에서 투표한 유권자 그룹의 경우는 투표하지 않았다라고 응답한 유권자들에 비해 텔레비전, 신문과 같은 전통매체의 의존도가 높았다. 대신 인터넷 의존도는 상대적으로 낮았다. 선택후보자별 비교에서는 민주노동당의 권영길 후보를 제외한 모든 후보자들의 경우 텔레비전의 의존도가 가장 높았다. 신문에서 가장 많은 정보를 얻었다고 한 유권자 그룹의 경우는 전체적인 의존도는 낮았지만 이명박을 선택한 유권자의 경우가 22.4%를 보이며 다른 후보자 선택 유권자 그룹에 비해 상대적으로 높았음을 알 수 있었다. 인터넷 의존도가 상대적으로 높은 유권자 그룹은 민주노동당의 권영길 후보(45.3%)와 창조한국당의 문국현 후보(38.8%)를 선택한 유권자였다.

이념성향별 비교에서는 본인이 중도와 보수 계층이라고 응답한 유권들은 진보라고 응답한 유권자들에 비해 텔레비전 의존도가 높은 반면에, 진보 성향의 유권자들은 상대적으로 인터넷 의존도가 높았음을 알 수 있었다. 이러한 결과는 〈표2〉에서 살펴본 결과와 연계하여 분석하면, "나이가 어린 유권자일수록, 소득수준이 높은 유권자일수록, 학력수준이 높은 유권자일수록 본인이 진보 성향을 가지고 있다"라고 응답한 비율이 높았음을 추론할 수 있다. 앞에서의 분석 결과

<표3> 지지후보 선택을 위해 정보를 가장 많이 얻은 매체 비교 (%)
(투표여부, 선택후보자별, 이념성향을 중심으로)

변인	유목	텔레비전	신문	인터넷	선거 홍보물	기타/ 무응답
투표여부	투표함	54.5	17.2	22.8	1.5	4.1
	투표안함	48.1	8.6	34.8	1.5	7.0
선택 후보자*	이명박	55.4	22.4	17.6	1.1	3.5
	정동영	59.8	11.7	24.1	1.8	2.6
	이회창	55.1	13.1	25.5	.9	5.3
	문국현	44.2	8.2	38.8	3.1	5.7
	권영길	27.7	13.1	45.3	3.7	10.3
이념성향	진보	42.0	15.9	37.0	1.3	3.8
	중도	62.4	12.2	19.1	1.6	4.8
	보수	53.7	20.2	20.5	1.4	4.3

주1. 구체적 문항은 "선거운동기간 중 지지후보를 선택하기 위한 정보를 어느 매체를 통해 가장 많이 얻으셨습니까?"
주2. *선택후보자의 경우는 본 패널 연구에서 최소 응답자의 수가 50명 이상일 경우에만 제시하였음.

와 비슷하게 신문의 의존도는 투표여부, 선택후보자, 이념성향과 관계없이 텔레비전과 인터넷에 비해 큰 차이를 보이지는 않았다.

제17대 대선과 TV 토론

TV토론의 역사와 기능

TV 토론의 역사를 간단하게 살펴보자. TV토론은 미국에서 최초로 도입되어 지금은 세계적으로 선거에서 매우 보편적인 캠페인 수단이 되었다. 그러나 미국의 경우도 1960년 이전까지는 선거에서 TV토론이 법적인 문제로 잘 이루어지지 않았다. 연방통신법 제315조에 규정된 '동등시간의 원칙 equal time rule' 과 ' 동등기회의 원칙 equal opportunity rule' 때문이다(권혁남 2006). '동등기회의 원칙' 이란 방송사가 선거에 출마한 모든 후보들에게 동등한 방송시간과 기회를 부여해야 된다는 것이다.

이 원칙 때문에 군소 후보자들을 제외시킨 공화당과 민주당 후보자들 간의 TV토론은 불가능했던 것이다. 그러나 1960년 닉슨과 케네디 간의 대통령 선거 직전 연방통신법 제315조의 효력을 일시 정지시키는 수정안이 통과되어 미국의 3대 방송사들이 케네디와 닉슨 간의 토론을 TV로 중계하게 된 것이다. 특히, 이 선거에서 TV토론을 잘 활용한 케네디가 대통령이 되면서 선거에서의 미디어의 역할, 특히 TV토론에 대한 관심이 매우 커지는 계기가 되었다(송종길 2006).

국내의 경우는 지난 1995년 지방자치제 선거에 처음 등장하였다. 당시 TV토론이 가능했던 것은 1994년 통과된 '공직자 선거 및 선거부정 방지법(법률령 4739호)' 에서 사회단체나 언론기관이 선거에 출마한 후보자를 초청하여 토론회를 개최할 수 있다고 규정하면서부터이다. 그 이후 1997년 제 15대 대통령 선거기간 동안에는 약 100차례 이상의 TV토론이 치러지기도 했다(권혁남 2006).

그러나 초창기에 TV토론의 긍정적인 측면만 있었던 것은 아니었다. 개별 후보자 초청 토론이 많이 개최되면서 후보자들 간의 공평성 문제가 부각되었고, 무분별한 토론회 개최는 오히려 유권자들에게 도움이 주지 못한다는 지적이 일기 시작하였다. 이와 같이 초창기 토론회 방식에 대한 비판이 커지면서, 급기야 1997년 12월 18일 대통령 선거일 직전 3차례의 합동토론회(12월 1일, 12월 7일, 12월 14일)가 마련되었는데, 50%이상의 시청률 기록하였으며, 선거일 후에 있었던 여론조사에서 응답자의 63.8%가 지지후보를 결정하는데 있어 TV토론이 가장 중요했다고 보고했다(권혁남 2006).

다음으로 텔레비전 상에서 이루어지는 TV토론의 기능에 대해 살펴보자. 먼저, 긍정적인 측면을 강조하면 유권자들에게 선거에 출마한 후보자에 대한 개인적 정보를 제공하여 투표결정에 도움을 준다. 후보자들 간의 정책이나 선거공약을 후보자들로부터 직접 듣고, 비교해 볼 수 있는 기회를 제공하기도 한다. 또한 고비용 선거구조를 개선할 수 있는 매우 효율적인 기회를 제공하고 있다는 점에서 매우 긍정적인 평가를 내릴 수 있다.

하지만 TV토론이 갖는 부정적인 영향도 무시할 수 없다. 무엇보다도 텔레비전 화면상에 비춰지는 피상적인 이미지를 통해 후보자들을 평가하는 경향이 높다는 사실이다. 후보자의 정치적 능력이나 선거 공약에 대한 냉철한 판단을 기대하기가 힘들다는 것이다. 대통령 직무수행과 관련하여 직접적으로 관련성이 없는 외모, 표정, 말솜씨 등에 의해 평가가 이루어진다는 얘기다. 권혁남은 이에 대해 "TV시대를 살고 있는 정치인들은 하나의 상품으로 전락하고 말았다. 더 잘 팔리기 위해서는 내용보다는 겉모양이 매력적으로 포장되어야 하고, 무엇을 말할 것인가보다는 어떻게 말할 것인가를 더 많이 생각하지 않으면 안 되게 되었다"라며 지적하였다(권혁남 2006, pp. 298-299).

그러나 기존의 연구결과를 종합해보면 위에서 밝힌 부정적인 측면도 있지만 미디어 캠페인이 정책 및 이슈에 대한 정보를 제공하고, 후보자에 대한 태도 및 이미지를 형성하고, 정치 시스템에 대한 태도를 형성하며, 마지막으로 정치 참여 동기를 제공한다고 받아들여진다(이강형 2006).

TV토론에 대한 관심도와 지지후보 결정

다음으로 이번 제17대 대통령선거에서의 미디어 소구별 관심도와 TV토론에 대한 유권자들의 관심 정도, 그리고 TV 토론을 보고난 후 지지후보자에 대한 태도가 어떻게 변했는가를 살펴보았다.

먼저, 선거 캠페인을 위한 소구 방법에 대한 유권자들의 관심정도에 대한 결과는 〈표4〉와 같다. 다양한 캠페인 방법 중에서 유권자들이 가장 관심이 많았던 것은 TV토론과 방송연설이었다. "매우 관심 있었다" 혹은 "대체로 관심 있었다"라고 대답한 응답자의 비율이 TV토론은 73%, 방송연설은 65.9%였다. 다음으로 방송광고(58.2%), 선거공보물(53.5%) 순이었는데, 신문광고, 인터넷 광고의 경우는 "관심 있었다"라고 대답한 응답자의 수가 과반수 미만이었다. 비슷한 패턴으로 "전혀 관심 없었다"라고 답한 비율에서도 인터넷광고, 선거공보물, 신문광고 순이었다. 앞의 결과에서와 마찬가지로 선거 캠페인에서 가장 중요한 매체는 텔레비전이라는 사실을 다시 한 번 확인할 수 있겠다.

다음으로 본 논문은 다양한 선거 캠페인 소구 방법 중에서 TV토론에 대해 좀 더 집중적으로 살펴보았다. TV토론에 대한 유권자들의 관심도를 인구사회학적 속성과 투표여부 그리고 이념성향을 중심으로 살펴보았다.

먼저 성별비교에서는 여성에 비해 남성이 TV토론에 대한 관심정도가 약간 높았다. "매우 관심 있었다" 혹은 "대체로 관심 있었다"라고 답한 남성의 비율은 74.9%인데 반해, 여성의 경우는 71.1%였다. 연령별 비교에서는 나이가 많은 유권자일수록 TV토론에 높은 관심을 보였는데, 29세 이하의 응답자들의 경우 65.1%

〈표4〉 선거 캠페인 소구별 관심도 비교 (%)

	매우 관심 있었다	대체로 관심 있었다	별로 관심 없었다	전혀 관심 없었다	무응답/잘모름
TV 토론	27.6	45.4	20.8	6.2	.1
방송연설	24.0	41.9	26.8	7.1	.2
신문광고	14.5	29.7	33.6	21.7	.5
방송광고	17.8	40.4	32.7	8.8	.3
인터넷광고	12.2	22.3	24.5	39.1	2.0
선거홍보물	20.2	33.3	22.4	23.5	.7

주. 구체적 문항은 "이번 대통령 선거와 관련하여 다음 각각의 캠페인 소구에 대해 얼마나 관심있게 보았나요?"

〈표5〉 후보자 TV 토론 관심도에 관한 비교분석 (%)

분석 유목		매우 관심 있었다	대체로 관심 있었다	별로 관심 없었다	전혀 관심 없었다	무응답/ 잘모름
성별	남	30.9	44.0	19.0	6.0	.2
	여	24.4	46.7	22.6	6.4	0
연령	19~29세	16.3	48.8	24.1	10.8	0
	30~39세	18.6	43.2	31.2	6.9	.2
	40~49세	24.4	51.5	18.2	5.9	0
	50~59세	36.8	40.1	18.2	5.0	0
	60세 이상	50.1	40.4	8.4	.8	.3
학력	중졸 이하	36.4	44.8	15.1	3.8	0
	고졸	27.9	44.2	21.6	6.2	.1
	대재 이상	22.3	46.7	23.4	7.5	.1
직업	화이트칼라	21.0	46.5	24.6	7.9	0
	블루칼라	30.7	42.6	18.8	7.9	0
	자영업	35.3	40.5	17.2	6.7	.2
	주부	27.1	47.9	20.8	4.3	0
	학생	20.1	48.6	27.1	4.3	0
	기타	30.0	49.0	16.9	3.3	.8
소득	100만 이하	41.3	42.6	11.2	4.9	0
	100~199만원	30.8	45.5	17.6	5.7	.3
	200~299만원	28.6	45.0	21.2	5.2	0
	300~399만원	20.9	46.9	23.7	8.2	.2
	400만원 이상	24.9	44.9	24.0	6.2	0
투표 여부	투표함	29.1	46.0	19.5	5.3	.1
	투표안함	9.2	38.1	36.6	16.0	0
이념 성향	진도	25.4	45.2	21.4	7.8	.2
	중도	27.0	45.4	22.9	4.7	0
	보수	29.2	45.4	18.9	6.5	.1

주. 구체적 문항은 "이번 대통령 선거와 관련하여 TV토론을 얼마나 관심있게 보았나요?"

가 관심이 있다고 응답한 반면에 60세 이상 그룹에서는 90.5%가 그렇다고 답했다. 교육수준과의 관계에서는 큰 차이는 없었지만 학력이 높아질수록 TV토론에 대한 관심도가 줄어드는 흥미로운 결과를 보였다. 이러한 경향은 학력이 높아질수록 선거관련 정보를 습득하기 위한 인터넷 의존도가 높아지는 점과 일맥상통하는 결과라고 할 수 있겠다.

다음으로 직업별 비교에서는 눈에 띄는 차이를 발견하기 어려웠는데, 다른 직업군에 비해 화이트칼라 계층이 다소 TV토론에 대한 관심도가 적었음을 알 수 있었다. 이러한 결과는 학력이 높은 계층이 화이트칼라 직업 확률이 높은 것을 고려하면 이해할 만한 결과이다. 소득측면에서는 전체적으로 월소득이 높아질수록 TV토론에 대한 관심도가 떨어지는 것을 볼 수 있다.

한편, 투표여부를 중심으로 TV토론의 관심도를 살펴보았는데, 선거일에 투표한 사람일수록 선거기간 동안 TV토론에 대한 관심도가 매우 높았음을 알 수 있었다. "매우 관심 있었다" 혹은 "대체로 관심 있었다"라고 답한 투표자의 비율이 75.1%로, 투표하지 않은 유권자중에서 TV토론에 관심이 있었다라고 답한 47.3%와 비교하면 매우 큰 차이가 있었음을 확인할 수 있다. 이는 선거 캠페인 기간 중에 TV토론에 관심이 많은 사람일수록 선거 당일 투표를 하였음을 알 수 있다. 마지막으로 이념성향과 관련해서는 진보, 중도, 보수 그룹 간의 차이는 거의 발견되지 않았다.

다음으로 TV토론의 영향력에 대한 유권자들의 인식을 분석하였다. 인구사회학적 속성(성별, 교육, 소득, 직업 등)에 따른 의미 있는 차이는 발견되지 않았다. 다만 본 연구에 사용된 변인 중에서는 투표여부만이 눈에 띄는 차이를 보였다. 〈표6〉에서 보이듯이 이번 패널 조사 응답자 중에서 선거 당일 투표한 그룹의 경우는 32.5%가 선거 캠페인동안 있었던 TV토론이 자신이 "지지하던 후보를 더 지지하게 되었다"라고 응답한 반면에, 투표하지 않은 그룹에서는 17.4%만이 이렇게 답하였다. "특별히 달라진 것이 없다"라고 답한 비율에서도 어느 정도 차이를 보였는데, 투표

〈표6〉 후보자 TV토론이 후보지지에 미친 영향 분석 (%)
(투표 여부를 중심으로)

	지지하던 후보를 더 지지하게 되었다	지지후보를 바꾸지 않았지만 지지정도가 약해졌다	특별히 달라진 것이 없다	지지하던 후보를 지지하지 않게 되었다	지지 후보가 없었는데 지지할 후보가 생겼다	모름/무응답
투포함	32.5	13.8	45.0	3.8	4.5	.5
투표안함	17.4	22.5	57.0	0	2.4	.7
전체	31.8	14.2	45.6	3.6	4.4	.5

주. 구체적인 설문은 "TV 토론을 보신 후에 후보자에 대해 어떤 생각이 들었습니까?"

를 하지 않은 응답자일수록 태도 변화가 없었다고 답한 비율이 높았다.

전체적으로 살펴보면, TV토론이 유권자들의 지지후보 강도에 변화를 가져왔다고 응답한 비율이 46%로 특별이 달라진 것이 없다(45.6%)와 비슷한 비율을 보였다. 하지만, TV토론을 시청한 후에 지지후보자를 바꾸거나 새로운 지지 후보자를 정하였다고 답한 비율은 겨우 8%였다. 이러한 결과는 TV토론이 유권자들의 지지 후보자 결정 혹은 변경에는 큰 영향을 미치지 못했음을 보여준다. 대신, 기존에 선택한 후보자에 대한 지지강도 측면에서는 어느 정도 영향을 미쳤음을 보여주는 결과라 하겠다.

결론

이 연구는 현대 선거에서 TV토론과 같은 미디어의 역할이 매우 크다는 전제하에서, 지난 2007년 제17대 대통령 선거과정에서의 텔레비전, 신문, 인터넷을 중심으로 유권자들의 미디어 이용정도, TV토론에 대한 관심도와 지지후보자 선택에 미친 영향 등에 6차례의 패널조사 자료를 중심으로 알아보았다. 또한 미디어 캠페인과 TV토론에 대한 문헌 검토를 통해 그동안 이 분야의 연구 동향을 살펴보고자 하였다. 주요 분석 결과를 요약하면 다음과 같다.

첫째, 선거기간 동안 패널조사에 참가한 유권자들이 선거 관련 정보를 얻기 위해 어떤 매체에 주로 이용하였는가를 살폈는데, 텔레비전의 의존도가 가장 높게 나타났다. 뿐만 아니라, 지지 후보 선택을 위한 정보 의존도에서도 신문, 인터넷에 비해 상대적으로 중요한 정보 소스의 역할을 담당하였다. 매체별 선거관련 정보 의존도 비교에서는 다양한 인구사회학적 속성(성별, 연령, 교육, 소득, 직업 등)에 따라 다소 차이가 있었지만, 매체별 비교에서 신문의 의존도는 매우 안정적인데 반해, 텔레비전과 인터넷의 경우는 성별, 연령, 교육, 소득에 따라 큰 차이를 보였다. 또한 흥미로운 결과로는 선거당일 투표 여부와 이념성향에 따라 텔레비전과 인터넷 정보 의존정도에서 차이를 보였다는 점이다. 이러한 결과는 향후 미디어 캠페인과정에서 세분화된 유권자층에 보다 적합한 매체를 결정하는데 있어 의미 있는 단서를 제공하리라 생각된다.

둘째, 미디어 캠페인 소구 방법 중에서 유권자들의 관심도 측면에서나 영향력 차원에서 TV토론이 가장 중요한 것으로 나타났다. 주요 결과로는 학력과 소득이 높을수록 TV토론에 관심이 적었으며, 연령이 높을수록 TV토론에 대한 관심이 높았다. 또한 TV토론에 관심이 많았다고 응답한 유권자일수록 선거 당일 투표를 한 것으로 밝혀졌다. 다음으로 TV토론이 후보지지에 미친 영향을 살펴보았는데, 분석에 포함된 다양한 변인 중에서 투표 여부만이 의미있는 차이를 보였다. 다시 말해, 선거 당일 투표를 하였다고 응답한 유권자일수록 자신이 지지하던 후보에 대해 TV토론을 보고난 후 더 강하게 지지하게 되었다는 것이다. 이를 통해 TV토론이 유권자들의 후보자에 대한 태도를 바꾸기 change 보다는 기존 태도를 강화 reinforce 시키는 방향으로 영향을 미쳤음을 추론할 수 있겠다.

셋째, 유권자들의 선거정보 소스로서와 지지후보자 결정과정에서의 매체별 영향력에 대한 비교 분석에서는 매우 의미 있는 결과가 도출되었다. 지난 2002년 대선은 "인터넷 선거"라고 불렸다. 네티즌들은 노무현 대통령 당선에 일등공신 이었다(김성태 2006b). 그러나 이번 대선에서는 인터넷의 영향력이 상대적으로 축소된 것으로 추론된다. 지난 2002년 당시 효순, 미선 양 추모시위로 인한 반미 감정의 증폭, 남북정상 회담 이후의 화해 무드 속에서 변화를 바랬던 젊은 네티즌 들의 댓글 논쟁이 이번 선거에는 없었다.

전체적으로 이념 스펙트럼, 투표 참여 여부와 관계없이 이번 대선에서는 2002 년 대선에 비해 선거과정에서 주정보원으로 인터넷의 영향력이 약화되었고, 텔 레비전과 신문과 같은 전통매체의 중요성이 다시 어느 정도 회복되었음을 간접 적으로 추론할 수 있었다. 또한 자발적으로 구성된 정치적 팬클럽을 통해 인터넷 여론을 주도하며 선거판세에 막대한 영향을 미쳤던 지난 대선에서의 20-30대 진 보성향의 네티즌이나 시민 단체의 활동도 이번에는 없었다.

그럼 과연 이번 대선에서 인터넷의 영향력이 상대적으로 위축된 이유는 무엇 일까? 무엇보다도 지난 대선에 비해 구세대/신세대, 보수/진보, 안정/변화 등 누 리꾼들에 의해 주도된 세대, 이념 논쟁이 거의 없었고, 대선 출마자들의 끊임 없 는 네거티브 공방, 선두 후보자 간의 현저한 지지율 격차 등으로 네티즌 특히 젊 은 누리꾼들의 선거관심이 지난 대선에 비해 확연하게 줄어들었다고 볼 수 있겠 다. 이는 투표 3일전에 터진 'BBK' 동영상 역시 인터넷상에 활발하게 올라왔지만 오히려 이명박 지지자들의 결속을 강화 시킨 것도 이러한 경향의 표시이며 2002 년 대선에서의 학습효과이기도 하다. 이런 점에서 이번 대선에서의 인터넷 영향 력의 감소는 우연만은 아닐 것이다.

본 논문은 2007년 대통령 선거 과정에서의 미디어 캠페인과 TV토론의 영향을 알아보기 위해 패널 조사 자료를 바탕으로 작성되었다. 그러나 독자들의 이해를 돕기 위해 대부분 결과는 매우 제한된 기술적 분석방법만을 사용했음을 밝혀둔 다. 선거기간 동안 서로 다른 시점에서의 조사결과를 통해 유권자들의 선거관련 정보습득을 위한 미디어 이용정도가 어떻게 변화했는지를 추적하는 나름대로 의미있는 결과를 제시하였다고 생각된다. 향후 보다 정교화된 측정과 분석방법을 통해 유권자들의 미디어 이용과 미디어 캠페인의 영향력을 분석하는데 조그마한 도움이 되기를 바라며 글을 맺고자 한다.

제 3 부

투표결정요인

5. 2007년 대통령선거에 나타난 경제투표   권혁용

6. 진심투표와 전략투표   이현우

7. '부동층 집단'의 세분화를 통한 부동층의 이해   진영재

8. 진보는 왜 한나라당을 지지했나?   이내영 · 정한울

9. 경선과정과 경선에서의 후보 선택   유성진

5

2007년 대통령선거에 나타난 경제투표

권혁용

서론

2007년 대통령선거에서 가장 두드러지게 나타난 슬로건은 '경제대통령'과 '경제를 살리자'였다. 그리고 선거의 결과는 경제문제를 가장 잘 해결할 것으로 보였던 이명박 후보의 당선이었다. 유권자들은 어느 후보가 한국사회가 당면한 가장 중요한 문제인 경제이슈를 가장 잘 해결할 수 있는지를 평가하였다. 그것이 유권자들의 투표선택의 기준이 되었다.

다른 시각의 해석도 가능하다. 지난 5년간 노무현 정부 하에서, 혹은 지난 10년간 비교적 진보적인 정부들 하에서 이루어진 다양한 정책들의 사회경제적 결과들에 대해 유권자들이 만족스럽지 못했다고 볼 수 있다. 따라서 이번 대통령선거는 이에 대한 유권자들의 심판과 징벌이었다는 해석이 가능하다. 특히 경제성장의 완화, 경제적 양극화의 심화, 고용성장의 침체, 노동시장의 불안 등등의 현상들에 대해 유권자들이 정부와 집권당에 책임을 물어 야당후보를 선택한 것이다.

이러한 두 가지 시각의 이야기 전개는 새로운 것이 아니다. 정치학에서 투표

행태 연구 분야의 한 축을 이루는 경제투표economic voting 연구에서 그동안 축적된 연구들에 근거한 해석들이다. 경제투표 연구는 경제적 상황 혹은 그에 대한 유권자들의 평가가 어떻게 투표선택으로 이어지는가를 분석하는 분야이다. 경제투표의 명제는 간단하다. 경제가 나빠지면 유권자들은 집권당을 심판한다. 경제가 좋아지면 집권당에 재신임을 보낸다. 따라서 선거승리가 하나의 커다란 존재이유인 집권당은 임기 동안 경제문제를 잘 해결하는 것이 중요하다. 시민의 시각에서 보면, 모든 정당들이 집권기간 동안 경제문제 해결에 노력함으로써 얻게 되는 좋은 정책적 결과들은 따지고 보면 민주적 선거가 주기적으로 존재하기 때문에 발생하는 것이다. 민주적 선거는 시민들에게 보상 또는 징벌의 수단이 된다. 집권정당은 선거승리를 위해 경제문제를 잘 해결하는 것이 중요하다. 결국 함의는 민주적 선거가 있기 때문에 시민들은 좋은 경제상황을 제공할 수 있는 능력 있는 정부를 선출할 수 있게 된다는 것이다.

하나의 연구프로그램으로서 경제투표는 그동안 많은 논쟁점과 연구의 분화 및 발전을 보여 왔다. 문제가 되는 것은 객관적 경제지표인가 아니면 경제상황에 대한 시민들의 주관적 평가인가? 만약에 후자라면 시민들의 경제상황 평가는 무엇으로부터 영향을 받는가? 동료와의 대화로부터인가, 아니면 언론매체의 보도와 분석을 통해서인가, 아니면 객관적 경제지표로부터 추론하는가? 시민들이 주목하는 것은 국가경제상황인가, 아니면 개인 혹은 가구의 경제상황인가? 시민들은 지난 몇 년 동안의 경제상황을 회고적으로 평가하고 현 집권정당 및 정부를 보상 또는 징벌하는 것인가? 아니면 앞으로 몇 년 동안 가장 좋은 경제상황을 이끌어낼 것으로 보이는 정당 및 후보자를 전망적으로 선출하는 것인가? 대통령과 의회다수당의 소속정당이 다른 분점정부의 경우, 시민들은 나빠진 경제상황의 책임을 대통령에게 돌려야 하나 아니면 의회다수당에 돌려야 하나? 이러한 수많은 의문들은 경제투표 연구에서 여전히 이론적으로 경험적으로 논쟁점이 되고 있다.[1]

'경제투표'가 갖는 커다란 의미는 그것이 정부 및 집권당이 시민들에 대하여 민주적 책임성democratic accountability을 갖게 하는 기제라는 점이다 (Anderson 2007; Prezeworski et al. 1999). 대의제 민주주의는 시민이 자신의 대표를 선출하여 시민의 선호와 이익을 대변하는 정책을 추진하도록 하는 것이다. 주인으로서 시민들은 선거를 통해 자신들의 대리인을 재신임 선출하든가 아니면 징벌하여 해고한다. 선거를 통하여 선출되는 대리인들은 주인인 시민들에게 책임성을 갖게 되는 것이다 (Powell 2000).

2007년 대통령선거에 나타난 경제투표는 어떠한 모습을 갖는가? 이 논문은 다음의 세 가지 질문을 제기하고 그에 대한 분석을 시도한다. 첫째, 유권자의 시각에서 볼 때 2007년 대통령선거에 영향을 미친 중요한 이슈들은 무엇이었나? 언론보도나 선거운동에서 나타났듯이, 유권자들이 경제적 이슈를 가장 중요한 것으로 평가하였는지를 살펴본다. 또한 유권자들이 다양한 정책 이슈들을 가장 잘 해결할 것으로 어느 정당 또는 어느 후보자를 꼽았는지를 살펴본다.

둘째, 2007년 대통령선거에서 유권자에게 중요한 것이 가정경제상황이었는지 아니면 국가경제상황이었는지를 고찰한다. '문제는 경제다'라고 주장할 때 자연스럽게 드는 의문은 나와 내 가족의 주머니 사정을 지칭하는 것인지 아니면 한국경제의 상황을 가리키는 것인지 라는 점이다. 물론 가정경제와 국가경제 둘 다 중요하다. 또한 국가경제가 잘 되어야 내 주머니 사정도 좋아질 것으로 기대할 수 있다. 또한 유권자들이 회고적 평가에 근거하여 투표선택을 하는지 아니면 미래의 경제문제해결능력을 판단한 뒤에 대안적인 후보자들 중 선택을 하는지 살펴본다.

마지막으로, 어느 특정 정당에 대한 지지와 경제상황 평가의 연계 고리를 고찰한다. 출발은, 과연 유권자들이 합리적으로 정보를 소화하여 경제상황에 대한 객관적이고 정확한 평가를 내릴 능력이 있는가라는 의문이다. 이 질문에 대한 답이 회의적이라면, 과연 무엇이 경제상황에 대한 주관적 인식과 평가에 영향을 미치는가에 대해 잠정적이나마 답변할 수 있어야 한다. 여기에서는 정당지지라고 본다. 정당지지, 경제상황 평가, 그리고 투표선택은 서로 밀접하게 얽혀 있는 것이다.

이 논문에서 분석하는 데이터는 EAI · SBS · 중앙일보 · 한국리서치 대선패널 여론조사(2007) 데이터이다. 패널데이터의 장점을 살리기 위하여, 여기에서는, 첫째, 1차 조사부터 여섯 차례의 조사에 모두 참여했으며, 둘째, 실제로 선거에서 투표했다고 응답한 사람들만 모아 분석한다. 위의 두 기준에 부합한 응답자수는 1,720명이었다.

경제 이슈의 중요성 : 바보야, 문제는 경제야!

지난 1992년, 걸프전의 승리를 이끈 부시대통령은 재선가도에서 민주당의 빌 클린턴 후보와 경쟁했다. CNN을 통해 생중계된 전쟁에서 승리를 거둔 현직 대통령의 재선은 당연한 것처럼 보였다. 민주당으로서는 선거이슈가 공화당이 전통적으로 우위를 점하는 대외정책 및 전쟁승리의 보상으로 흐르는 것을 막아야 했다. 선거이슈의 급격한 전치현상은 클린턴 캠프의 선거슬로건으로부터 비롯되었다. '바보야, 문제는 경제야! It's the economy, stupid!' 그렇다고 해서 부시행정부 하에서 미국경제가 특별히 침체상태에 있었던 것도 아니었다. 객관적 지표로 제시되는 경제수행업적이 문제가 되는 것은 아니었는지도 모른다. 오히려 문제는 경제상황에 대한 유권자들의 인식과 평가였던 것이다. 사람들이 '피부로 느끼는 체감경제'가 문제일 수 있는 것이다.

경제투표가 존재하기 위해서는 다음의 요건들이 충족되어야 한다. 첫째, 유권자들이 경제적인 이슈들을 선거에서 중요한 핵심 어젠다로 인식해야 한다. 경제적 이슈들을 우리 사회가 당면한 중요한 문제로 꼽거나 혹은 다음 정부가 반드시 해결해야 할 과제로 인식해야 한다. 경제의 이슈중요도 issue salience가 전제되어야 하는 것이다. 둘째, 경제상황에 대한 인식과 평가가 가능해야 한다. 가정경제 상황이든 아니면 국가경제상황이든 그에 대한 평가가 이루어져야 하는 것이다. 이것이 반드시 객관적이고 정확한 평가를 의미하는 것은 아니다. 주어진 제한된 정보를 처리하여 평가를 내리는 것은 커다란 합리적 능력을 요구하는 것이 아니다 (Bartels 1996). 신문을 보거나 TV뉴스를 보며 또는 동료들과의 대화 속에서 형성되는 평가인 경우가 대부분이다. 최소한, 작년에 비해 경제가 좋아졌는지 그대로인지 아니면 나빠졌는지를 평가할 수 없는 경우가 아니면 된다. 또는 선거경쟁에 뛰어든 후보자들 중에 누가 가장 경제적인 문제들을 잘 해결해 나갈 수 있을까에 대한 나름대로의 판단이 존재하면 된다. 셋째, 이러한 평가가 투표선택과 연결되어야 한다. 예컨대 '경제는 좋아졌지만 나는 영남출신이기 때문에 이명박 후보를 지지해'라고 말하는 투표자의 선택의 준거는 지역이지 경제가 아니다.

2007년 대통령선거에서 유권자들은 이러한 세 가지 요건들을 충족시켰나? 엄밀한 경험적 모델검증을 거치는 대신, 이 논문에서는 하나하나 살펴보면서 2007년 대선에서 나타난 경제투표의 단서들을 제시한다.

2007 대선에서 나타난 이슈중요도

우선 유권자들이 경제적 이슈를 중요한 것으로 인식하였는지를 살펴보자. 〈표1〉은 패널데이터의 6차 조사를 분석한 결과를 보여준다. '다음 읽어드릴 내용 중에서 차기정부가 가장 중점을 두고 추진해야 할 국정과제는 무엇이라고 보시나요?'라는 문항에 대한 응답의 비율을 보여준다. 〈표1〉에서 분명히 제시되듯이, 80%를 상회하는 응답자들이 경제적인 이슈들 중의 하나를 중요한 과제로 꼽았다. 넓게 보아 '삶의 질 개선'을 경제적인 영역으로 간주할 수 있다면 그 비율은 약 86%에 이른다. 흥미로운 것은 '경제적 양극화 완화'라고 응답한 비율이 (43.6%) '경

⟨표1⟩ 중요한 이슈들의 분포 : 차기정부 국정과제

차기정부 국정과제	비율(%)	차기정부 국정과제	비율(%)
경제적 양극화 완화	43.6	국제경쟁력 강화	2.3
경제성장	37.4	남북관계 개선	1.9
삶의 질 개선	5.4	국가안보 강화	0.6
국민통합	5.1	기타	0.9
정치개혁	2.8		

자료 : EAI · SBS · 중앙일보 · 한국리서치 대선패널여론조사(2007), 6차 데이터. N=1720.

제성장'을 꼽은 사람들의 비율보다 (37.4%) 높다는 점이다. 이 사실이 흥미로운 이유는 그동안 한국사회에서 경제성장 이데올로기가 지배적이었다는 점과 배치되기 때문이다. 그러나 자세히 보면, 시민들이 파이의 크기를 키움으로써 양극화를 완화해야 한다는 인식을 갖고 있다면, 이것은 성장이데올로기의 한 파생물에 다름 아니다. 경제적 양극화의 완화가 경제성장보다 더 중요한 이슈로 손꼽힌다는 것이 성장으로부터 분배로의 인식패러다임의 전환을 의미하는 것은 아니다.

따지고 보면 경제적 양극화 완화가 차기정부가 중점을 두고 추진해야 할 가장 중요한 이슈라 생각하는 응답자들이 많은 것은 현재 한국사회의 상황을 반영하는 것이라 볼 수 있다. 몇 가지 통계수치를 살펴보자. 1997년 외환위기 직전에 비정규직 노동자는 전체노동자의 43%를 차지하였으나, 2003년에는 그 수치가 55.4%로 증가하였다 (김유선 2003). 전체노동자의 절반 이상이 비정규직으로 분류되는 것이다. 비정규직 노동자의 평균급여수준은 정규직 노동자의 절반에도 미치지 못한다. 더욱이 각종 사회적 보호 및 사회보험의 혜택은 열악한 수준에 있다. 말뜻 그대로 비정규직이기 때문에 갖게 되는 고용불안은 노동자에게 있어서는 물질적으로 심리적으로 하나의 내상으로 자리 잡고 있다. 많은 연구들이 비정규직 노동자수의 증가는 김대중, 노무현 정부에서 추진되어 온 노동시장유연화와 관련되어 있다고 분석한다. 노무현 정부 하에서 노동자 계층은 더욱 빈곤해졌다. 물론 모든 노동자들이 더욱 빈곤해 진 것은 아니다. 상당한 급여수준을 보장받고 고용안정을 누리며 사회보험의 혜택을 갖는 노동자들의 삶과 그렇지 못한 비정규직 노동자들의 삶의 양태는 점점 그 간극이 넓어졌다.

경제적 양극화는 물론 저소득층의 증가뿐만 아니라 고소득층 또는 자본 및 부동산 자산을 소유하고 있는 계층들의 소득증가를 다른 한 축으로 한다. 잘 알려진 사실은 김대중 정부 말기에 강남의 아파트를 구입한 사람들이 노무현 정부 시기 주택시장정책의 가장 커다란 수혜자라는 점이다. 그런데 또한 재미있는 것은 노무현 정부 주택시장정책의 가장 커다란 수혜자들이 모여 사는 강남의 한 아파트 단지에 걸려있는 현수막의 내용이다: '북한에는 핵폭탄, 남한에는 세금폭탄!' 결국 수혜자들은 노무현 정부를 지지하지 않았다. 노무현 정부의 핵심지지 사회계층은 노무현 정부 하에서 더욱 경제적으로 나빠졌고, 자연스럽게 보수정당을 지지할 것으로 보이는 사회계층은 노무현 정부의 정책적 혜택을 입었다. 노무현 정부와 집권당으로서는 '의도하지 않은 결과' 였을지 모르나, 사회경제적 결과는 증가하는 양극화였다. 가구소득분배의 균등성을 측정하는 지니 Gini 계수를 보면, 소득불평등은 1997년의 0.28에서 2006년의 0.31로 증가하였다.[2] 임금소득 상위 20% 소득자와 하위 20% 소득자의 임금소득의 비율을 측정하는 80-20비율을 보면, 한국은 1997년의 4.49에서 2006년 5.38로 증가하였다 (통계청 2007). 즉, 2006년 기준 상위 20%에 위치하는 임금소득자는 하위 20%에 위치하는 임금소득자의 5.38배를 노동력의 대가로 받는다. 스칸디나비아 나라들에서는 이 수치가 약 2라는 점을 상기하면 한국 불평등의 정도는 심각하다. 이는 선진 OECD국가 중 가장 불평등한 나라인 미국보다 훨씬 더 불평등한 수치이다.

이러한 점에서 볼 때, 많은 사람들이 경제적 양극화 완화를 차기정부가 추진해야 할 가장 중요한 과제로 꼽은 것은 당연한 것으로 보인다. 이번 대선에서 경제적 이슈가 중요한 어젠다였음은 분명하다. 반면에 남북관계 개선과 국가안보의 문제는 약 2.5%의 응답자만이 중요한 이슈인 것으로 인식했다.

경제적 이슈와 유권자 평가

경제적 이슈의 중요성을 인식할 때 유권자들의 정치적 선호는 어떠한 모습을 갖게 되나? 선호가 형성되기 위해서는 인식과 평가가 필요하다. 현직 대통령 및 집권정당의 경제수행업적에 대한 인식과 평가가 필요하며, 또한 선거경쟁에 뛰어든 후보자들의 경제수행능력에 대한 예측과 판단이 필요하다. 2007년 대선에서 한국의 유권자들의 평가는 어떠했나?

〈그림1〉은 1차 조사부터 6차 조사에 이르는 동안 (2007년 4월~12월)의 노무현 대통령의 국정운영에 대한 지지도의 추이를 보여준다. 노무현 대통령이 국정운영을 '아주 잘하고 있다'는 응답과 '잘 하고 있다'는 응답을 합하여 전체 응답자 중의 비율로 지지도를 표현하였다. 2007년 4월의 1차 조사 때 노무현 대통령의 국정운영 지지도는 약 28%를 기록하였다. 이후 2, 3차 조사에 이르기 까지 30%를 넘는 지지도를 보여주기도 하였다. 이 시기는 아프가니스탄 인질사태와 남북정상회담이 있었던 시기였다는 점이 상대적으로 증가된 지지도를 설명한다. 이후 지지도는 감소추세를 보였다. 대선직후에 실시된 6차 조사에서는 약 25%의 지지도를 기록하고 있다. 이는 선거기간 동안 상당히 낮은 현직대통령에 대한 지지도이다.

그런데 여기에서 지적해야 할 것은 노무현 대통령에 대한 국정운영 지지도가 반드시 경제수행능력에 대한 지지 여부만을 포함하는 것은 아니라는 점이다. 전반적인 국정운영에 대한 평가를 측정하는 것이다. 그럼에도 불구하고 이 지표가 의미 있는 것은 노무현 대통령의 경제수행업적에 대한 유권자들의 인식이 내포되어 있기 때문이다. 경제투표에 대한 연구들에서 논쟁이 되는 것 중의 하나는 객관적 경제지표냐 아니면 경제에 대한 시민들의 주관적 인식이냐에 관한 것이다.

<그림1> 노무현대통령 국정운영 지지도 추이

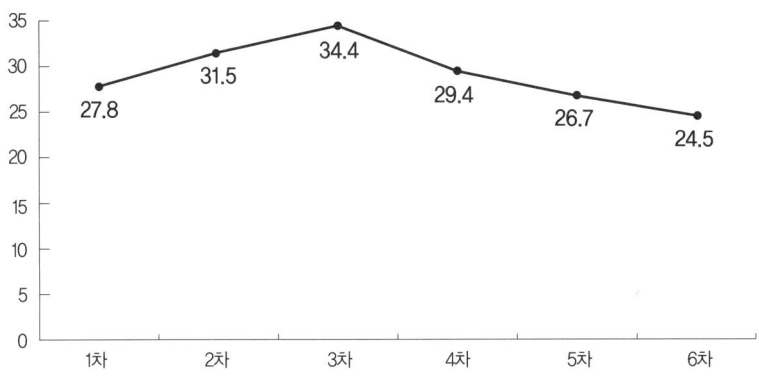

자료: EAI · SBS · 중앙일보 · 한국리서치 대선패널여론조사(2007), 1-6차 데이터. N=1720.
주. 노무현 대통령이 국정운영을 '아주 잘하고 있다'고 응답한 비율과 '잘하고 있다'는 응답 비율의 합.

객관적 경제지표가 좋더라도 시민들의 '체감경제'는 그렇지 않을 수도 있고, 객관적 경제지표가 나쁘더라도 유권자들은 경제상황에 대해 만족할 수도 있다.

데이터가 보여주는 사실은 노무현 정부의 경제업적이 열등한 것으로 시민들이 인식하고 평가하고 있다는 점이다. 재미있게도, 노무현 정부는 어떤 측면에서는 인정해주어야 할 부분들이 존재한다. 예컨대 경제성장, 수출, 그리고 주가지표 등등의 거시경제부문에서 그러하다. 노무현 정부 집권기간 동안 한국경제는 평균 4.2%의 성장률을 기록했다. 이는 OECD 국가 중 일곱 번째로 높은 경제성장률이다. 지난 5년 동안 수출액은 3천억 달러를 달성했으며 주식시장의 기록은 수차례 갱신되었다 (Korea Times 2/26일자 2007). 그럼에도 불구하고 시민들이 이러한 수출주도의 성장의 혜택을 피부로 실감하지 못했던 원인 중에는 무역수지악화, 원화강세, 그리고 고유가 등을 지적할 수 있다.

관련지표로 나타난 거시경제수행업적에서는 그다지 나쁘지 않았으나 시민들의 경제적 삶과 직결되어 있는 정책들의 결과들이 긍정적이지 못했다. 증가하는 양극화는 더 많은 사람들을 빈곤층으로 몰아넣었다. 노동시장유연화는 높은 실업률과 비정규직 양산, 그리고 고용불안으로 이어졌다. 치솟는 주택가격은 내 집 마련을 꿈꾸는 세입자들의 희망을 꺾고 상대적 박탈감을 증대시켰다. 많은 사람들이 경제적 양극화를 교육기회의 양극화와 결부시킨다. 예컨대, '재력 없이 자녀의 일류대학 진학 없다' 는 말을 부정할 사람들은 많지 않다.

그렇다면 유권자들은 경제적 이슈를 가장 잘 해결할 적임자가 누구라고 평가했나? 유권자들의 판단은 다양한 정보에 기반 한다. 각 후보자의 이전 경제수행 업적에 대한 평가에 근거하여 그의 해결능력을 판단한다. 각 후보자의 비전과 구체적 정책공약을 비교 검토한 이후 판단을 내리는 사람들도 있을 것이다. 이명박은 경제대통령, 정동영은 통일전도사 등등 매스미디어의 프레임효과에 영향을 받는 사람들도 있다. 판단의 근거가 무엇이든 간에, 여기에서 중요한 것은 경제이슈 해결능력 평가가 유권자들의 투표선택으로 이어진다는 것이다. 물론 응답자가 어떠한 이유에서건 특정의 후보자에게 투표한 이후에 자신의 투표선택의 합리화의 근거로 경제해결능력을 꼽을 수도 있다. 이럴 경우 경제해결능력에 대한 평가가 원인이고 투표선택이 결과인지, 아니면 투표선택이 원인이 되어 그 합리화의 결과가 경제해결능력에 대한 평가인지가 불분명해진다 (Anderson et al. 2006; Wlezien et al . 1997). 사회과학적 인과관계 탐색에 제약이 가해지는 순간이다. 우리는 패널조사의 장점을 활용하여 논문의 후반부에서 이 점을 탐색한다.

〈그림2〉는 경제이슈 해결능력에 대한 유권자들의 평가의 평균값을 그래프로 보여준다. 선거직전에 실시된 5차 조사를 이용하여 각 후보자의 경제이슈 해결능력을 0~10의 스케일로 점수화한 것의 평균을 구했다. 이명박 후보에 대한 평가가 7.2로 가장 높았다. 정동영 후보에 대한 평가는 5.2에 머물렀으며, 이회창 후보에 대한 평가는 5.6을 기록했다. 분명히 유권자들은 이명박 후보의 경제해결능력을 가장 높게 평가하였음을 알 수 있다. 이러한 높은 점수의 평가의 근거가 정확히 무엇인지를 지적하기는 쉽지 않다. 현대건설 CEO출신이라는 점, 그리고 서울시

<그림2> 경제이슈 해결능력에 대한 유권자 평가

자료: EAI · SBS · 중앙일보 · 한국리서치 대선패널여론조사(2007), 5차 데이터. N=1720.
주. 각 후보자의 경제이슈 해결능력을 0-10의 점수로 표시한 것의 평균치.

장 임기동안의 정책성과들에 근거한 회고적 평가에 기반한 것일 수 있다. 다른 한편으로 이명박 후보의 747공약-7% 경제성장률, 일인당 GDP 4만 달러, 2017년까지 한국경제를 세계 7위의 규모로 상승-에 대한 전망적 판단에 근거한 것일 수도 있다. 또는 이 두 가지가 모두 종합적으로 고려된 것일 수도 있다.

경제이슈와 유권자의 선택

경제적 이슈를 중요한 과제로 인식한 응답자들 중에 어떤 사람들은 경제성장을 다른 사람들은 양극화 완화를 꼽았다. 주어진 문항은 차기정부가 추진해야 할 중요과제를 하나만 선택하는 것이었다. 이 절에서는 경제성장을 중요이슈로 인식한 사람들과 그렇지 않은 사람들, 그리고 경제적 양극화 완화를 중요과제로 선택한 사람들과 그렇지 않은 사람들을 비교한다. 비교의 초점은 각각의 집단의 노무현 대통령 국정운영지지도, 이명박 후보의 경제해결능력 평가, 그리고 투표선택이다.
<표2>는 중요한 경제적 이슈 인식의 차이와 노무현 대통령의 국정운영 지지도 및 이명박 후보의 경제해결능력 평가의 차이에 어떠한 관계가 존재하는지를

탐색한다. 이슈중요도에 관한 문항은 4차 조사로부터 추출하였고 국정운영 지지도와 경제해결능력 평가는 그 이후의 조사시점으로부터 추출하였다. 경제성장이 가장 중요한 이슈라고 응답한 사람들은 다른 이슈를 선택한 사람들에 비해 노무현 대통령의 국정운영지지도가 현저하게 낮았으며 (16%) 이명박 후보의 경제해결능력 평가가 높았다 (7.6). 반대로, 경제적 양극화 완화가 중요한 이슈라고 응답한 사람들은 국정운영지지도는 다른 집단에 비해 높았고 (27%) 이명박 후보의 경제해결능력 평가는 상대적으로 낮았다 (7.1). 얼핏 보기에, 이념적으로 진보라고 생각하는 사람일수록 경제적 양극화 완화를 가장 중요한 이슈로 꼽을 가능성이 높고 진보층이 노무현 대통령의 국정운영에 대해 우호적이며 이명박 후보의 능력을 저평가하는 경향이 있다고 해석할 수도 있다. 반대로 이념적 보수층이 경제성장을 중요이슈로 인식하며 보수층이 노무현 대통령의 국정운영에 부정적이고 이명박 후보의 경제해결능력을 높게 평가할 가능성이 크다고 해석할 수도 있다. 그러나 이러한 해석은 정확하지 않다. 왜냐하면, 이념적 진보-중도-보수와 경제성장-양극화 완화 사이에 일대일의 대응이 체계적으로 성립되지 않기 때문이다. 다시 말해, 경제성장을 가장 중요한 이슈로 꼽은 응답자들은 이념적 보수-중도-진보

〈표2〉 경제이슈, 노무현대통령 국정운영지지도, 그리고 이명박 후보 경제해결능력 평가

차기정부 국정과제	경제성장=Y	경제성장=N	양극화완화=Y	양극화완화=N
노무현대통령 국정운영지지도	16.0	28.8	27.1	22.8
이명박후보 경제해결능력평가	7.6	7.0	7.1	7.3
응답자수	586	1,132	694	1,024

자료 : EAI · SBS · 중앙일보 · 한국리서치 대선패널여론조사(2007), 4-6차 데이터. 차기정부 국정과제 문항은 4차 조사, 이명박 후보 경제해결능력 평가는 5차 조사, 그리고 노무현 대통령 국정운영지지도는 6차 조사로부터 추출하였다.
주. 국정운영 지지도는 노무현 대통령이 국정운영을 '아주 잘하고 있다' 고 응답한 비율과 '잘하고 있다' 는 응답 비율의 합. 이명박 후보 경제해결능력평가는 0-10의 스케일로 측정됨.

에 고르게 분포되어 있다. 양극화 완화 이슈의 경우도 마찬가지이다.

이슈중요도와 투표선택 간에는 어떠한 상관관계가 존재하는가? 〈표3〉은 경제성장을 중요이슈로 선택한 응답자들과 중요이슈로 다른 것을 선택한 응답자들 사이에 2002년 대선과 2007년 대선에서의 투표선택의 연속과 변화에 어떠한 차이가 존재하는지를 보여준다. 이 부분의 분석을 위해서 2002년과 2007년 모두 투표에 참여한 응답자들만을 추출하였다. 분석의 간결성을 위해 편의상 2002년의 경우 노무현 후보 또는 이회창 후보에게 투표한 사람들만을 추출하였다. 〈표3〉이 보여주는 핵심적 결과는 다음과 같다. 경제성장을 중요이슈로 선택한 응답자 집단에서 2002년 노무현 지지자의 2007년 이명박 후보로의 이탈 defection은 48%에 이른다. 그러나 경제성장 이외의 다른 이슈를 선택한 응답자 집단에서 2002년

〈표3〉 경제성장에 대한 인식과 투표선택의 전환

A 차기정부 최우선 국정과제로 경제성장을 꼽은 사람들

(단위: 명, 괄호 안은 열 %)

투표선택	2007 비-이명박	2007 이명박	합계
2002 노무현	131 (52.0)	121 (48.0)	252 (100)
2002 이회창	34 (12.5)	238 (87.5)	272 (100)
합계	165 (31.4)	359 (68.5)	524 (100)

B 차기정부 최우선 국정과제로 경제성장을 꼽지 않은 사람들

(단위: 명, 괄호 안은 열 %)

투표선택	2007 비-이명박	2007 이명박	합계
2002 노무현	407 (66.3)	207 (33.7)	614 (100)
2002 이회창	105 (26.7)	289 (73.3)	394 (100)
합계	512 (50.8)	496 (49.2)	1,008 (100)

자료: EAI·SBS·중앙일보·한국리서치 대선패널여론조사(2007), 1차, 4차, 6차 데이터. 차기정부 국정과제 문항은 4차 조사, 2002년 투표선택은 1차 조사, 그리고 2007년 투표선택은 6차 조사로부터 추출하였다.

노무현 지지자의 2007년 이명박 후보로의 이탈은 34%이다. 경제성장을 중요한 이슈로 인식하는 사람일수록 2007년 대선에서 이명박 후보를 지지하기 위해 2002년의 선택으로부터 전환한 경우가 많은 것이다. 이것은 경제성장 이슈중요도-경제해결능력 평가-투표선택 으로 이어지는 투표선택 메커니즘이 작동한 것으로 해석할 수 있다. 〈표3〉은 또한 경제성장을 중요이슈로 꼽은 집단에서 이명박 지지율은 69%에 이른다는 점을 보여준다. 반대로 경제성장을 꼽지 않은 집단에서 이명박 지지율은 49%로 20%p의 차이를 보인다.

회고적 투표와 전망적 투표

이 절에서는 경제투표 연구의 지속적인 논쟁축을 중심으로 2007년 대선에서 나타난 유권자들의 선택을 분석한다. 여기에서 주목하는 경제투표연구의 논쟁축은 다음의 그림으로 표현할 수 있다.

〈그림3〉에서 I 분면에 속하는 입장은 가정경제상황에 대한 회고적 평가가 투표선택의 기준이 된다는 것이다. II 분면은 국가경제상황에 대한 회고적 평가가, III 분면은 가정경제에 대한 전망적 판단이, 그리고 IV 분면은 국가경제에 대한 전망적 판단이 투표선택의 기준이 된다는 것이다. 그런데 중요한 것은 이 논쟁축이 사회과학적 분석을 위한 하나의 틀일뿐이라는 점이다. 현실에서는 이 네 가지 분면의 해석이 복합적으로 중첩되어 있다. 예컨대 다음과 같다: 지난해에 비해 올해 내 주머니는 더 가벼워졌기 때문에 이번 선거에서는 국가경제를 가장 잘 이끌어 나갈 후보자를 선택했는데, 그 이유는 그 후보자가 당선되어 내년에 국가경제를 잘 이끌면 내 주머니 사정도 나아질 것이라 예측했기 때문이다. 그럼에도 불구하고 분석의 목적을 위하여 이 절에서는 2007년 대선에서 나타난 회고적 투표와 전망적 투표의 양상들은 탐색한다.

〈그림3〉 경제투표연구의 하나의 논쟁축

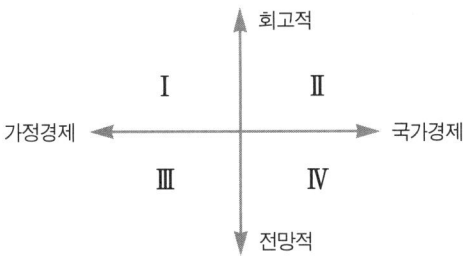

회고적 투표 : 당신은 내게 무엇을 해주었지?

회고적 투표 retrospective voting 는 투표선택에 관한 단순하지만 강력한 설명으로 인식되어왔다. 미국의 정치학자 V. O. 키(V. O. Key 1966)는 투표자들을 '보복과 보상의 합리적 신들'이라 칭했다. 투표자들은 현직대통령의 업적을 관찰하고 만약 수행업적이 만족스럽지 못하면 반대당에 투표함으로써 현직자를 '내쫓는' 사람들로 인식된다. 지난 임기동안의 성과와 업적들을 평가하는 것이다. 그런데 투표자들은 지난 과거보다는 최근 업적들을 더 비중있게 고려하여 투표에 반영한다 (Fiorina 1981).

경험적 투표 연구들에 따르면 가정경제에 대한 평가보다 국가경제에 대한 평가가 더 투표선택에 커다란 영향을 미친다. 한편으로는 단순한 투표행위에 걸맞는 평가는 '내 주머니'를 살펴보는 것이 아닐까 하는 의문이 든다. 그런데 모든 사람들이 '내 주머니' 사정에 대한 책임을 대통령과 정부에 묻지는 않을지도 모른다. 어떤 사람들은 자기의 게으름을 탓하고 다른 사람들은 자신의 불운을 탓할 수도 있다. 따라서 현 정부와 대통령의 책임과 내 주머니 사정간의 연계고리를 찾는 것은 지나친 비약으로 보이기도 한다. 그러나 국가경제상황에 대한 책임의 소재를 정부와 대통령에서 찾는 것은 자연스러운 논리적 정합성을 갖는다. 이것이 어쩌면 수많은 경험적 연구들의 결과들-국가경제평가의 더 큰 설명력-을 이해하는 하나의 길인지도 모른다.

여기에서는 1차 조사를 이용하여 가정경제상황과 국가경제상황에 대한 회고적 평가를 추출하고 선거직후 실시된 6차 조사의 투표선택 문항을 이용하여 회고적 경제투표가 2007년 한국 대선에서 발견되는지를 원초적이나마 탐색한다.

〈표4〉는 가정경제상황에 대한 회고적 평가와 투표선택을 살펴본다. 1차 조사에서 추출한 문항은 다음과 같다: '지난 5년 동안 –님 댁의 가정살림은 어떻게 변했습니까?' 답변 중 '매우 좋아졌다'와 '좋아졌다'를 합해 '나아졌다'로 표시하고, '별다른 차이가 없다'를 '그대로이다'로 표시하며, '대체로 나빠졌다'와 '나빠졌다'를 '나빠졌다'로 표시한다. 가정경제상황이 지난 5년 동안 나아졌다라고 응답한 사람들의 47%가 대선에서 이명박 후보에게 투표한 반면에, '그대로이다'라고 응답한 사람들의 53%, 그리고 '나빠졌다'라고 응답한 사람들의 61%가 이명박 후보를 선택한 것으로 나타났다. 즉, 가정경제상황에 대한 평가가 부정적일 수록 이명박 후보에 대한 지지는 늘어난 것이다. 반대로, 집권당출신의 후보인 정동

〈표4〉 가정경제에 대한 회고적 평가와 투표선택

(단위: 명, 괄호 안은 열 %)

가정경제 회고적 평가	이명박	정동영	이회창	문국현	권영길	기타	합계(%)
나아졌다	100 (47.0)	71 (33.3)	20 (9.4)	19 (8.9)	3 (1.4)	1 (0)	213 (12.4)
그대로이다	513 (52.6)	222 (22.8)	109 (11.2)	95 (9.7)	30 (3.1)	6 (0.6)	975 (56.7)
나빠졌다	323 (60.7)	87 (16.4)	65 (12.2)	33 (6.2)	19 (3.6)	5 (0.9)	532 (30.9)

자료: EAI · SBS · 중앙일보 · 한국리서치 대선패널여론조사(2007), 1차, 6차 데이터. 가정경제상황에 대한 회고적 평가는 1차 조사, 그리고 2007년 투표선택은 6차 조사로부터 추출하였다.

영 후보에 대한 지지는 가정경제상황에 대한 평가가 부정적일수록 감소하는 경향을 보인다. 이러한 패턴은 회고적 투표 양상을 보여주는 것이다.

또한 〈표4〉는 과반수이상의 응답자들이 가정경제상황이 지난 5년 동안 대체로 별 차이가 없다고 평가한 반면에, 긍정적인 평가는 12%에 불과하였고 부정적인 평가가 31%에 이르렀음을 보여준다.

〈표5〉는 국가경제상황에 대한 회고적 평가와 투표선택의 양태를 보여준다. 〈표5〉가 보여주는 패턴은 위의 〈표4〉의 것과 거의 일치한다. 회고적 투표의 양상이다. 그러나 그 정도는 가정경제평가와 투표선택에 나타난 것보다 더 크다. 분석에 사용된 1차 조사로부터의 질문은 다음과 같다: '지난 5년 동안 우리나라 경제는 어떻게 변했다고 생각하십니까? 위와 마찬가지로 코딩을 세 집단으로 전환하였다. 국가경제에 대한 평가가 긍정적인 응답자들의 30%가 이명박 후보를 지지했고, '그대로이다' 라 응답한 사람들의 48%, 그리고 부정적 평가를 내린 응답자들의 63%가 이명박 후보를 선택한 것으로 나타났다. 반면에 집권당출신 정동영 후보에 대한 지지양상은 국가경제상황에 대한 평가가 긍적인 응답자들의 42%, '그대로이다' 라 답한 사람들의 27%, 그리고 긍정적 평가를 내린 사람들의 15%만

〈표5〉 국가경제에 대한 회고적 평가와 투표선택

(단위: 명, 괄호 안은 열 %)

국가경제 회고적 평가	이명박	정동영	이회창	문국현	권영길	기타	합계(%)
나아졌다	54 (29.7)	76 (41.8)	15 (8.2)	30 (16.5)	7 (3.9)	0 (0)	182 (10.6)
그대로이다	288 (47.9)	160 (26.6)	73 (12.2)	63 (10.5)	15 (2.5)	2 (0.3)	601 (34.9)
나빠졌다	594 (63.4)	144 (15.4)	106 (11.3)	54 (5.8)	30 (3.2)	9 (1.0)	937 (54.5)

자료 : EAI · SBS · 중앙일보 · 한국리서치 대선패널여론조사(2007), 1차, 6차 데이터. 국가경제상황에 대한 회고적 평가는 1차 조사, 그리고 2007년 투표선택은 6차 조사로부터 추출하였다.

이 정 후보를 선택한 양태를 보여준다. 또한 〈표4〉에 비해 더 많은 수의 응답자들이 경제상황을 부정적으로 평가하고 있음을 알 수 있다 (55%). 반면에 긍정적인 평가는 11%에 불과하였다.

〈표4〉와 〈표5〉가 보여주는 것은 분명한 회고적 투표이다. 가정경제이든 국가경제이든 경제상황에 대한 부정적 평가는 이명박 후보 지지의 증가와 나란히 가는 것으로 나타났다. 다른 시각에서 보면, 경제상황에 대한 부정적 평가는 집권당 출신후보인 정동영 후보 지지의 감소와 맞물려 있다. 이러한 패턴은 가정경제에 대한 평가보다 국가경제에 대한 평가에서 더 두드러지게 나타났다. 한국경제상황에 대한 책임을 대통령과 집권당에 묻는 것은 합리적이기 때문이다.

전망적 투표 : 포트폴리오를 보여줘!

다른 하나의 경제투표논리는 투표자들이 과거를 돌이켜보는 것이 아니라 앞을 내다본다는 전제에 기초한다 prospective voting. 미국의 정치학자 다운스(Anthony Downs 1957)에 따르면 각 후보자들의 가상적인 집권상태 하에서 투표자가 예상할 수 있는 기대효용을 산출할 때 사용하는 근거중 하나는 후보자들의 경제수행능력 비교이다. 각 후보자들의 능력을 비교하고 판단하여 내게 더 커다란 효용을 가져다줄 수 있는 후보자를 선택하는 것이다. 여기에서 과거의 성과와 업적들은 미래의 능력에 대한 판단을 하는 데 사용하는 참고자료이다. 좋은 학문적 성과를 거둘 것으로 예측되는 대학원 신입생들을 선발하기 위해 '과거' 학부평점을 기준으로 삼는 것과 같은 이치이다. 기업대출을 결정하는 은행원이 기업의 미래사업 비전과 동시에 과거 대출기록과 변제기록 및 과거 사업수익 등을 동시에 고려하는 것과 마찬가지이기도 하다. 그래서 맥퀸 외 (MacKuen et al., 1992)는 전망적 투표자들을 '은행원' bankers으로 회고적 투표자들을 '농민' peasants으로 부르기도 하였다.

2007년 대선에서 전망적 경제평가와 투표선택을 살펴보기 위해서 '지금과 비교하여 5년 후 한국경제가 어떻게 될 것으로' 보는지를 묻는 1차 조사 문항을 사용할 수 있다. 그러나 전망적 경제평가와 투표선택의 관계는 쉽게 해석하기가 어렵다. 만일 어떤 응답자가 5년 후 한국경제가 좋아질 것이라 응답했다면, 그 이유가 응답자가 보기에 이명박 후보가 승리할 것이라 예측하기 때문에 한국경제가 좋아질 것으로 보는지, 아니면 이명박 후보가 패배할 것이기 때문에 한국경제가 나아질 것으로 보는지가 불분명해 진다. 따라서 대안적으로 여기에서는 경제해결능력에 대한 평가와 투표선택의 관계를 분석한다. 각 후보자들의 경제해결능력에 대한 판단과 예측이 투표선택의 기준이 된다면 이를 전망적 투표로 간주하는 것은 합당한 것으로 보인다.

〈그림4〉는 5차 조사에서 추출한 이명박 후보의 경제해결능력 평가를 사용하고 6차 조사의 투표선택 문항을 이명박 투표 대 비(非)이명박 투표로 구분하여 분석한 것이다. 압도적인 다수의 응답자들이 이명박 후보의 경제해결능력에 높은 점수를 부여한 것을 알 수 있다. 더 중요하게는, 이명박 후보의 경제해결능력에 높은 점수를 부여한 응답자들 중에서 이 후보에 대한 투표의 비율이 압도적으로 높다는 점이다. 분명히 〈그림4〉는 이명박 후보의 경제해결능력에 대한 판단과 예측이 이 후보 선택과 밀접한 상관관계가 있다는 점을 제시하고 있다.

〈그림4〉에서 나타난 패턴의 통계적 검증의 하나로 〈표6〉에서는 이명박 후보에 투표한 응답자들과 다른 후보에게 투표한 응답자들 사이에 이 후보의 경제해결능력에 대한 평균 평가의 차이가 통계적으로 유의미한지를 살펴본다. 다른 후보에게 투표한 사람들은 이명박 후보의 경제해결능력을 평균 6.1로 평가하였다(0-10 스케일). 반면에 이 후보에게 투표한 사람들은 평균 8.1로 평가하였다. 두 집단 간 2점의 차이를 보인 것으로 나타났다. 이러한 두 집단 간 차이는 t-검정 결과 통계적으로 의미있는 것으로 나타났다.

<그림4> 경제해결능력 평가와 투표선택

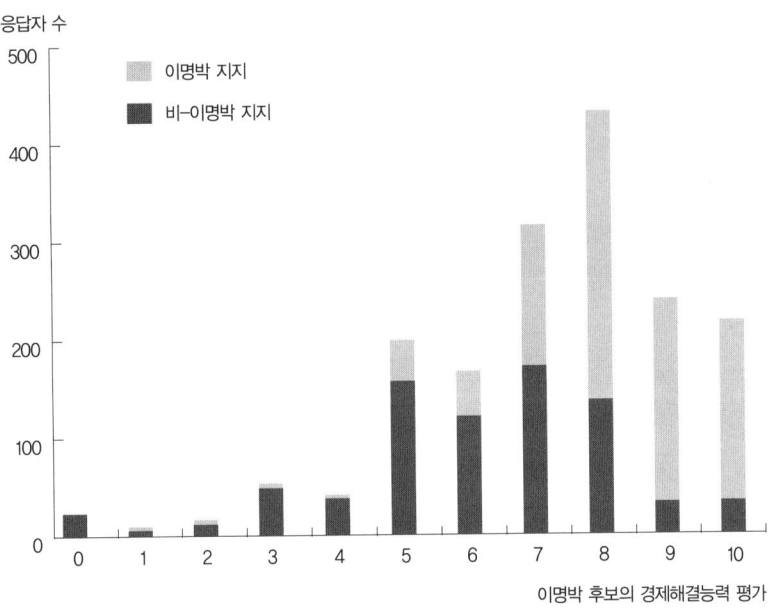

<표6> 경제이슈해결능력 평가와 투표선택 (t-test)

투표선택	이명박 후보 경제해결능력 평가 (0-10 스케일)			
	응답자수	평균	표준오차	95% 신뢰구간
비-이명박 선택	783	6.1	.08	[6.0, 6.2]
이명박 선택	935	8.1	.05	[8.0, 8.2]
합계/차이	1,718	-2.0	.09	[-2.2, -1.8]

경제상태 평가는 무엇으로부터 오는가

경제상태에 대한 평가는 백지에서 이루어지지 않는다. 다시 말해 다른 어떤 요인에 의해 영향 받을 수 있다는 것이다 (Duch et al. 2000; Gomez and Wilson 2006). 예컨대, 2002년 대선에서 노무현 후보를 지지했던 사람들은 노무현 정부동안의 국가경제상황을 우호적으로 평가하는 경향이 있다. 보수언론매체를 구독하는 사람들은 국가경제상황에 대해 부정적으로 평가할 가능성이 높다. 왜냐하면 보수언론들은 객관적 현실보다 경제상황을 더 부정적으로 프레임화할 인센티브가 존재하기 때문이다. 미국의 경우 1992년 대선에서 뉴욕타임즈를 구독하는 사람일수록 빌 클린턴을 지지하는 경향이 강했는데, 왜냐하면 당시 뉴욕타임즈가 미국경제가 위기상황인 것처럼 프레임화해서 보도했기 때문이다 (Hetherington 1996). 그런데 여기에서 간과해서는 안될 것은 민주당 지지성향이 강한 리버럴들이 뉴욕타임즈를 구독하는 경향이 높다는 점이다. 따라서 클린턴에 투표한 이유가 뉴욕타임즈의 경제기사 프레임 때문인지 리버럴이라는 이념적 성향 때문인지 아니면 민주당 지지라는 정당일체감 때문인지 불분명해지는 것이다.

그렇다면 2007년 대선에서 경제투표가 관찰된다고 한다면, 경제상황 평가가 원인이고 투표선택이 결과인가? 혹시 다른 제3의 변수가 경제상황 평가에도 영향을 미치고 투표선택에도 영향을 미치는 것은 아닌가? 학문적으로 이것은 중요하다. 고전적 예를 들어보자. 통계적으로 뉴욕 맨해튼의 아이스크림 판매량이 증가할 때 범죄율도 같이 증가하는 것으로 나타났다. 만일 아이스크림 판매가 원인이고 범죄율 증가가 결과라 생각한 뉴욕 시장이 범죄와의 전쟁을 선포하면서 맨해튼의 아이스크림 판매를 금지한다면? 여기에서 아이스크림 판매증가와 범죄율 증가 모두에 영향을 미친 원인은 뜨거운 여름날씨다.

이 절에서는 정당지지가 경제상태평가에도 영향을 미치고 투표선택에도 영향을 미친다는 가설을 제시한다. 예컨대, 한나라당 지지자들은 노무현 정부 하에

<표7> 정당지지와 가정경제상태 평가

(단위: 명, 괄호 안은 행 %)

가정경제 평가	비한나라당 지지	한나라당 지지	계
나아졌다	134 (15.5)	79 (9.2)	213 (12.4)
그대로이다	510 (59.1)	464 (54.3)	974 (56.7)
나빠졌다	219 (25.4)	312 (36.5)	531 (30.9)
계	863 (100.0)	855 (100.0)	1,718 (100.0)

자료: EAI · SBS · 중앙일보 · 한국리서치 대선패널여론조사(2007), 1차 데이터. 가정경제상황에 대한 회고적 평가와 정당지지 모두 1차 조사로부터 추출하였다.
주. 카이제곱 통계는 32.9 (p-value=0.000).

서의 경제상태를 부정적으로 평가할 가능성이 높고, 또한 이명박 후보에게 투표할 확률이 높다는 것이다. 이러한 가설의 엄밀한 검증은 차후의 과제로 둔다. 여기에서는 첫 번째 경험적 증거의 단초들을 제시한다.

<표7>은 정당지지와 가정경제상태 평가의 상관관계를 추적한다. 한나라당 지지와 비한나라당 지지로 구분하여 분석한다. 한나라당 지지자의 37%가 지난 5년 동안 가정경제상태가 나빠진 것으로 평가한 반면에, 비한나라당 지지자의 25%만이 부정적 평가를 하였다. 또한 한나라당 지지자의 9%만이 가정경제가 좋아진 것으로 평가한 반면에, 비한나라당 지지자의 16%가 긍정적 평가를 하였다. 즉 정당 지지에 따라 가정경제상태에 대한 평가가 체계적으로 구분되는 모습을 보이는 것이다. 이 구분은 통계적으로 유의미한 것으로 나타났다 (카이제곱 통계=32.9).

<표8>은 정당지지와 국가경제상태 평가의 상관관계를 보여준다. 정당지지에 따른 국가경제상태 평가의 차이는 위 <표7>에서 나타난 가정경제상태 평가보다 더 분명하게 구분된다. 한나라당 지지자의 64%가 지난 5년 동안 우리나라 경제가 나빠졌다고 본 반면에 5%만이 긍정적인 평가를 내렸다. 반대로 비한나라당 지지자의 45%가 부정적으로 16%가 긍정적으로 평가하고 있음을 알 수 있다. 이 구분

<표8> 정당지지와 국가경제상태 평가

(단위: 명, 괄호 안은 행 %)

국가경제 평가	비한나라당 지지	한나라당 지지	계
나아졌다	137 (15.9)	45 (5.3)	182 (10.6)
그대로이다	342 (39.6)	259 (30.3)	601 (35.0)
나빠졌다	384 (44.5)	551 (64.4)	935 (54.4)
계	863 (100.0)	855 (100.0)	1,718 (100.0)

자료 : EAI · SBS · 중앙일보 · 한국리서치 대선패널여론조사 (2007). 국가경제상황에 대한 회고적 평가와 정당지지 모두 1차 조사로부터 추출하였다.
주. 카이제곱 통계는 90.2 (p-value=0.000).

은 통계적으로 의미있는 것이다.

또한 <표9>에서 나타나듯이 정당지지는 후보자의 경제해결능력에 대한 평가와도 체계적으로 연관된다. 비한나라당 지지자의 이명박 후보 경제해결능력 평가의 평균은 6.5로 상대적으로 낮은 반면에 한나라당 지지자의 평균은 7.9이다. 전망적 판단과 관련된 부분에서도 한나라당 지지자냐 아니냐의 구분은 의미있는 기준이 되는 것으로 보인다.

위에서 본 것처럼 정당지지와 회고적, 전망적 경제상태 평가가 체계적으로 연관되어 있다면, 과연 정당지지는 투표선택에도 영향을 미치는가? 2007년 대선의 추이를 돌이켜보면, 한나라당 지지율이 대체로 이명박 후보의 득표율로 이어졌

<표9> 정당지지와 경제이슈해결능력 평가 (t-test)

투표선택	이명박 후보 경제해결능력 평가 (0-10 스케일)			
	응답자수	평균	표준오차	95% 신뢰구간
비-한나라당	863	6.5	.08	[6.4, 6.7]
한나라당	855	7.9	.06	[7.8, 8.0]
합계/차이	1,718	-1.3	.10	[-1.5, -1.1]

다. 범여권의 정당해체-신설-통합(?)등의 추이가 낮은 정당지지율로 이어졌다는 데 이견을 달 사람은 많지 않을 것이다. 미국정치연구에서 유력한 하나의 이론적 주장은 정당일체감의 분포를 보면 선거결과를 예측할 수 있다는 것이다. 한국의 선거에서 이러한 주장은 그동안 널리 수용되지 않았다. 세대를 거쳐 형성되고 전수될 일체감을 갖는 정당이 존재하지 않았기 때문이다. 선거승리가 주요한 존재이유인 정당이 선거승리를 위해 정당을 해체하거나 신설함에 따라 발생하는 선거적 비용이 이번 대선처럼 크게 느껴진 경우는 없을 것이다.

〈표10〉은 1차 조사에서 추출된 정당지지 문항 중 한나라당 지지자들과 당시 열린우리당 지지자들만을 추려서 모은 다음, 이 두 집단의 투표선택을 분석한 것이다. 2007년 4월 당시 한나라당 지지자들의 77%가 12월 이명박 후보를 선택한 반면에, 2007년 4월 당시 열린우리당 지지자들의 60%만이 정동영 후보를 지지하였다. 놀라운 것은 23%의 열린우리당 지지자들이 이명박 후보에게 투표하였다는 점이다. 이명박 후보는 2007년 대선에서 열린우리당 이탈층의 56%를 흡수하는 성과를 거둔 것이다. 반면에 정동영 후보는 한나라당 이탈층의 21%만을 흡수하는데 그쳤다. 〈표10〉이 보여주는 것은 분명하다. 한나라당 지지자들이 열린우리당 지지자들에 비해 더 충성도가 높았다. 또한 이탈층의 흡수에 있어서도 이명박 후보가 더 커다란 성과를 거두었다.

〈표10〉 정당지지와 투표선택

(단위: 명, 괄호 안은 열 %)

정당지지/투표선택	2007 정동영	2007 이명박	2007 기타 후보	합계
열린우리당	145 (59.5)	55 (22.5)	44 (18.0)	244 (100)
한나라당	36 (4.7)	592 (77.3)	138 (18.0)	766 (100)
합계	181 (17.9)	647 (64.1)	182 (18.0)	1,010 (100)

자료 : EAI · SBS · 중앙일보 · 한국리서치 대선패널여론조사(2007), 1차, 6차 데이터. 정당지지는 1차 조사, 투표선택은 6차 조사로부터 추출하였다.

결론

2007년 대선에서 나타난 경제투표의 양상들은 한국 선거정치와 민주주의에 다음의 세 가지 함의를 제시한다. 첫째, 경제적 이슈의 중요성이 부각되면서 경제투표 the economy-vote 의 고리가 더욱 두드러지게 나타난다는 점이다. 이는 이전 선거들에서 중요한 이슈의 갈등축이었던 민주 대 반민주와 지역균열 등의 약화와 결부된다고 볼 수 있다. 한국선거에서 이슈투표 issue voting 가 폭넓게 발견된다면, 중요한 이슈를 어느 후보가 선점하느냐 그리고 어느 후보가 그 이슈를 소유하느냐 - 어느 정당 또는 후보가 해당 이슈 해결의 적임자로 인식되는가 - 가 선거경쟁에서 커다란 변수로 작용하게 될 것이다. 경제투표는 이슈투표의 하나의 하위 단위로 인식된다. 우리는 2007년 대선에서 이슈투표와 이슈소유 issue ownership 의 현상을 목도하였다. 위의 분석에서 나타났듯이, 이명박 후보는 80%가 넘는 응답자들이 중요한 과제로 지목한 경제적 이슈를 다른 후보에 비해 훨씬 잘 해결할 것으로 보이는 것으로 평가되었다.

둘째, '어떤 경제적 이슈인가' 의 문제는 앞으로 더 체계적으로 연구되어야 할 주제이다. 위의 분석이 보여주는 것은, 경제성장이 중요하다고 응답한 사람들과 양극화 완화를 더 중요한 것으로 꼽은 사람들 사이에 후보자 경제해결능력 평가에 있어 체계적인 차이를 보인다는 점이다. 양극화 완화를 차기정부의 중요과제로 응답한 사람들에게 이명박 후보는 최선의 선택이 아니었을 지도 모른다. 문제는 양극화 완화를 성공적으로 추진할 것으로 보이는 다른 후보자가 보이지 않았다는 점일 수도 있다. 한국의 선거경쟁에서 오래된 슬로건인 '못살겠다 갈아보자' 의 또 다른 버전이 '경제대통령' 인지도 모른다. 문제는 '어떤 경제대통령' 인가라는 점이다.

마지막으로, 정당지지가 경제상태 평가에 미치는 영향과 투표선택에 미치는 영향을 고려하면, 정당이 제도적으로 발전하고 정당체제의 제도화가 이루어지지 않은 한국 민주주의의 현실에서 어쩌면 유권자들이 먼저 정당일체감을 발전시켰는지도 모른다. 최소한 한나라당 지지자의 경우에는 그러한 모습을 보인다. 대중이 정책무드를 먼저 조성하고 그러한 무드를 포착하여 선거에서 승리하는 것이 정당이라는 경험적 발견이 있다 (Erikson et al. 2002). 한국의 경우, 어쩌면 대중이 정당일체감을 형성하고 그 일체감을 선거적으로 이용하기 위해 정당들이 제도화되는 결과로 이어지는 것이 아닌지도 모르겠다. 핵심은 정치인과 정당이 모르는 사이에 유권자들은 정당일체감의 영향력을 선거에서 보여준다는 점이다.

1) 경제투표연구에 대한 개괄적 리뷰로는 Anderson (2007), Lewis-Beck and Stegmaier (2000), van der Brug et al. (2007) 참조. 한국에서 경제투표의 연구는 경험적으로 논쟁적이다. 어떤 연구들은 경제투표현상의 부재를, 다른 연구들은 경제투표현상의 존재를 발견했다. 한국선거에서 나타난 경제투표에 관한 연구들로는 김재한(1993), 박경산(1993), 이현우(1998), 황아란(2000), 정한울(2007), Kwon(n.d.) 등이 있다.

2) 지니계수 0은 완벽한 평등을, 1은 완전한 불평등을 가리킨다. 지니계수 0이 의미하는 바는 모든 가구가 똑같은 양의 소득을 갖고 있는 상태이며, 1은 한 가구가 그 나라의 부 전체를 독식하고 있는 상태이다.

6
진심투표와 전략투표

이 현 우

서론

투표에 관한 연구주제 중 하나가 유권자들이 얼마나 합리적으로 투표했는가를 판단하는 것이다. 투표행태의 가장 기초적인 원칙은 유권자들이 가장 선호하는 후보자나 정당을 택해서 투표한다는 것이다. 그런데 후보자에 대한 정보가 충분하다고 해도 후보자가 택할 수 있는 대안이 어떻게 구성되는가에 따라 가장 선호하는 후보를 택하는 것이 반드시 합리적이지 않은 경우가 발생하기도 한다는 주장이 제기되었다. 두 가지 대안만이 존재할 때에는 진심투표sincere voting가 항상 최선의 투표결정이지만 다당제에서 합리적 투표는 양당제에서보다 훨씬 어렵고 중요하다는 것이다(Downs 1957, 148).

유권자들이 전략적으로 행동하기 위해서는 그렇게 행동할 수 있는 능력과 동기가 있어야 한다. 가장 선호하는 후보가 당선가능성이 없을 때 유권자는 당선가능성이 있는 차선의 후보를 택함으로써 자신의 미래효용을 높일 수 있다는 점에서 전략적 투표의 가능성이 제시된다. 예를 들어 이번 17대 대선결과를 놓고 이회창 후보 측과 일부 언론에서 유권자들의 전략적 투표로 인해 이회창 후보가 득표에 손해를 보았다고 주장을 하였다. 이러한 주장의 논리는 이회창 후보를 지지했던 유권자들 중 일부가 이회창 후보의 당선 가능성이 낮다고 판단하였기 때문에 이회창 후보 대신에 차선책인 이명박 후보를 택했다는 것이다. 여기에는 선거직전 이명박 후보가 광운대 연설에서 BBK 소유를 언급한 동영상이 공개되어 보수진영에서 위기의식을 느낀 것이 이회창 후보에게 특히 불리하게 작용했다는 상황논리가 있다. 미국선거에서도 2000년 대선을 보면 녹색당의 랄프 네이더 Ralph Nader를 지지하던 유권자 중 일부가 공화당의 부시와 민주당의 고어 사이에 경쟁이 치열해지자 당선가능성이 높은 차선의 후보로 고어에게 투표했기 때문에 선거직전 여론조사에서 네이더의 지지도가 4~6% 정도였지만 실제 득표율은 2.7%에 그쳤다.

이 글에서는 17대 대통령선거 과정에서 나타난 전략투표에 관한 몇 가지 논쟁을 다루도록 한다. 첫 번째 주제는 유권자들이 가장 선호하는 후보를 선택하여 투표하는 진심투표와 달리 차선의 후보를 선택하는 전략투표 strategic voting 의 조건이 무엇인지를 확인한다. 여기에는 전략투표의 조작적 정의 operational definition 를 포함하여 전략투표를 측정할 수 있는 타당한 방법에 관한 논의가 포함된다. 둘째로는 전략투표는 어떠한 유권자들에 의해 이루어졌는가를 살펴본다. 전략투표는 일정한 조건이 만족되었을 때 발생할 수 있기 때문에 실제 선거구도에서도 특정 유권자들만이 전략투표의 선택여지를 갖게 마련이다. 그리고 마지막으로 전략투표의 비율은 얼마나 되었으며, 또한 진심투표를 기준으로 보면 전략투표로 인해 손해와 이득을 본 후보는 누구인지를 설문자료를 통해 분석하도록 한다.[1]

민주화 이후 한국 대통령선거에서는 항상 3명 이상의 중요한 대통령 후보자들이 있었다. 16대 대선을 제외하면 3번째 득표후보가 10% 이상의 득표를 할 정도의 중요한 후보였다. 그리고 16대 대선에서도 3번째 다득표 후보는 민주노동당의 권영길 후보였는데, 비록 그의 득표율은 3.9%에 지나지 않았지만 1위인 노무현 후보와 2위인 이회창 후보 간의 득표율 차이가 2.3%에 불과했다는 것을 감안한다면 16대 대선을 설명하면서 권영길 후보는 반드시 고려되어야 한다.

전략투표는 선거제도가 다수결 방식으로 한 명의 당선자를 뽑는 소선거구제일 때 가장 명료하게 나타난다(Duverger 1951; Rae 1967). 두 명의 선두주자 사이의 경쟁이 치열해지면 제 3후보 지지자들은 1, 2위 후보자 중 덜 선호하는 후보가 승리하는 것을 우려하여 가장 선호하는 제 3의 후보 대신에 1, 2위 중 차선의 대안을 택하게 된다. 이러한 상황에 대한 설명은 제 3후보 지지자들의 사표방지(死票防止)심리와 연관이 깊다. 어차피 제 3후보 지지자들은 자신이 지지한 후보가 승리할 수 없다는 것을 알기 때문에 차선책을 택하는 것이며, 합리적 선택모형에서 최소후회모형 minimax regret model 이 유사한 논리이다.

이 같은 전략투표에서 관건은 유권자가 인식하는 기대치에 근거한 결과의 가능성과 특정선택의 타당성에 달려있다. 즉 대안 후보의 당선가능성이 높고 최고 선호의 후보와 차선의 후보사이에 효용의 차이가 작을수록 전략투표의 가능성은 높아진다(Riker & Ordeshook 1968). 반대로 첫 번째 선호와 두 번째 선호 간의 차이가 커질수록 그리고 첫 번째 선호가 경쟁력이 있을수록 진심투표의 경향이 나타나게 된다. 그리고 자신들의 투표를 통해 선거결과를 바꿀 수 없다고 생각하며 경쟁하는 두 후보들 간의 효용차이가 작게 느껴지는 사람들은 전략투표뿐 아니라 투표자체를 할 동기를 잃게 된다. 자신이 투표를 한다 해도 선거결과에 변화가 능성이 없고, 어떤 후보가 당선되던지 선거결과가 유권자 자신의 효용에 별 차이를 가져오지 못한다면 투표해야 할 이유가 없는 것이다.

규범적으로 평가한다면 전략투표는 바람직하지 못하다. 유권자들이 자신의 선호대로 투표를 결정하는 것이 아니라 선거제도를 포함한 선거환경과 구도 때문에 차선의 신호를 최종적으로 선택하는 것이기 때문이다. 좀 더 구체적으로 살펴보면 비례대표제 후보선출 방식에서는 소수의 득표수도 대표선출에 의미 있게 반영될 수 있다. 따라서 소수당을 지지하는 유권자들은 소수당에 대한 지지를 그대로 유지하고 그 표들은 의석배분 등 선거결과에 반영될 수 있다. 그러나 한 명의 대표자만을 최다득표로 선출하는 다수결적 소선거구제에서 유권자들은 당선가능성이 없다고 생각되는 후보자에게 표를 던진다는 것은 무의미하기 때문에 조금이라도 자신의 효용함수를 증가시킬 수 있는 대안을 선택하게 된다. 투표결정 과정을 추적한다면 전략적 투표가 얼마나 많았는지 알 수 있겠지만 최종투표결정으로 대표자를 선출하는 다수결 방식의 한국 선거제도는 유권자의 솔직한 선호표현을 억제하는 제도적 문제점을 가지고 있다.

전략투표의 범주

전략투표의 여부는 첫 번째 선호후보와 차선 선호후보 사이의 선호도 차이와 그 후보들의 당선가능성이라는 두 가지 요인에 의해서 결정된다. 즉 최선과 차선 후보사이의 선호도 차이가 적을수록 그리고 최선후보의 당선가능성은 낮고 차선후보의 당선경쟁이 치열할수록 전략투표를 할 가능성이 높아지게 된다. 여기서 하나 더 고려해야 할 것이 싫어하는 후보의 혐오정도이다. 당선이 되지 않기를 바라는 후보에 대한 혐오정도가 클수록 전략투표의 가능성이 높아지게 된다. 따라서 전략투표에 영향을 미치는 선호도 변수는 최선과 차선후보의 선호도 차이 그리고 경쟁하는 싫어하는 후보에 대한 혐오정도라는 상대적 값으로 구성된다.

전략투표에 영향을 미치는 또 다른 변수는 선호후보의 당선가능성이다. 전략투표와 관련하여 얼핏 생각하면 차선후보의 당선가능성이 높을수록 전략투표의 가능성이 높아진다. 왜냐하면 차선후보를 선택하는 이유가 유권자에게 최선후보보다 차선후보가 당선가능성이 높기 때문에 선호정도는 낮아도 차선후보의 당선을 통해 이익을 얻을 수 있다는 것이 바로 전략투표의 기본논리이기 때문이다. 하지만 만일 차선후보의 당선가능성이 아주 높다면 유권자 입장에서는 자신의 한

표가 선거결과에 미칠 수 있는 영향력이 거의 없기 때문에 굳이 차선 선호후보를 지지해야 할 필요성을 느끼지 않게 된다. 따라서 차선후보에 대한 선호정도 및 차선후보의 당선가능성이라는 두 가지 요인은 단순히 두 변수의 절대 값이 아니라 상대적인 값이 전략투표 여부에 더 의미가 있다.

이처럼 전략투표는 매우 복잡한 구도 속에서 발생한다. 그리고 이러한 논리로 볼 때 선거마다 얼마만큼의 전략투표가 존재하는지는 선거구도에 따라 달라지기 때문에 전략투표의 조건을 일반화시키거나 그 영향력을 제대로 측정하는 것은 어려운 작업이다. 하지만 전략투표가 존재한다는 사실 자체가 제 3의 후보나 정당에게는 불리하게 작용한다는 것은 명백하다. 특히 선거제도상 일정 수준의 득표를 해야만 선거자금을 보전받을 수 있는 조건 등 당선에 관계없이 득표율에 따라 정치지원에 관한 규정이 있다면 유권자가 의도하지 않았지만 소수정당을 위축시키는 결과를 가져오는 투표선택이 될 수 있다.

〈그림1〉 지지후보 변동이유

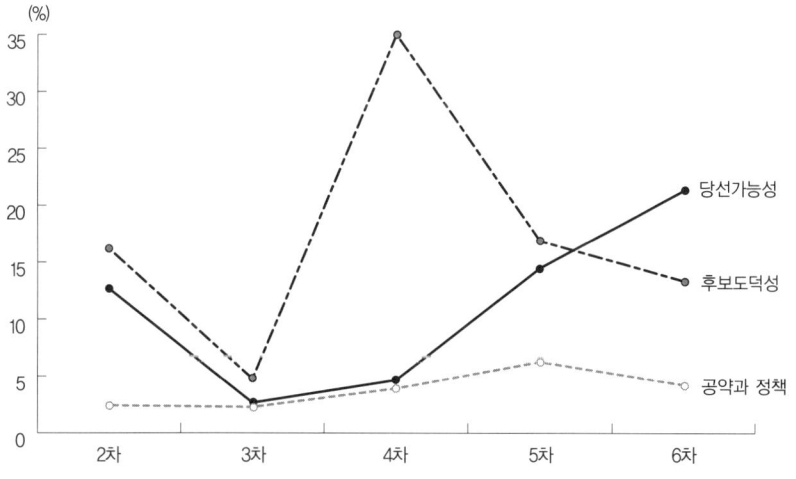

위의 〈그림1〉은 응답자들 중 지지후보를 변경한 응답자들을 대상으로 지지변경의 이유를 물어본 결과이다. 그림에서 보는 바와 같이 유권자들이 지지후보를 변경하는 이유와 추세를 보면 선거가 가까워질수록 후보자의 당선가능성에 좀더 많은 비중을 둔다는 것을 알 수 있다. 특히 선거 일주일 전인 5차 조사와 선거 직후 6차 조사결과를 보면 다른 요인들보다 후보자의 당선가능성이 후보지지변경의 가장 중요한 요인으로 급부상하고 있다. 이같이 당선가능성에 바탕을 둔 지지변화는 전략투표의 조건이 후보자의 당선가능성이라는 면에서 전략투표에 따른 지지결정일 가능성과 밀접히 연관될 수 있다.

그림을 보면 4차 조사에서 후보의 도덕성이라는 이슈가 크게 부상한 것은 이 시점에 이회창 후보가 출마를 선언하였기 때문이다. 이회창 후보는 보수이념의 색체를 분명히 하면서, 유권자들에게는 이명박 후보가 부패스캔들에 연루되면 자신이 대안이 될 수 있음을 인지시켰다. 따라서 이명박 후보 지지자들 가운데 도덕성에 불만을 가진 응답자들 중 일부가 이회창씨의 출마를 계기로 지지후보를 변경하였다. 한편, 후보선택의 중요변수로 간주되는 후보자나 정당의 공약이나 정책은 지지변화의 주된 원인이 되지는 못하였다. 공약과 정책은 선거기간 동안 지지변화의 10%도 설명하지 못하였다.

전략투표를 경험적으로 분석하기 위해서는 먼저 조작적 정의가 필요하다. 앞에서 언급한 후보선호와 당선가능성이라는 두 가지 요인에 초점을 맞추어 보면 우선 전략투표를 한 유권자들은 최선의 후보를 선택하지 않았기 때문에 투표한 후보에 대한 만족도가 상대적으로 높지 않을 것이다. 그런데 유권자가 투표한 후보에 대한 만족도가 높지 않는 것은 전략투표 이외에도 다양한 원인에 기인하므로 투표만족도가 낮은 모든 유권자들을 전략투표를 했다고 볼 수 없다. 그리고 만족도가 낮다는 의미도 응답자별로 주관적인 평가이므로 객관적으로 어떤 수준이 만족도가 낮다고 정할 수도 없다. 그러나 전략투표를 다른 투표결정과 구분할 수 있는 방법이 없는 것은 아니다. 전략적 투표의 의미를 보면 가장 선호하는 후보를 택하지 않고 차선의 후보를 택했다는 것이 핵심이므로 그에 상응하여 응답자들이 투표한 후보보다 더 선호하는 후보가 있다는 사실에 주목할 필요가 있다.

그러나 가장 선호하는 후보에게 투표를 하지 않는 이유를 단지 전략투표 때문이라고 할 수는 없다. 왜냐하면 투표결정에서 유권자들이 후보라는 개인적 요인에 의해 영향을 받기도 하지만 또 다른 중요한 요인으로 소속정당을 꼽을 수 있다. 유권자가 투표선택을 한 이유가 후보자 때문이 아니라 그 후보가 속한 소속정당에 대한 지지 때문일 수 있다. 예를 들어 이번 대선에서 이명박 후보가 받은 지지 모두가 이후보 개인에 대한 지지라고 할 수는 없다. 노무현정부에 대한 평가 및 한나라당에 대한 지지 그리고 이후보 개인에 대한 지지 등 여러 요인 등이 반영된 것이라고 보아야 한다. 선거구도를 보면 이명박 후보가 아니라 한나라당 경선에서 다른 후보가 승리했다면 그 후보의 인기도가 이후보가 누렸던 지지와 극단적인 차이가 나지는 않았을 것으로 추측된다. 따라서 투표한 후보이외에 더 선호하는 후보가 있다는 조건이 전략투표의 완벽한 조건이 되지 못한다.

선호하는 후보가 당선가능성이 없을 때 전략투표의 동기가 유발된다는 점에 착안하면 선거기간 중 지지후보 선택이 변경된 응답자들 중 그 이유가 지지하던 후보가 당선가능성이 없어서 지지변경을 한 응답자들이 여기에 해당될 수 있다. 아래의 〈표1〉에서 보는 바와 같이 설문항의 답변 중에는 후보자의 능력이나 도덕성에 문제가 있다거나 혹은 더 좋은 후보가 생겨서 등 다양한 선택지가 있었는데, 그 중에서 특별히 당선가능성이 낮아서 지지후보 선택을 바꿨다는 응답자들은 반드시 전략투표에 포함되어야 할 대상이다.

그런데 여기서 지지후보를 변경한 다음에 새로 지지하게 된 후보를 가장 선호하는가의 여부는 전략투표와 상관이 있는 것일까? 좁은 의미의 전략투표 개념에 따르면 여전히 가장 선호하는 후보가 지지하는 후보와 달라야 한다. 왜냐하면 지지후보를 변경한 이후 새로 선택한 후보를 가장 좋아하게 되었다면 더 이상 전략투표라고 할 수 없기 때문이다. 전략투표에 대한 가장 엄격한 의미의 조작적 정의

〈표1〉 후보지지 변경사유

> 〈질문〉 지난 번에는 OOO후보를 지지한다고 하셨는데 지지후보를 바꾸시게 된 이유가 무엇인가요?
>
> ① 후보의 소속정당에 실망해서
> ② 후보의 도덕성 문제에 실망해서
> ③ 후보의 능력과 경력에 실망해서
> ④ 공약과 정책을 신뢰할 수 없어서
> ⑤ 더 나은 후보가 생겨서
> ⑥ 후보의 당선가능성이 낮아서
> ⑨ 전반적으로 후보에 실망해서
> ⑩ 아직 지지후보에 대한 확신이 서지 않아서
> ⑫ 후보 단일화 과정에 실망해서
> ⑬ 후보 단일화에 성공해서
> ⑭ 다른 정치인이 지지해서

는 투표했던 후보보다 선호하는 후보가 있으며, 동시에 이전에 지지를 변경한 경험이 있는데 그 이유가 이전에 지지하던 후보의 당선가능성이 적은 경우이다.

한편 생각해보면 전략적 투표자가 반드시 지지후보를 변경했어야 할 이유는 없다. 왜냐하면 선거구도가 형성되었던 초기부터 각 후보자들의 본선경쟁력을 고려하여 지지후보를 결정한 응답자들도 있기 때문이다. 이러한 유권자들을 위의 엄격한 전략투표 정의에 적용해 보면 차선의 후보를 택했다는 점에서는 전략투표에 포함되지만 지지후보변경이 없었다는 사실에서는 그 범주에서 제외된다. 그러나 경험적 분석에서는 응답자가 전략투표를 했다는 것을 확인할 수 있는 확실한 방법이 바로 당선가능성에 의한 지지변경이며, 후보선택에 있어서도 당선가능성을 염두에 두는 경우이다.

지지후보 변경 여부가 전략투표의 필요조건이 아니며, 전략투표에는 차선의 후보를 선택했다는 점이 더 중요하다. 왜냐하면 전략투표에 대한 연구는 최선의 후보를 선택하는 진심투표와 대비하여 유권자들이 선거제도로 인해 자신의 가장 선호하는 후보가 아닌 다른 후보를 선택하는 것에 주목하기 때문이다. 이러한 논의를 통해 전략투표를 좀 더 포괄적으로 정의한다면 위에서 규정한대로 지지후보가 당선가능성이 없어서 차선의 후보를 택했다고 응답한 유권자들은 당연히 포함되며 아울러 후보선택에서 당선가능성을 중시했던 응답자들 중 차선후보를 택한 응답자들이 전략투표자에 포함되어야 한다.

요약하면 전략투표를 정의하기 위해서 당선가능성 고려와 차선후보 선택이라는 두 가지 조건을 고려하였다. 그리고 첫째로 설문조사에서 당선가능성 때문에 지지후보를 바꾼 응답자들을 전략투표자로 간주하였고, 둘째로 지지후보를 중간에 바꾸지 않았다 해도 후보선택에 당선가능성을 가장 중시하면서 동시에 그 후보가 가장 선호하는 후보가 아님에도 불구하고 투표한 응답자들을 포함하였다.

전략투표자 비율

먼저 전략투표자를 구분하기 전에 전략투표의 가능성에 대해 살펴보자. 그 가능성이란 좀 더 포괄적인 개념정의를 의미한다. 전략투표와 관련된 설문항은 선거를 일주일 앞둔 12월 11과 12일에 실시된 5차 패널조사에서 찾아볼 수 있다. 설문 중 하나는 "만일 지지하는 후보가 당선가능성이 거의 없다고 생각된다면 어떻게 하겠느냐"는 것이었다. 이 질문에 대해 응답자의 49.5%는 당선가능성에 관계없이 여전히 자신이 지지했던 후보를 그대로 지지하겠다고 답변하였다. 다른 후보를 택하기보다는 기권하겠다는 응답자는 6.3%이고, 다른 후보를 택하겠다는 비율은 43.2%였다.

그렇다면 선거직전까지 50% 가까운 유권자들이 진심투표 성향을 가지고 있으며, 전략투표 가능성이 있는 유권자가 약 43%라고 추정해 볼 수 있다. 하지만 이러한 추정은 설문내용이 가상의 조건을 제시하고 이에 대한 반응을 측정한 것으로 단지 전략투표의 가능성을 의미하는 것이지 실제로 얼마만큼의 전략투표가 있었는지를 말하는 것은 아니다. 따라서 이 결과를 가지고 전략투표 가능성을 추정하기에는 신뢰성이 높지 않다. 가령 당선가능성이 가장 높은 이명박 후보의 지지자들 가운데 이후보의 당선가능성이 낮아져도 그대로 이후보를 지지하겠다는 응답자는 절반이 되지 않는다. 그리고 지지변경자들 가운데서는 이회창 후보로 지지를 변경하겠다는 응답자들이 가장 많다(23.9%). 그러나 이러한 응답자들의 답변들이 그대로 투표행위로 연결되는 것은 아니다. 단지 이 설문을 통해서 알 수 있는 것은 응답자들의 상당수가 후보자들의 경쟁력에 따라 지지여부를 바꿀 용의가 있다는 사실이다.

아래의 〈표2〉에서 왼쪽의 후보이름은 초기 선택 후보이며, 당선가능성이 낮

〈표2〉 차선후보를 택할 수 있는 응답자분포

	권영길	문국현	이명박	정동영	이인제	이회창	기타후보	기권	모름/무응답
권영길	80.7	1.8	-	10.5	-	7.0	-	0.0	-
문국현	9.0	61.6	6.2	11.9	0.6	5.6	1.7	3.4	-
이명박	2.7	9.6	43.5	8.1	2.2	23.9	1.5	7.0	1.5
정동영	7.2	11.4	6.1	54.3	1.9	11.2	1.3	5.9	0.8
이인제	-	-	7.7	15.4	76.9	-	-	-	-
이회창	1.5	7.7	18.5	10.8	1.5	49.0	2.7	7.3	0.8
기타후보	-	12.5	-	-	-	12.5	62.5	12.5	0.0
합계	6.3	14.2	27.6	18.0	2.3	22.4	1.8	6.3	1.0

은 경우 새로 선택할 후보의 이름은 가장 윗줄에 있다. 밑줄 친 칸의 비율은 당선 가능성이 낮더라도 가장 선호하는 후보를 택할 진심투표자의 비율이다. 그런데 선두주자 집단에 속하는 이명박, 정동영, 이회창 후보의 지지자들의 지지유지 비율이 기타 후보들에 비해 낮은 것으로 나타났다. 이것은 이들 선주주자 지지자들의 충성심이 약해서라기보다는 군소후보들을 선택한 응답자들이 그 후보들의 당선가능성이 낮음에도 불구하고 선택을 유지하고 있기 때문에 새삼 낮은 지지율이라는 가정의 상황에 별 변화가 없기 때문에 나타나는 현상이다. 따라서 지지도가 낮은 후보들을 지지하는 응답자들은 군소후보들의 핵심지지자들이라고 할 수 있다.

이 표를 이용하여 앞에서 정의한대로 전략투표자의 비율을 확인하는 것이 가능하다. 그 결과가 〈표3〉이다. 우선 투표한 후보자보다 더 선호하는 후보가 있는

〈표3〉 범주별 전략투표자의 후보지지분포 (%)

유형		권영길	문국현	이명박	정동영	이회창	기타	인원(명)
A	선호지지	3.8	8.8	60.3	16.0	9.1	2.0	1,461
	차선지지	0.0	6.4	29.8	46.5	17.3	0.0	486
B	변화없음	2.8	8.3	53.3	22.2	11.8	1.6	1,748
	지지변화	2.6	7.1	48.5	36.2	5.1	0.5	196
C	진심투표	3.0	8.5	53.6	22.1	11.3	1.6	1,845
	전략투표	0.0	4.0	37.6	50.5	7.9	0.0	101
D	진심투표	2.9	8.5	53.4	21.7	11.9	1.6	1,713
	전략투표	2.2	6.1	47.8	37.8	5.7	0.4	230
	전체	2.8	8.2	52.8	23.6	11.2	1.5	100

주, A유형 : 차선후보에게 투표한 사례
　B유형 : 당선가능성으로 인한 지지후보변화 사례
　C유형 : 지지후보변화와 차선후보투표의 두 가지 조건 모두 만족 사례
　D유형 : B유형+후보선택 시 당선가능성 가장 중시하며 차선후보에게 투표한 사례

응답자비율이다. 아래의 표에서 A유형에 해당하며 전체적으로 그러한 응답자는 486명으로 전체투표자 1,947명 가운데 25%이다. 이들이 최선의 후보에게 투표하지 않았다는 점에서 전략투표의 가능성이 있다. 그런데 지지도를 기준으로 제 3의 후보에 속하는 이회창 후보의 진심투표비율이 9.1%인데, 차선후보를 지지한 응답자들 가운데서 이후보에 대한 전략투표비율이 무려 17.3%에 이른다. 제 3후보에게 오히려 전략투표비율이 더 높은 것은 전략투표 논리와 맞지 않는다. 또한 외국의 사례를 보아도 A유형처럼 전략투표 비율이 25%까지 이르는 경우는 거의 없다. 더욱이 이번 선거가 1, 2위 간의 경쟁이 치열하지 않았기 때문에 전략투표 비율이 특별히 높았을 이유도 없다. 따라서 A유형에는 전략투표자 이외에도 다른 요인들에 의한 차선후보선택의 응답자들이 다수 포함되어 있으므로 본 연구에는 타당한 기준이 되지 못한다.

 B유형은 조사기간 중 지지후보 변화가 있었고, 그 이유가 이전에 지지하던 후보의 당선가능성이 낮아서 지지후보를 바꾼 경우이다. 여기에 속하는 응답자는 196명으로 투표자의 10.1%에 해당한다. 이 기준에서 전략투표를 살펴보면 정동영 후보가 매우 유리했음을 알 수 있다. 예상한 바와 같이 진보세력의 표가 주로 선두권에 있는 정동영 후보에게 쏠리는 것을 확인할 수 있다. 특히 전략투표 분포에서 다른 후보들의 급격한 표 감소가 나타나지 않으면서 정후보의 득표가 늘어났다는 것은 진보성향의 유보층이 정후보에게 지지를 보냈던 것으로 보인다.

 그런데 B유형의 전략투표 기준은 앞에서 지적한 바와 같이 지지후보 변화가 없었던 모든 응답자들은 진심투표로 분류되는 문제를 가지고 있다. 따라서 이 유형에 속한 응답자들은 전략투표자 집단에 속하겠지만 다른 조건을 만족시키는 전략투표자들을 찾아야 할 필요가 있다.

 C유형은 제시된 유형 중 가장 엄격한 기준이 적용된 전략투표자들이다. 선거기간 중 지지후보 변경이 있었으며 그 이유가 이전 지지후보의 당선가능성이 낮기 때문이다. 뿐만 아니라 투표한 후보보다 더 만족도가 높은 후보가 따로 있다는

조건을 만족시키고 있다. 여기에 속한 응답자들은 당선가능성에 따라 후보자 선택을 변경하였고, 새로 선택한 후보가 가장 만족스런 후보는 아니다. 따라서 당연히 이러한 조건을 만족시키는 유권자는 가장 적어서 101명으로 투표를 한 응답자 중에서 5.2%가 여기에 속한다.

이 분류에 따라 전략투표를 계산해 볼 때 가장 눈에 띠는 것이 정동영 후보에 대한 전략투표의 쏠림현상이다. 이 정의에 따른 전략투표의 절반이 넘는 50.5%를 정후보가 획득했는데 다른 분류에서보다 정후보에 대한 전략투표의 비율이 훨씬 높다. 이것은 전략투표의 구성요건에 정후보가 가장 잘 들어맞았다는 것을 의미한다. 정후보는 진보성향의 다른 후보자들과 비교할 때 월등히 높은 당선경쟁력을 가지고 있었다.

1위였던 이명박 후보와 비교하면 지지도는 절반에도 미치지 못했지만 진보적 유권자들이 택할 수 있는 대안으로 유일한 후보가 정동영 후보였다. 따라서 열린우리당의 해체와 대통합민주신당 창당 그리고 경선과정에서의 갈등 등 대선을 앞두고 범여권의 급격한 정치변동과 내부적 갈등이 있었지만 다른 후보들의 당선가능성이 워낙 낮은 상황에서 정후보로의 쏠림은 어쩔 수 없는 것이었다. 특히 C유형에 속한 응답자들이 당선가능성으로 인해 지지후보를 변경했기 때문에 다른 후보를 더 만족스럽게 생각한다는 특성을 갖는데, 이러한 특성들이 범여권의 후보들이 처한 상황과 일치한다.

마지막으로 D유형에 속하는 응답자들은 두 가지 조건 중 하나 이상을 만족시키는 유권자들이다. 첫째로 당선가능성으로 인한 지지자 변경이 있었던 응답자들이다. 즉 B유형에 속한 응답자들 모두가 여기에 속한다. 그리고 두 번째 조건으로 후보선택에서 당선가능성을 가장 많이 고려했다는 응답자들 중 투표후보가 아닌 다른 후보를 더 선호하는 응답자들이다. 이 조건이 전략투표의 개념인 당선가능성이 높은 차선의 후보선택을 의미하므로 여기에 속하는 응답자들을 전략투표자로 포함시켜야 한다. 이 분류에 따르면 전략투표자는 전체투표자의 11.8%가 된다.

그리고 이들 투표자들은 진심투표와 비교해서 이회창, 문국현, 권영길 후보 등 제3후보를 선택하는 비율이 낮아져 전략투표를 했을 가능성을 확인할 수 있다.

이 글에서는 이상에서 4가지 범주의 전략투표자 구분 중 D유형의 전략투표자 구분을 채택하였다. A유형이 너무 포괄적인 구분으로 인해 전략투표자가 아닌 유권자들도 다수 포함이 되었고 그 결과 전략투표에서 제 3 후보인 이회창 후보의 투표비율이 늘어나는 등 전략투표의 특성이 전혀 나타지 않아 경험적 타당성이 낮다고 평가된다. B유형의 경우 지지변화가 없는 응답자들이 포함될 수 없어 전략투표자의 일부만이 이 범주에 속하게 되는 개념규정상의 문제가 지적된다. 그리고 C유형은 B유형의 문제를 그대로 가지고 있을 뿐 아니라 과도하게 엄격한 범주구분으로 인해 전체선거에서 전략투표의 영향력을 과소평가할 위험을 가지고 있다. D유형 구분의 경우도 전략투표의 순수개념에 따른 모든 응답자들은 모두 포함하고 있다고 할 수 없지만, 다른 구분들에 비해 배타성과 포괄성에서 우월하다고 볼 수 있다.

전략투표자의 인구통계학적 특성

전략투표에 관한 첫 번째 경험분석은 어떤 유권자들이 주로 전략투표를 선택하는지를 알아보는 것이다. 아래의 〈표4〉를 보면 우선 성별에 따른 전략투표자의 분포 차이는 없는 것으로 나타났다. 전략투표자의 비율이 전체적으로 11.9%인데 남자와 여자 유권자들 중 전략투표자 비율은 각각 11.2%와 12.5%로 별 차이가 나지 않았다.

연령별로는 전략투표자 비율이 차이가 나는데 젊은층에서 전략투표자 비율이 평균보다 높게 나타난다. 20세 층에서 전체평균보다 4%p 그리고 30대 층에서 2.5%p 이상 높은 것으로 확인되었다. 그리고 40대와 50대에서는 평균보다 전략

〈표4〉 인구통계학적 변수에 따른 전략투표자 비율

변수	항목	진심투표자	전략투표자	인원(명)	카이검증
성별	남	88.8	11.2	956	p = 0.36
	여	87.5	12.5	990	
연령	19~20세	84.0	16.0	374	p < 0.01
	30~39세	85.5	14.5	447	
	40~49세	91.5	8.5	458	
	50~59세	90.2	9.8	307	
	60세 이상	89.8	10.2	361	
학력	중졸 이하	89.0	11.0	472	p = 0.13
	고졸	89.4	10.6	719	
	대재 이상	86.2	13.8	756	
소득	100만 이하	88.3	11.7	214	p = 0.43
	100~199만원	89.2	10.8	297	
	200~299만원	89.3	10.7	459	
	300~399만원	85.7	14.3	398	
	400만원 이상	88.9	11.1	531	
	모름/무응답	82.6	17.4	46	
고향	서울	88.2	11.8	246	p = 0.39
	인천/경기	89.0	11.0	191	
	대전/충청	89.3	10.7	308	
	광주/전라	85.2	14.8	405	
	대구/경북	89.9	10.1	338	
투표 여부	부산/울산/경남	90.0	10.0	291	
	제주/강원	89.6	10.4	135	
이념 성향	진보	84.8	15.2	433	p = 0.00
	중도	86.2	13.8	665	
	보수	91.4	8.6	848	
	전체	88.1	11.9		

투표 비율이 낮다. 따라서 20대와 40대 사이에 전략투표 비율의 차이는 7.5%p로 나타났다. 40대와 50대는 젊은 층과 비교해서 상대적으로 이념성에 충실하다. 따

라서 투표결과를 의식한 후보선택보다는 후보자와 이념적 일체감을 중시하며 정치적 의사를 표출하는 자체에 비중을 둔다. 따라서 중년층은 젊은 층에 비해 진심투표비율이 높은 것은 당연하다. 이에 비하여 젊은 층은 후보선택에서 상대적으로 이념적 유대감에 대한 의존도가 약하며, 자신이 택한 후보가 당선되는 것을 중시하는 성향을 가지고 있다.

학력변수를 보면 학력이 대재이상의 응답자들이 조금 더 전략투표 성향을 보이는 것으로 나타났다. 그런데 학력변수는 그 자체가 원인이라기보다는 연령변수와 높은 상관관계로 인해 나타나는 결과로 추측된다. 그리고 소득분포에 따른 전략투표 역시도 별 차이를 보이지 않는다. 응답자들의 고향변수 중에는 통계적으로 유의하지는 않지만 다른 지역보다 광주와 전라지역에서 다른 지역보다 전략투표의 비율이 높게 나오는 것이 눈에 띤다. 이러한 현상은 친여성향의 호남에서 후보선택에 다양한 요소들이 고려되었으며, 그 이유 중 가장 중요한 것이 진보적 후보들의 낮은 당선가능성 때문이다.

무엇보다 전략투표에 두드러진 영향을 미친 변수로 파악되는 것은 이념변수이다. 진보이념의 유권자들 중 15.2%가 전략투표자로 분류되는데 비해 중도이념의 유권자들과 보수이념의 유권자들 중에서는 각각 13.8%와 8.6%만이 전략투표자로 구분되었다. 이러한 결과는 진보적 유권자들 가운데서 지지하던 후보의 당선가능성이 높지 않기 때문에 후보변경이 자주 발생하였으며, 선택한 후보자에 대한 만족도가 높지 않는 등 후보지지구도가 불안정했다는 것을 보여준다.

반면에 보수적 유권자들 중에서 전략투표자 비율이 낮은 것은 이명박 후보의 월등한 지지도로 인해 지지후보가 안정적으로 유지되었고 더불어 후보만족도 역시도 낮지 않았다는 것을 보여준다. 이론적으로 생각하면 중도이념의 응답자들이 이념변수에 영향을 덜 받기 때문에 후보자의 당선가능성을 더 중시하고 따라서 지지후보 변경도 더 자주 발생할 것으로 예측할 수 있다. 그러나 보수적 유권자들의 전략투표 비율이 더 낮았는데 이는 이명박 후보의 높은 지지 속에서 보수적 유권자들 가운데 전략투표를 할 여지가 있는 유권자들이 많지 않기 때문이라고 할 수 있다.

전략투표자의 정치적 특성

전략투표자의 두드러진 특징 중 하나가 당선가능성에 따른 투표선택을 했기 때문에 자신이 선택한 후보에 대한 만족도가 낮다는 것이다. 따라서 이 글에서 규정한 개념대로 진심투표자와 전략투표자들 사이에 지지하는 후보만족도가 통계적으로 차이가 나는지를 확인해 볼 필요가 있다. 아래의 〈표5〉에 나타난 결과를 보면 진심투표자의 만족도 평균은 3.1점이고 전략투표자는 2.6점이다. 두 집단의 만족도 평균은 0.51점 차이를 보이며, 그 차이는 통계적으로 유의하다. 따라서 진심투표자들과 전략투표자들 사이에 지지한 후보자 만족도에는 차이가 있으며 진심투표자의 만족도가 더 높다고 할 수 있다.

좀 더 자세히 설명하면 5점 만점의 설문응답에서 3점이면 '어느 정도 만족한다'는 것을 의미하므로 진심투표자의 3.1점은 전체적으로 투표자들이 자신이 택한 후보에 만족한다는 것으로 볼 수 있다. 〈표6〉을 보면 빈도수를 통해 분석해 보아도 진심투표자 가운데 단지 15.8%만이 자신이 선택한 후보자에 대해 만족하지 못했다는 부정적 평가를 하였다. 반면에 전략투표자들 가운데는 40%가 넘는 유권자들이 자신이 선택한 후보에 대해서 만족하지 못하였다. 뿐만 아니라 매우 만

〈표5〉 투표유형에 따른 후보만족도 평균비교 (t-test)

F	유의확률	t	자유도	유의확률 (양쪽)	평균차	차이의 표준오차
5.69	0.02	10.79	301.32	0.00	0.51	0.05

〈표6〉 투표유형에 따른 만족도 분포 (%)

	매우 만족	대체로 만족	별로 만족못함	전혀 만족못함	인원(명)
진심투표	28.2	55.9	14.0	1.8	1,697
전략투표	5.7	52.4	38.0	3.9	229
전체	25.5	55.5	16.9	2.1	1,926

족하는 유권자 비율도 진심투표자와 전략투표자 사이에 큰 차이를 보인다. 진심투표자들 중에서 선택한 후보에 대해 매우 만족하는 비율은 28%가 넘는데 이는 전략투표자들 중 선택후보에 매우 만족하는 응답자 비율에 5배가 넘는다.

투표선택에 중요한 요인으로 후보자 개인적 요인과 정당적 요인을 꼽을 수 있는데 전략투표가 후보자의 당선가능성을 중시한다면 정당으로부터 자유로워야 전략투표를 선택하기가 용이할 것이다. 아래의 〈표7〉을 보면 전략투표자 중 한나라당 지지자들의 분포는 32.5%로 진심투표자의 한나라당 지지비율 51.4%에 비해 훨씬 낮다. 반면에 전략투표자들 중 대통합민주신당을 지지하는 비율을 18.6%로 진심투표자들의 정당지지율 14.4%보다 높다. 이처럼 상대적으로 한나라당 지지비율이 진심투표자들에게서 높고 대통합민주신당에 대한 상대적 지지비율이 전략투표자들에게서 높은 것은 전략투표가 대통합민주신당에 도움이 되었다는 것을 보여준다.

〈표7〉 투표유형에 따른 정당지지분포 (%)

	한나라당	대통합민주신당	민주노동당	창조한국당	민주당	지지정당 없음	기타
진심투표	51.4	14.4	6.5	2.4	2.1	22.1	1.3
전략투표	32.5	18.6	7.4	4.8	3.9	31.2	1.7
전체	49.1	14.9	6.6	2.6	2.3	23.1	1.3

또한 지지하는 정당이 없는 응답자의 비율이 23.1%인데 전략투표자들 가운데 무당파의 비율은 31.2%로 월등히 높은 비율을 보이고 있다. 이는 전략투표의 개념이 규정한 바와 같이 당선가능성이 후보선택에 중요한 요건이 되므로 지지하는 특정정당이 없는 응답자들의 전략투표 가능성이 훨씬 높다는 것을 경험적으로 보여주는 경험적 증거가 된다.

이처럼 투표선택 유형에 따라 지지정당 분포에 차이가 나는 것은 정당 그 자체가 전략투표를 유도하는 속성을 가져서가 아니라 이번 선거가 당선율 예측에 따른 지지후보 변화 등이 범여권 지지자들에게 전략투표의 동인이 되는 구조였기 때문이다. 이러한 주장을 뒷받침하는 증거로 진심투표자들의 이념성향 평균점수는 5.61점인 것과 비교하여 전략투표자들의 이념점수는 5.07점으로 상대적으로 더 진보적인 것을 확인할 수 있다.[2]

투표유형과 관련하여 투표의사를 추론해보면 진심투표자에 비해 전략투표자들이 투표의사가 낮을 것으로 예상된다. 진심투표자들은 유권자 자신이 원하는 그대로 투표를 선택하기 때문에 내적인 갈등이 없다. 반면에 전략투표자는 자신이 가장 선호하는 후보가 있음에도 불구하고 싫어하는 후보가 당선되는 것을 막기 위해서 혹은 가장 선호하는 후보를 택했을 때 자신의 표가 낭비되는 것wasted vote을 막기 위해 차선후보 선택하기 때문에 투표 참여동기는 작아진다.

아래의 〈그림2〉는 이러한 추론을 경험적으로 증명해 주고 있다. 전략투표자에 속한 응답자들은 투표선택에서 내부적 교차압력에 놓이게 된다. 가장 선호하는 후보를 택하려는 의사와 차선의 후보를 택함으로써 투표효용을 높이려는 투표결정 기재가 동시에 작용하게 된다. 이런 두 가지 선택방식 중 하나를 택할 필요가 없는 유권자들은 진심투표자들이다. 그리고 두 가지 선택기재 중 전자의 결정기제를 따른다면 진심투표가 되는 것이고, 후자의 결정방식을 따르면 전략투표가 된다.

5번에 걸친 조사에서 전략투표의 범주에 속한 응답자들의 투표의사는 한 번

〈그림2〉 투표유형에 따른 투표의사

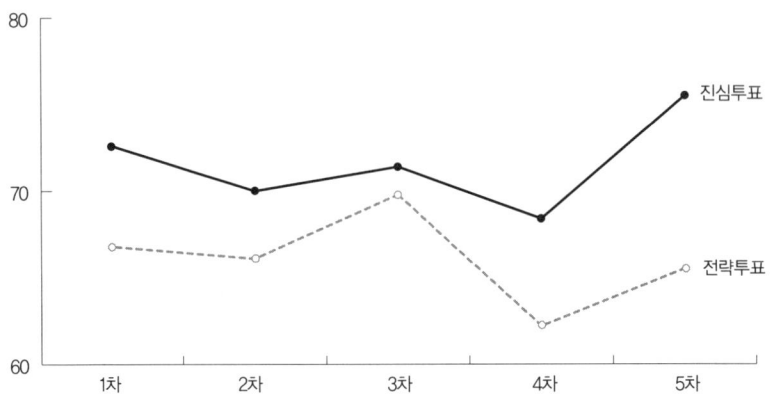

도 진심투표자의 투표의사보다 높지 않았다. 특히 4차 조사에 즈음하여 이회창후보가 출마하고 선거완주를 선언하였다. 이회창 후보의 출마로 보수세력의 지지가 오히려 확산되어 이명박 후보의 지지도는 별 변화가 없는 상태에서 이회창 후보의 지지가 여권의 선두주자인 정동영 후보와 비슷한 수준에 이르면서 여권의 전략투표자들의 투표동기가 저하되었다. 그러한 상황이 4차 조사에서 특히 전략투표자들의 투표의사가 적어진 것으로 반영되었다. 그리고 이후 이명박 후보의 당선가능성이 높아질수록 전략투표자들의 투표동기는 더 위축되어 진심투표자와 전략투표자들 사이의 투표의사 차이는 더 벌어지게 되었다.

전략투표자의 투표선택

전략투표를 선택한 유권자의 비율이 얼마나 되는가 그리고 그들은 어떠한 특징을 갖는가를 살핀 이후에 연구관심은 전략투표가 각 후보별로 어떻게 이루어졌

<표8> 전략투표자들의 후보선택 (5차, 6차 조사)

6차 5차	권영길	문국현	이명박	정동영	이회창	무응답	전체
권영길	1	1	7	4	1	0	14
문국현	4	4	9	23	1	0	41
이명박	1	2	49	6	1	1	60
정동영	0	0	5	34	1	1	41
이인제	0	0	2	2	0	0	4
이회창	0	1	20	9	6	0	36
기타후보	0	0	1	1	0	0	2
무선택	0	5	10	5	2	0	22
무응답	0	2	7	2	1	0	12
전체	6	15	110	86	13	2	232

는가 하는 것이다. 아마도 궁극적인 관심은 전략투표로 인하여 선거결과가 달라졌는가 하는 것이다. 이번 17대 대선에서는 선거결과 1위인 이명박 후보의 득표율(48.7%)이 2위인 정동영 후보의 득표율(26.1%)보다 20% 이상 앞섰기 때문에 전략투표를 통한 선거결과 변화는 기대할 수 없었다. 선거직전까지의 여론조사에서도 1, 2위 후보들 사이의 차이는 선거결과와 다르지 않았다.[3]

위의 표는 선거직전 5차 설문과 선거후 6차 설문에서 전략투표를 한 것으로 분류된 응답자들의 최종투표선택 분포이다. 각 칸에 제시된 수자는 응답자 빈도이므로 지지변화를 수치로 계산하는 것이 가능하다. 예를 들어 권영길 후보는 5차 조사에서는 전략투표자들 중 14명의 지지를 받았지만 6차 조사에서는 6명의 지지를 받아 8명의 지지가 감소하였다. 그나마 5차에서 권후보를 지지했던 유권자 가운데 지지를 유지한 경우는 단 1명뿐이고 문국현 후보로부터 4명의 새로운 지지자가 이동하였다.

위의 <표8>에서 확인할 수 있는 것은 전략투표자들이 선거시점에 제 3후보에 대한 지지를 철회했다는 사실이다. 문국현, 이회창후보를 제 3후보로 간주하고 지지기반을 중심으로 분류해보면 정동영 후보가 문국현 후보에 대한 당선가능성 높은 대안으로 인식되고, 이명박 후보가 이회창 후보에 대한 당선가능성 높은 대안으로 생각할 수 있다. 문후보는 5차 조사에서 전략투표자 41명의 지지가 있었지만 6차 선거에서는 15명으로 감소하여 26명의 지지손실이 발생하였다. 그리고 37명의 이탈자들 중 23명이 정동영 후보에게로 이동하였다. 이회창 후보의 경우를 보면 36명의 지지가 13명으로 감소하여 23명의 감소가 있었는데, 30명의 지지자가 이탈하고 7명의 새로운 지지자를 획득한 것이다. 이탈자 30명 가운데 20명이 이명박 후보의 지지로 돌아섰다.

전략투표의 정의에 따르면 선두집단의 후보들은 전략투표로 인해 선거결과에서 이득을 볼 것으로 예측된다. 따라서 17대 대선에서 보수진영의 이명박 후보와 진보진영의 정동영후보가 전략투표로 인한 지지의 증가가 있었는지 확인해 보았다. 이명박 후보는 5차 조사에서 전략투표자들 가운데 60명의 지지를 받았는데 선거에서는 110명으로 지지가 늘어났다. 여기에는 이회창 후보로부터 지지를 변경한 20명이 큰 역할을 하였다. 한편, 정동영 후보의 경우에도 5차 조사에서 41명의 지지를 받았지만 6차 조사에서는 86명의 지지를 획득하여 무려 45명의 지지가 증가하였다. 그리고 이러한 지지증가에는 문국현 후보로부터 지지를 변경한 23명이 전체 지지증가의 절반을 차지한 셈이다.[4]

이상에서 분석한 결과가 타당성을 갖기 위해서는 이들이 전략투표자라는 것을 확인해야 한다. 이를 위한 경험적 자료로 사용할 수 있는 것이 지지변경 응답자들의 후보만족도이다. 만일 6차 조사에서 지지를 변경한 이유가 당선가능성 이외에 다른 이유라면 새로 지지하게 된 후보에 대한 만족도가 더 높게 나타날 것이다. 그렇다면 이들의 이동은 전략적 계산에 의한 지지변경이 아닌 것으로 보아야 한다. 아래의 〈표9〉는 이명박 후보와 정동영 후보를 택한 전략투표자들이 각 후보에 대해 느끼는 만족도 점수의 평균이다. 후보만족도 점수는 6차 조사에서 질

〈표9〉 지지변경한 전략투표자들의 후보선호

이회창 → 이명박 선택			문국현 → 정동영 선택		
정동영	이명박	이회창	이명박	정동영	문국현
3.36	5.71	6.11	2.38	5.65	7.32

문한 것이므로 5차 조사에서 후보지지를 변경하기 전에 응답자들이 가졌던 만족도와 다르다.

    이회창 후보에서 이명박 후보로 지지를 변경한 전략투표자들이 가지는 만족도는 이회창 후보에게서 더 높다. 10점을 매우 만족으로 측정한 질문의 기준에 따르면 이들 전략투표자들은 이회창 후보에 대해 6점이 넘는 수준에서 만족을 하고 있지만 투표선택을 한 이명박 후보에 대해서는 5.7점에 그치고 있다. 이처럼 낮은 후보만족에도 불구하고 이명박 후보를 선택한 것은 당선가능성이라는 요인이 결정적인 역할을 했다고 설명하는 것이 타당하다. 이들의 정동영 후보에 대한 선호는 부정적인 3.4점으로 정후보가 당선되지 않기를 원하였다.

    이러한 선호구조는 정동영 후보로 지지를 변경한 전략투표자들 사이에서도 마찬가지로 나타난다. 5차 조사에서 문후보를 택했지만 6차 조사에서 정동영 후보에게 투표한 응답자들의 후보자 선호를 보면 문후보에 대한 만족도가 7점이 넘을 정도로 높은 만족을 보이지만 정후보의 경우는 중립을 약간 넘어서는 정도이다. 이처럼 후보평가에 차이가 있음에도 불구하고 선거에서 차선의 후보에게 투표를 한 이유는 경쟁자인 이명박 후보가 당선되는 것을 막으려는 의도로 보아야 한다. 이명박 후보에 대한 이들의 선호점수는 2.4점으로 기피정도가 상당히 높은 수준이다.

결론

이 글은 유권자들이 투표결정은 선거제도나 선거경쟁구도 등 다른 요인들을 배제한 채 단지 자신이 가장 선호하는 후보를 선택하는 진심투표의 선택방식만이 아니라는 주장에서 출발하였다. 유권자들이 원하는 것은 주어진 여건 속에서 투표를 통해 가장 높은 효용을 얻고자 하는 것이다. 그렇다면 단순다수대표제의 선거제도 속에서 높은 효용을 얻기 위해서는 후보자들의 당선가능성을 고려하는 것이 무엇보다 중요하다. 왜냐하면 대통령선거와 같이 단 한 명의 당선자가 모든 것을 다 얻는 winner-take-all 제도 속에서 유권자의 표가 사표(死票)가 된다는 것은 기권한 것과 다를 바가 없기 때문이다. 물론 천만명 이상이 참가하는 대통령선거에서 유권자 개인의 한 표가 선거결과를 바꿀 수는 없다. 그렇지만 투표참여를 결정한 후에는 자신의 표의 유용성을 높일 수 있도록 전략을 고안하는 작업은 합리적 행위가 된다.

다수당체제에서 유권자들은 만일 자신이 가장 선호하는 정당후보가 당선될 가능성이 없고 두 번째와 그 이하로 선호하는 정당후보들 사이에 치열한 경쟁이 있다면 유권자는 두 번째 선호하는 정당을 선택하게 된다는 것이다. 이러한 합리적 행위를 전략투표 strategic voting, 혹은 세련된 투표 sophisticated voting 라고 부른다.

다른 선거제도에서뿐만 아니라 소선거구제 다수득표 방식의 투표제에서도 전략투표에 관한 여러 가지 이론적 모형이 제시되었다(Cox 1994; 1997; Myerson & Weber 1993). 기본적으로 전략투표가 발생하기 위한 조건은 다수의 후보자가 존재해야 한다. 구체적으로 양당제가 강한 국가에서는 예비선거에서 다수의 후보자가 등장하는 경우가 되며(Abramson et. al. 1992), 본 선거에서는 제 3당 후보가 등장한 구도 속에서 전략투표의 가능성이 생긴다(Cain 1978; Galbraith & Rae 1989). 전략투표의 이론적 정의에 대해서는 비교적 합의를 이루기 쉽지만 경험적으로 전략투표를 정의하는 것은 쉽지 않다. 특히 전략투표를 명확히 구분하기 위해서는 설문을 통한 개인 유권자 분석이 필요한데, 설문문항이 어떻게 구성되어야 하는가에 대해 학자들 사이에 합의가 이루어져 있지 않다. 따라서 전략투표의 범주를 어떻게 정하는가에 따라 전체투표에서 전략투표의 비율이 달라지고, 나아가서는 선거결과에 전략투표가 어떤 영향을 미쳤는지에 대해 아직 논의할 여지가 많다.

이 글에서는 전략투표자들을 구분하기 위해 몇 가지 제안을 하였다. 각 유형 구분이 나름대로 타당성을 갖지만 한편으로는 너무 광범위하게 규정하거나 혹은 너무 엄격한 개념규정으로 인하여 포함되어야 할 대상이 제외되는 문제가 발견되었다. 따라서 이 글에서 택한 전략투표자의 범주는 첫째, 명백히 당선가능성으로 인해 후보자지지를 변경하였거나 둘째, 지지변경은 없었지만 후보선택에 당선가능성을 가장 중요하게 생각하며 동시에 선택한 후보보다 더 긍정적으로 평가하는 후보가 있다고 답변한 응답자들로 정하였다. 이같은 개념이 이론적 개념을 완전하게 조작적으로 정의했다고 할 수는 없지만 조사된 설문항에 바탕을 두고 타당성 있는 구분이라고 판단하였다.

이러한 개념을 바탕으로 응답자들을 분석해보면 이번 17대 대선에서는 진보진영에서 전략투표의 경향이 높았던 것으로 나타났다. 젊은 층과 이념적으로 진보적인 응답자들이 전략투표 행태를 택한 경우가 많이 나타났다. 이러한 현상은 보수적인 이명박 후보의 지지도가 월등히 앞선 선거판세에서 이후보의 당선을 막기 위해서는 정동영 후보에 대한 만족도를 따지기 전에 다른 진보진영 후보보다 당선가능성이 상대적으로 높았던 정후보에게로 집중되는 현상이 나타난 것이다. 이러한 대세 속에서 문후보의 지지는 감소하고 정후보로의 지지수렴현상이 발생하였다.

한편, 보수진영에서 이회창 후보는 제 3의 후보로 자리매김되어 당선가능성이 높은 이명박 후보로 표의 쏠림현상이 나타날 가능성이 있었다. 특히 선거막판 BBK 소유에 관한 이명박 후보의 동영상이 공개되면서 이후보의 당선가능성에

위기를 느꼈던 응답자들을 중심으로 이후보에게로 표가 몰릴 수 있었다. 당선가능성을 높이기 위한 이명박 후보 지지증가는 최대의 효용을 얻고자하는 기재보다는 최악의 상황을 피하고자 하는 욕구 mini-max regret로 보아야 한다. 그러나 이회창 후보의 등장 자체가 보수의 세분화를 의미했고, 이회창 후보 지지자들 가운데서는 정동영 후보의 당선은 막아야 하지만 이미 이명박 후보의 당선이 확실시 되므로 향후 정치를 염두해서 이회창 후보에게 투표한 유권자들도 상당 수 있었을 것으로 생각된다.

요약하면 이명박 후보의 당선가능성이 확실한 선거구도 속에서 선거중반에 출마를 선언한 이회창 후보를 지지한 응답자들 가운데 이전에 이명박 후보를 지지하던 이들이 무려 51.4%나 되며, 이들은 이명박 후보 지지자의 14.1%에 달한다. 이들 변경유권자들의 이회창 후보 선호점수는 6.48점으로 이명박 후보 선호점수 6.10점과 차이를 보이고 있다. 그러나 이들의 기타 다른 후보에 대한 선호점수는 5점대 이하로 만일 두 이후보를 제외한 다른 후보의 당선가능성이 높아진다면 당선가능성이 높은 한명의 이후보에게 집중될 수 있는 집단이라고 볼 수 있다. 정동영 후보에 대한 전략투표가 가장 많이 발생한 이유는 진보적 유권자들에게 당선가능성에 관해서는 다른 대안이 전혀 존재하지 않았기 때문에 정후보에게 지지를 보낼 수밖에 없는 구조였다.

이번 선거에서 전략투표자들의 특성은 기존의 서구선거연구에서 밝혀진 바와 크게 다르지 않았다. 앞의 표에서 본 바와 같이 당선가능성이 적은 후보를 가장 선호할 때 일부 유권자들은 자신의 표가 낭비되는 것을 막기 위하여 당선가능성에 따라 차선의 후보로 지지를 변경하기도 한다. 그러나 이들의 후보만족도는 이전 지지후보에게 더 높다는 점에서 전략투표는 선거제도에 의한 유권자 의사의 왜곡된 표출이라고 볼 수 있다.

〈부록〉 진심투표자들의 후보 선택 (5차, 6차 조사)

5차＼6차	권영길	문국현	이명박	정동영	이인제	이회창	다른후보	무응답	전체
권영길	26	4	0	6	0	3	0	0	39
문국현	10	97	1	7	1	3	1	0	120
이명박	4	12	827	11	0	11	1	3	869
정동영	0	2	8	278	0	1	0	1	290
이인제	0	0	1	0	5	0	0	0	6
이회창	0	6	16	6	0	161	0	0	189
다른후보	0	1	1	0	0	1	3	0	6
기권	0	1	1	1	0	0	0	0	3
무선택	8	14	36	53	1	21	1	6	140
무응답	2	10	25	10	0	4	0	5	56
전체	50	147	916	372	7	205	6	15	1,718

1) 얼마나 많은 유권자들이 전략투표를 할 것인가에 대해 회의적인 시각도 존재한다. 개인의 전략적 선택이 전체선거에 얼마나 영향을 미칠 수 있는가를 계산해 본다면 워낙 그 영향력이 작아 전략투표를 할 유권자는 거의 없을 것으로 생각된다(Ferejohn & Fiorina 1974). 이러한 주장 속에는 전략투표는 유권자 자신의 한 표가 선거결과를 바꾸는 데 중요한 역할을 한다는 계산이 있어야 가능하다는 의미이다. 그러나 이러한 주장의 논리는 유권자가 투표결과를 바꿀 능력이 없다는 투표자체에 참여하지 않는다는 고전적 합리적 유권자 논리와 다르지 않다.

2) 가장 진보를 0, 중립을 5 그리고 가장 보수를 10점으로 6차 조사에서 유권자들이 자신들의 이념을 주관적으로 스스로 평가한 설문결과이다.

3) 동아일보 2007년 12월 10일 보도에서 이명박 후보는 41.4%, 정동영 후보 14.2% 그리고 이회창 후보 13.2%였다. 다른 주요언론의 조사도 큰 차이가 없었다.

4) 이 결과를 전략투표자가 아닌 집단과 비교하면 그 차이를 뚜렷이 알 수 있다. 진심투표자의 5차와 6차 지지변경에 관한 자료는 〈부록〉을 참조할 것

7

'부동층 집단'의 세분화를 통한 '부동층'의 이해

진 영 재

서론

선거에서 '부동층'(浮動層)의 성격이나 특성을 파악하기 위하여, 일반적으로 사용하는 방법은 부동표적 성향을 갖는 유권자들이, 그렇지 않은 유권자들과 비교하여 어떠한 차별적 행태를 보이는 가에 집중된다. 어떤 특정 기준에 의하여 부동표로 분류되는 유권자들을 선정하여 이들에 대한 행태분석이 부동층 연구의 기본적 출발점이다.[1] 이러한 류(類)의 연구들은 부동표로 분류되는 유권자들과 부동표가 아닌 유권자들을 비교하여 '정치적 무의미감' political meaninglessness, '정치적 무력감' political powerlessness이 강한지 아닌지를 판단하게 되거나, 아니면 특정 연령, 성별, 지역, 직업, 재산정도와 같은 사회-경제적 속성과 관련이 있는 지를 판명하게 된다(진영재 1998; 2002). 하지만, 이러한 류(類)의 학문적 분석은 현재 한국 정치상황에서의 부동층과 관련하여 몇 가지 미흡한 점이 있다.

첫째는 한국 정치문화의 특성과 관련하여서이다. 유권자들이 아직 누구를 찍을지 마음을 못 결정했다고 대답하는 경우에도 사실상 마음속에 이미 누구를 지지해야 할지 결정한 경우가 있다. 처음 지지한 후보가 마음에 들지 않아서 지지한 후보를 바꾸었다가도 결국에는 원래 지지한 후보로 돌아오는 경우도 있다. 전자의 경우는 한국 문화가 여전히 자신의 의중을 쉽사리 내보이지 않는다는 측면과 관련이 있을 것이다. 후자의 경우는 정치적 혐오감 수준이 높은 한국 유권자들에게 정해놓고 지지할 만한 후보자가 많지 않아서 '가장 좋은 후보자를 선택하기' 보다는 '덜 나쁜 후보자를 선택하기'의 경향과 관련이 있다. 원래 지지했던 후보자가 썩 마음에 들지 않아서 마음을 바꾸었지만 그 사람이 그 사람이어서 그래도 원래 지지했던 사람이 괜찮은 것 같은 심리와 관련이 있는 것이다. 따라서 이러한 한국적 상황에서의 부동층이 처음에 선택했던 후보를 어떻게 바꾸고 있는지, 아니면 다른 후보를 선택했다가도 다시 원래 지지후보로 돌아오는지를 살펴볼 필요가 있다.

 두 번째는 실용성의 문제로, 전형적인 부동층 행태분석이 일반적인 관심과는 거리가 있다는 점이다. 즉, 한국정치상황에서 부동층 분석에 대한 가장 핵심적 관심은 선거과정에서 부동층이 어떻게 움직이고 있는지에 대한 것이다. 앞에서도 지적했듯이, 어떤 후보자의 지지자들이 다른 후보자로 마음을 바꾸었다거나, 아니면 어떤 후보자의 지지자들이 마음을 바꾸었지만, 완전히 바꾼 것이 아니어서 결국에는 원래 지지했던 후보자를 지지한다던지 하는 것에 대한 관심도 중요하지만, 또 다른 중요한 연구 주제는 비슷한 성향의 후보자들간에 그리고 서로 다른 성향의 후보자간들 간에서 표가 어떻게 이동하고 있는지에 대한 파악이 필요하다는 점이다. 예를 들면, 이번 17대 대선의 경우 보수 진영의 이회창 후보가 출마 선언을 한 이후에 보수진영의 이명박 지지표가 이회창 후보 지지표로 어떻게 이전했는지에 대한 관심이 많았다. 소위 김대중-노무현 진보-좌파 정권으로부터의 교체가 필요한 시점이라고 여기는 유권자들은 이회창의 표가 같은 보수 진영의 이명박 표를 잠식하여 또 다시 보수 진영으로의 정권교체는 어려운 것이 아닌가 하는 주장을 하였다. 반대로, 이명박의 BBK 사건 때문에 진보 진영의 정동영 후보에게 역전당할 수도 있는데, 오히려 이회창이 출마함으로써 정동영의 표를 잠식할 수 있으며, 정동영을 3위로 밀어내기 때문에 보수 진영의 승리가 더 확실해질수도 있다는 주장도 있었다. 또한 상대적 진보 진영인 정동영 후보의 표를 이해함에 있어서 어차피 사표로 인식되는 민노당 권영길 후보의 표가 어떻게 이동될지도 중요한 관점이었다. 이렇게 볼 때, 부동층 유권자들의 표가 유사한 성향을 보이는 후보자들끼리 표를 나누어 갖는 것인지, 아니면 상이한 성향을 보이는 다른 후보자에게도 표가 옮겨갈 수 있는지에 대한 분석은 부동층 연구의 한 중요한 주제가 된다. 이러한 연구가 행해지지 못했던 근본적인 이유는 유권자 인식 설문자료의 한계에 있었다. 설문자료가 동일한 사람들을 대상으로 시차를 두고 추적조사를 해야만 그들이 지지후보에 대한 마음을 바꾸고 있는지, 바꾸었다가 다시 원래의 지지후보로 돌아왔는지를 파악할 수 있기 때문이다. 소위 패널자료가 필요한 것이다.

패널자료를 이용할 수 있는 본 연구의 목적은 두 가지로 정리된다. 첫째, 부동층 유권자들 내에서 소집단으로 나누어 "원래 지지했던 후보에서 다른 후보로 바꾼 부동층 집단"과 "원래 지지했던 후보에서 마음을 바꾸었다가 다시 원래 지지후보로 바꾼 부동층 집단"을 비교하는 것이다. 둘째, 첫 번째의 상황에 추가하여, 한국의 부동층이 "비슷한 성향의 후보자들 사이에서 움직이는 부동층 집단"과 "서로 다른 성향의 후보자들로 옮겨가는 부동층 집단" 등으로 세분화하여 이들 관계의 조합을 통하여 전체 부동층을 이해해 보고자 한다.

정의(正義)와 모델링 Modeling

본 연구에서 다루는 부동층의 의미는 '지지후보를 변경하는 유권자'들을 의미한다. 어떤 특정 시점에서 특정 후보를 지지하는 의사표시를 하고 있지만, 또 다른 이후의 시점에서는 이전에 지지했던 후보를 바꾸는 유권자들을 의미하는 것이다. 또 다른 그 이후의 시점에서 원래 지지했던 후보자로 다시 지지를 바꾼 경우도 부동층에 포함된다. 따라서 본 연구에서의 부동층이란 어떤 한 시점을 기준으로 한 것이 아니라 시계열 상에서 정의되는 개념이다.

'지지후보를 변경하는 유권자들'이란 여전히 포괄적인 집단 개념으로 이는 여러 종류의 하위 집단들로 구성된다는 가정에서 출발한다. 여기서 가정은 이론적, 경험적 배경에서 추론된 것임은 물론이다. 본 논문의 연구 방법과 개념은 한국정치사 및 기존 이론들과 관련하여 몇 가지의 추론이 가능하며, 앞서서 제시된 연구 목적의 두 가지 내용과도 다음과 같은 관련성을 맺고 있다.

첫째, 브라운 Courtney Brown 은 정치적 변화는 정치체계의 '유동성의 정도' level of volatility 와 관련성이 있으며, 이는 궁극적으로 선거과정상에 나타나는 유권자들이 유동성의 정도를 통해서 판단할 수 있음을 지적하였다. 이러한 주장의 내용이 매우 상식적이고 평범한 것이나, 그는 그러한 주장을 함에 있어서 정형이론 formal theories, 불확실성의 이론 chaos theories 들을 통계적 증거들과 조합하여 그의 주장을 뒷받침하였다 (Brown 1991). 방법론적인 특수성과는 별도로 브라운이 주장하는 논리의 우선 단위는 유동성을 나타내는 하나의 커다란 집단을 현실적 적합성이 있는 범위 내에서 이를 구성하는 소집단이 무엇인지를 개념적으로 분류해내는 것이었다. 본 연구에서는 부동층을 우선적으로 '마음을 바꾼 후 돌아오지 않는 집단' (비회귀성 부동층)과 '마음을 바꾸었지만 이후 다시 돌아온 집단' (회귀성 부동층)으로 나누어서 부동층을 이해해 보고자 한다. 특히 한국 대통령 선거는 '제도화된 정당들 간의 경쟁이 아닌, 인물 위주의 후보자 경쟁으로의 특성'을 가지고 있어서 선거과정에서의 후보자를 에워싼 사건들에 민감하다. 이를 위해서 후보자에 대한 '비회귀적 부동층'과 '회귀성 부동층' 사이의 구분은 부동층의 이해에 유용한 개념적 구분이 된다.

둘째, 경쟁하는 후보자들 간, 정당들 간에서 나타나는 유동성의 특성에 관한 문제이다. 비슷한 이념성향을 갖는 정당들 간에 일어난 유동성이 큰지, 아니면 상이한 이념성향을 갖는 정당들 간에 일어난 유동성이 큰지에 대해서 알아보는 것이다. 이는 일찍이 메어 Peter Mair가 논했던 '내부에서의 유동성' intra-volatility과 '외부와의 유동성' inter-volatility란 개념에서 유추된 것이다 (Mair 1993). 메어는 유럽좌파 정당들의 득표율이 과거보다 감소하였지만, 결국 기존 좌파정당이 아닌 좌파와 유사한 성향을 지닌 다른 정당들로 표가 분산되기에, 유권자들의 투표행태가 '(좌파)내부에서의 유동성'은 높지만, '좌파-우파 간의 유동성'은 낮을 수 있다고 주장한바 있다. 즉, 어떤 정치체계 내에서 유권자의 표가 마음에 드는 후보자 사이에서 무작정 움직이는 것이 아니다. 처음에 선택하였던 후보자가 마음에 들지 않는 경우 비슷한 성향의 또 다른 후보자로 움직일 가능성이 큰 것이다. 어떤 유권자가 처음에 선택한 후보자가 우파 성향이었으면, 처음에 선택한 우파 후보자가 마음에 들지 않는 시점에선, 좌파성향의 또 다른 후보자로 표를 변경할 가능성보다 우파성향의 또 다른 후보자로 표를 변경할 가능성이 높을 수 있다. 물론 이념에 상관없이 자유롭게 후보자를 변경할 수도 있을 것이다.

한국의 선거정치에서도 이제 이념성향변수는 지역주의 투표행태와 비교되는 또 다른 주요한 양대 변수일 것이다. 대선과정에서 후보자들은 보수성향이다 진보성향이다 라는 관점 속에서 유권자들에게 인지되고 있다. 이념 성향의 경우 자신의 이념을 바꾸기는 쉽지 않지만, 자신과 같은 이념 성향을 가진 후보자들 사이에서 유권자들은 시점에 따라서 (선거과정상에서 후보자들 사이에서 일어나는 다양한 사건들을 보면서) 마음을 바꿀 수 있는 것이다.

이상 두 가지 사항을 종합적으로 고려한다면, 주제에 맞는 적합한 모델링은 다음과 같이 표현될 수 있을 것이다.

(1) 우선 본 연구의 관심대상인 부동층이란 지지후보를 변경하는 유권자들이

며 이는 다음과 같이 표현된다.

$$V_f = X + Y \quad \cdots\cdots\cdots\cdots\cdots\cdots\cdots\cdots\cdots\cdots \quad \text{(i)}$$

V_f : 지지후보를 변경하는 부동층 유권자들
X : 비회귀성 부동층
Y : 회귀성 부동층

(2) X는 세분화 되어 다음과 같이 표시된다.

$$X = X_1 + X_2 + X_3 \quad \cdots\cdots\cdots\cdots\cdots\cdots\cdots \quad \text{(ii)}$$

X_1 : '비슷한 성향'의 주요 후보자들 내에서 지지를 변경하는 부동층
X_2 : '다른 성향'의 주요 후보자들 사이에서 지지를 변경하는 부동층
X_3 : X_1과 X_2로 분류되지 않은 후보자들을 포함한 후보자들간에서 지지를 변경하는 부동층 (군소후보들을 중심으로 한 부동층)

(3) 이상의 개념들에 나타난 요소들을 수식과 도표로 표시하면 다음과 같다.

$$V_\cap = Y + X_1 \quad \cdots\cdots\cdots\cdots\cdots\cdots\cdots\cdots \quad \text{(iii)}$$
$$V_\cup = X_2 + X_3 \quad \cdots\cdots\cdots\cdots\cdots\cdots\cdots \quad \text{(iv)}$$

$V_\cap$: 유사한 성향을 보이는 후보들내에서만 지지를 변경하는 부동층의 합
$V_\cup$: 서로 상이한 후보자들 사이에서 지지를 변경하는 부동층의 합

결론적으로 (i), (ii), (iii), (iv)의 개념을 도입하는 경우 이번 18대 대선 후보자들의 부동층으로 부터의 득표율이 분석단위가 될 것이다. 특히 (iii)이나 (iv)와 관련하여서는 후보자들 사이에 유사한 집단과 상이한 집단의 기준이 무엇이며 후보

자들을 어떻게 구분할 것인가 하는 문제가 있다. 이런 구분을 함에 있어서 본 연구는 선거결과에 나타난 후보자별 득표율의 크기와 분류의 명확성이란 두 가지 측면을 동시에 고려하면서 행렬식의 골간을 결정하였다.

후보자별 득표율의 크기를 볼 때 우선 주요 상위 득표자들을 선정하였다. 상위 득표자의 기준은 10% 이상의 두 자리 수 득표자를 말하며, 이명박, 정동영, 이회창이 해당된다. 하지만, 한자리 수 득표자들 가운데에도 18대 대선 현재 의석수가 3번째에 해당하는 민주노동당의 권영길 후보자는 그 중요성을 감안하여 행렬식에 포함시켰다. 이런 경우 유사한 후보자 집단은 각각 이명박-이회창, 정동영-권영길이 된다. 이런 경우 이명박과 이회창을 보수 진영의 후보자로서 유사한 집단의 범주로 구분될 수 있으며, 정동영과 권영길은 진보 진영의 후보자로 집단화될 수 있어, 18대 대선의 유권자 인식과도 상식적으로 일치된다. 이명박을 지지하던 표가 이회창으로 가거나, 이회창을 지지하던 표가 이명박으로 가는 경우 이는 V_n(유사한 후보들내에서 지지변경을 보이는 부동층)을 의미하며, 앞서 언급했던 '내부에서의 유동성' intra-volatility 과 대비되는 개념이 된다. 정동영을 지지하던 표가 이명박으로 오거나, 반대의 경우는 V_u(서로 상이한 후보자들 사이에서 지지변경을 보이는 부동층)의 예가 된다. 이는 '외부로부터의 유동성' inter-volatility 라는 개념과 대비될 수 있다.

창조한국당의 문국현 후보와 이인제 후보의 경우엔 17대 대선과 관련하여 주요 이슈 균열을 형성할 내용이 사실상 빈약했으며, 유사그룹과 상이그룹을 나누는 측면에서도 복합적 성격이 있었다. 창조한국당의 문국현 후보자의 경우에는 정동영 후보보다 이념적으로 더 시장경제 친화적이라는 유권자 인식때문에 이명박-이회창과 유사한 그룹에 속할 수도 있고, 친노적 성향이 있다는 일부의 인식에서 오히려 정동영-권영길과 유사한 그룹일 수도 있다. 따라서 문국현 후보는 본 연구의 모델에서는 X_3의 범주로 분류하여, 이를 해석단계에서 고려하는 방법을 택하였다.

(4) 개별 후보자들을 지지했던 부동층은 회귀성 부동층(Y), 비회귀성 부동층(X_1, X_2, X_3) 및 이들의 상관관계를 포함하는 $V_\cup$와 $V_\cap$로 표시된다. 따라서 다음과 같은 행렬에 대한 경험적 값을 자료로부터 구한다면 논문의 목적에 맞는 결과를 얻어낼 수 있을 것이다.

열 column :

$Y = Y_{mb} + Y_{dy} + Y_{hc} + Y_{yk}$

$X_1 = X_{mb1} + X_{dy1} + X_{hc1} + X_{yk1}$

$X_2 = X_{mb2} + X_{dy2} + X_{hc2} + X_{yk2}$

$X_3 = X_{mb3} + X_{dy3} + X_{hc3} + X_{yk3}$

[mb : 이명박; dy : 정동영; hc : 이회창; yk : 권영길]

Y_{mb} : 이명박 지지의 회귀성 부동층…이하 같은 내용임

X_{mb1} : 이명박 지지의 같은 성향 다른 후보자에서 변경된 부동층… 이하 같은 내용임.

X_{mb2} : 이명박 지지의 다른 성향 다른 후보자에서 변경된 부동층… 이하 같은 내용임.

X_{mb3} : 이명박 지지의 군소 정당 후보자들에서 변경된 부동층…이하 같은 내용임.

행 row :

$V_{mb} = Y_{mb} + X_{mb1} + X_{mb2} + X_{mb3}$

$V_{dy} = Y_{dy} + X_{dy1} + X_{dy2} + X_{dy3}$

$V_{hc} = Y_{hc} + X_{hc1} + X_{hc2} + X_{hc3}$

$V_{yk} = Y_{yk} + X_{yk1} + X_{yk2} + X_{yk3}$

V_{mb} : 전체 부동층 유권자중 이명박 후보 지지자

V_{dy} : 전체 부동층 유권자중 정동영 후보 지지자

V_{hc} : 전체 부동층 유권자중 이회창 후보 지지자

V_{yk} : 전체 부동층 유권자중 권영길 후보 지지자

(3)에서 언급한 이유 때문에 행렬식에선 이명박, 정동영, 이회창, 권영길 후보의 경우에는 부동층으로부터의 득표 상황이 표시되지만, 문국현 후보와 이인제 후보는 X_3속에 포함되어 나타나게 된다.

마지막 문제는 회귀부동층과 비회귀부동층을 판단하기 위해서 처음의 선택이라 할 수 있는 시작 시점과 끝 시점을 어디로 하는지 여부이다. 즉, 기준 시점이 있어야 이를 중심으로 후보자가 마음을 바꾸었는지, 아니면 다시 원래의 선택대로 돌아왔는지를 판단할 수 있다는 의미이다. 이번 18대 대선의 경우 주요 양대 정당에선 한나라당의 이명박 후보가 먼저 결정되고, 대통합민주신당은 10월 15일 정동영 후보가 지명되어 3차 조사 바로 직전(2007, 10, 17~20)에야 주요 대선 구도가 마련되었다.[2] 보수 진영의 주요 후보자로서 18대 대선의 구도에 가장 큰 변수 중 하나였던 이회창 후보의 출마선언의 경우도 1차 조사시점부터 있지 않았다. 이회창 후보는 선거 도중에 갑자기 출마 선언을 한 까닭에 4차 조사시점(2007, 11, 25~27)부터 조사 대상자에 포함되었다.[3] 따라서 4차 조사시점 이후에야 이번 18대 대선에 대한 전체적인 유권자 지지후보자가 결정되는 관계로 사실상 4차 조사가 시작 시점이며 6차 조사시점(2007, 12. 20~21)이 최종 시점이 된다.[4]

어떤 조사 시점이 포함되는가 하는 문제는 작위적인 것이 아니고 연구의 주제에 적합하게 취합되지만, 조사 시점동안 일어났던 사건들에 유권자들의 설문 응답은 영향을 받는다. 특히 후보자를 바꾸거나, 원래 지지했던 후보자로 돌아오는 경우 당시의 사건들에 영향을 받을 가능성이 클 수 있음에도 유의하는 것이 필요하다.

처음 지지후보로 회귀하였는가 아닌가를 판명하는 가장 상식적인 기준은 최

종 투표일에 처음에 좋아하던 후보를 결국에 찍었는지, 아니면 처음 지지하던 후보자가 아닌 다른 후보자를 찍었는지의 여부일 것이다. 마지막 조사인 6차 조사는 선거후 조사 post-election survey 였음은 물론이다.

특히 본 연구의 주제가 어떤 후보자에서 어떤 후보자로 마음을 바꾸었는지를 알아보는 것이어서 이회창이 나온 4차 조사 시점이후 판도 변화를 알기 위해선 3차 조사에서의 결과도 고려해야 한다. 따라서 4차 조사 시점이 사실상 본 연구 주제와 관련하여 패널 조사의 출발점으로 작용하고 있다. 유권자가 특정 후보자의 지지에 대한 마음을 바꾸거나 아니면 마음을 변경하였다가 원래 지지하던 후보를 다시 지지하는 여부는 첫 시점을 1차 시점까지 거슬러 올릴 수 있다면 좋으나, 본 연구와 관련하여선 18대 대선의 특성상 4차 조사가 최종 결과 시점에서 가장 과거가 되는 것이다.

분석결과와 해석

이상 행렬의 조합을 통한 경험적 최종 결과를 마련하기 위해서 조건에 해당하는 개인들을 중심으로 분류를 반복하였다. 모델링에 입각하여 개별 유권자에 대한 패널 자료분석을 통하여 〈표1〉의 결과를 얻었다.[5]

〈표1〉을 중심으로 회귀성 부동층(Y), 비회귀성 부동층(X_1, X_2, X_3)으로 나누어서 설명하고, 이러한 과정에서 V_n와 V_u의 정치적 의미를 생각해 보고자 한다.

회귀성 부동층(Y)

속설에선 한국 선거 부동층이 조사할 때만 부동층이지 이미 마음속에는 "그래도 사실상 어떤 후보자가 그 중에서 가장 나은 후보자"라는 마음이 이미 정해져 있

〈표1〉 패널조사에 나타난 부동층의 후보자 지지 성향

	V_n		V_U		계
	Y	X_1	X_2	X_3	
V_{mb}	350	96	27	24	497
	70.4%	19.3%	5.5%	4.8%	100%
	47.7%	83.6%	51.9%	16.6%	
V_{dy}	219	15	19	75	328
	66.8%	4.6%	5.8%	22.8%	100%
	29.9%	13.0%	36.6%	51.7%	
V_{hc}	142	2	5	29	178
	79.8%	1.1%	2.8%	16.3%	100%
	19.4%	1.7%	9.6%	20%	
V_{yk}	22	2	1	17	42
	52.4%	4.7%	2.4%	40.5%	100%
	3.0%	1.7%	1.9%	11.7%	
계	733	115	52	145	1,045
	100%	100%	100%	100%	

다라는 말을 많이 한다. 이것은 한국 정치에 나타나는 높은 수준의 정치혐오감이나 지역주의 투표행태와도 무관하지 않다. 후보자들이 썩 마음에 들지는 않으나 그래도 유권자들은 그 때 시점에서 그것이 같은 지역출신이든, 정책이든 "상대적으로 더 느낌이 가는 후보자가 있다"는 속설이다. 이런 경우 부동층은 사실상 부동층이 아닐지도 모른다. 사실 설문조사 응답을 통해서 분류한 유권자들이 부동층의 기준에 해당하지만, 그들의 속마음이 이미 정해져 있는지 아닌지는 자신들 민이 알 것이다.

하지만, 그러한 속설들과 연관하여 다음의 추론도 가능할 것이다. 앞의 속설에서 말하는 부류의 유권자들은 그들의 마음이 확고한 것이 아니어서 선거과정에서 지지후보자를 바꾸기도 하지만 적어도 처음에 '상대적으로 더 느낌이 가는 후보자'를 선택해서 표를 행사할 가능성이 있다는 것이다. 이런 경우 '회귀성 부동층'이라고 할 수 있다. 즉, 처음에 지지하던 후보자를 확고히 지지하지는 않았으며 (즉, 적극적 지지층은 아니었으며), 선거과정에서 지지후보를 변경하기도 하였지만, 결국에는 처음에 지지하던 후보자에게 표를 던지는 경우이다.

〈표1〉에서 부동층 구성요소들의 비율을 보기 위해서 행 row 을 살펴보면, 18대 대선에서 '회귀성 부동층' 집단이 '비회귀성 부동층' 집단과 비교하여 전체 부동층의 대부분을 차지하고 있음을 보여준다. 이명박, 정동영, 이회창, 권영길 후보자를 각각 지지했던 부동층을 보면 모든 후보자들에게 있어서 회귀성 부동층이 주종을 이루고 있다. 즉, 어느 시점에서 마음을 바꾸었다가도 다시 원래 지지했던 후보자로 돌아간 것이다. 각 후보를 지지했던 전체 부동층 가운데 회귀성 부동층이 차지하는 비율은 각각 70.4%, 66.8%, 79.8%, 52.4%로 나타났다. 각 후보자별로 보면 이회창 후보지지 부동층에서 '회귀성 부동층'이 차지하는 비율이 가장 크며, 대략 4/5 정도가 이회창 후보로부터 마음을 바꾸었다가 다시 이회창 후보를 지지하고 있다. 비율이 가장 적은 권영길 후보의 경우는 대략 1/2 정도가 권영길 후보를 지지했던 마음을 바꾸었다가 다시 권영길 후보를 지지하고 있다.

이런 경우 부동층과 관련하여서 두 가지의 추측이 가능할 것이다. 우선 '사표방지심리'와는 상반되는 행태이다. 이명박과 이회창이 보수성향의 표를 나누어 가졌다는 가정 하에선, "여론조사를 볼 때 대세는 이명박이며, 보수표가 결집해야지 그렇지 않고 표가 이명박-이회창으로 분산되면 곤란하다"는 판단을 하는 사표방지심리와 반대로 움직였다는 추측이 가능하다. 이회창 지지의 부동층의 성향에 대세를 따르는 사표방지심리가 주종을 이루었다면, 이회창 지지에서 이명박 지지로 마음을 바꾼 후에 다시 이회창 지지로 돌아오지 않는 비회귀성 부동층으로 갔을 것이다. 하지만, 결과는 사표방지심리와 상관없이 그래도 처음의 선택이 옳았다고 생각하고 회귀했다. 또 다른 하나의 추측은 권영길 후보를 지지한 회귀성 부동층의 비율이 상대적으로 가장 낮은 50%전후라고 볼 때, 이는 여론조사에서도 인기도가 5%전후에 머무는 군소정당 후보의 특징을 반영한 것으로 추측된다. 이런 경우 상대적으로 회귀성 부동층이 적게 형성되리라는 것은 상식적으로도 추론이 가능하다. 인기가 빈약한 후보의 경우 유권자들이 지지를 다른 후보자들로 선회하는 경우 다시 돌아올 확률이 상대적으로 적은 것이다.

'회귀성 부동층'의 후보자별 지지성향을 보기 위해서 열 column 을 살펴보면, 이명박 47.7%, 정동영 29.9%, 이회창 19.4%, 권영길 3%로 나타났다. 회귀성 부동층의 대략 1/2이 이명박을 지지하는 것으로 가장 크게 나타나고 있다. 그리고, 후보별 부동층 지지자들 중에서 비회귀성 부동층과 비교하여 회귀성 부동층의 구성비율이 가장 컸던 후보자는 이회창이었다. 반면에 회귀성 부동층으로 분류되는 유권자들의 지지성향을 보면 29.9%의 정동영 후보가 19.4%의 이회창 후보보다 높게 나타난다. 그 이유에 대해서는 보다 심도있는 연구가 필요하겠으나, 대략 다음과 같은 추론이 가능하리라고 본다.

결국 회귀성 부동층의 후보자별 지지성향은 대선 결과에 나타난 후보자 득표율과 상당부분 일치하고 있다고 볼 수 있다.[6] 회귀성 부동층의 경우는 사실상 후보자들에 대한 적극적 지지층이 아니어도, 선거과정에서 여론조사 기간 나타나는 지지도 결과와 비슷하게 비율화되어서 지지층이 나타난다. 따라서 회귀성 부동층이 부동층 전체 비율에서 대략적으로 평균 2/3이상을 차지하며, 동시에 회귀성 부동층이 선거과정에서 여론조사 기간에 나타나는 지지도 결과와 비슷하게 나타난다면, 소위 "이번 선거결과는 부동층의 향배가 선거결과를 좌우할 것이다"라는 말은 제한적으로만 사용될 수 있을 것이다. 즉 '선거경합도' electoral closeness 가 높아서 오차범위 내에서 후보자들이 각축을 벌이는 경우에만 제한적으로 사용될 수 있다는 의미이다.

비회귀성 부동층 (X_1, X_2, X_3)

본 연구에서 비회귀성 부동층은 세 종류의 하위 집단으로 구성되어 있다. 즉, '비슷한 성향'의 주요 후보자들 내에서 지지를 변경하는 부동층 (X_1), '다른 성향'의 주요 후보자들 사이에서 지지를 변경하는 부동층 (X_2), 그리고 X_1과 X_2로 분류되지 않은 후보자들을 포함해 후보자들 간에서 지지를 변경하는 부동층 (X_3)이 그 것이다.

17대 대선의 분위기와 중심적 쟁점은 지역구도의 문제보다는 (비록 지역주의 투표행태가 여전히 존재하였다 할지라도) 소위 노무현 진보 정권을 그대로 이어 갈지, 아니면 보수 정권으로 바꿀지 하는 문제였다. 따라서 앞서 언급하였듯이, 본 연구는 17대 대선의 부동층을 분석함에 있어서 '비슷한 성향'의 주요 후보자 그룹을 보수 진영의 이명박-이회창, 진보 진영의 정동영-권영길, 그리고 기타 후보군들로 구분하였다.

17대 대선과정에서 소위 보수 진영의 이명박 후보는 BBK문제로 검찰에 소환되는 것이 아닌가하는 우려를 낳았고, 이러한 분위기 속에서 이회창 후보는 한나라당 당원증을 반납하고, 출마를 선언하게 된다. 이명박 후보는 이회창 후보가 출마하는 경우 자신을 지지하는 표가 분산될 것을 우려하여 이회창 후보의 불출마 선언을 요구하였으나, 이회창 후보는 그대로 출마를 결심하게 되었다. 이회창 후보가 한나라당 당원증을 반납하면서까지 대선에 중도 출마선언을 하게된 것은 분명 제도권내의 상식적인 정치적 행태라고 보기 어렵다. 하지만, 이회창 후보에게도 대중적 명분이 없는 것은 아니었다. 즉, 이회창 후보의 명분은 이명박 후보가 여론조사에서 1위를 달리고 있지만, BBK문제로 중도낙마하는 경우 보수 진영은 또 다시 정권창출에 실패한다는 것이었다. 이명박을 지지하지 사람들이나 부동층 중에는 BBK 문제 등 이명박 후보의 과거가 청렴하거나 도덕적인 것과는 거리가 있어 대통령으로 적합하지 않다고 생각하면서도 이번에 진보-좌파 정권에서 보수 정권으로 바꾸어야 한다고 생각한 유권자들은 이회창 후보를 지지할 가능성도 있었다.

17대 대선 기간 동안 '비슷한 성향'의 주요 후보자들 내에서 지지를 변경하는 부동층에 대해서 나타나는 가장 큰 특색은 여론조사에서 40% 정도의 지지로 1위를 달렸던 이명박 후보의 경우만 $X_1 \geq X_2 + X_3$로 나타났고, 정동영, 이회창 후보 모두는 역으로 $X_1 + X_2 \leq X_3$의 경향을 보이고 있다는 점이다. 이명박 후보의 경우 19.3%≥5.5%+4.8%였고, 정동영 후보는 4.6%+5.8%≤22.8%, 이회창 후보는 1.1%+2.8%≤16.3%, 권영길 후보는 4.7%+2.4%≤40.5% 였다. 즉, 이명박 후보는 같은 진영내의 유사후보인 이회창으로부터 건너온 표가 많았다. 반대로 정동영은 같은 진영내의 유사후보라고 할 수 있는 권영길로부터 온 표는 소수에 불과하고, 오히려 기타 후보들에게서 온 표가 많았다. 권영길 후보 역시 정동영 지지자들에게서 표가 건너온 것이 아니고 기타 후보들에게서 온 표가 대부분이었다.

이명박 후보의 경우 유사한 진영내의 다른 후보라 할 수 있는 이회창으로부터 온 표가 많았지만, 정동영과 이회창 후보 모두는 각각 권영길과 이명박으로부터 온 표가 많은 것이 아니라 기타 후보들로부터 온 표가 많았다는 것을 말한다. 이명박 후보의 경우엔 대통령 당선 가능성 1위라는 분위기하에 보수 진영의 표가 이회창으로 분산되지 않았다.

정동영 후보의 경우 진보 진영의 표가 결집된다면 권영길 후보의 지지표에서 많은 부분 표가 건너왔어야 할 것이나 (즉 X_1이 커야 할 것이나), 실제로는 그 밖의 후보들로부터 건너온 표가 많았던 것이다. 즉 문국현 후보, 이인제 후보를 포함하여 기타 군소정당 후보들로부터의 변경된 표심이 정동영 후보에게 건너온 것이다. 문국현 후보를 정동영 후보와 유사한 후보로 보고 권영길 후보의 자리에 문국현 후보를 넣고서 데이터를 분류하는 경우엔 정동영 후보의 표도 문국현 후보에게서 많이 왔으니, 표의 결집현상 (즉, 될 후보자 밀어주기 현상)이 있는 것이 아니겠느냐는 반문도 가능하다. 하지만, 앞서서 언급했듯이, 문국현 후보는 기업인 출신으로 시장친화적인 정책 등을 가지고 있다는 점에서, 이명박 후보의 도덕성 문제 때문에 이명박 후보를 마지못해 지지하던 부동층에게는 대안적 성격도 있었다. 문국현 후보는 친노무현적 성격이 거론되기도 하였으며, 당시 청와대와의 연계설을 부인하기도 하였다. 이런 점에서 문국현 후보는 이명박-이회창, 정동영-권영길 어떤 그룹에도 포함될 수 있는 복합성이 있다.

이회창 후보의 경우에도 이명박 후보로부터 건너온 표는 소수에 불과하며, 실제로 기타후보군들로부터 건너온 표가 대부분이다. BBK 문제로 이명박 후보의 도덕성에 문제가 있다고 판단한 유권자들이 이회창 후보가 나오는 시점에서 이회창 후보를 선택하는 것이 좋겠다고 판단하면서도 "어차피 대세론을 따라서 될 후보 밀어주자"라는 사표방지심리로 인해서 이회창 후보로 건너오지 않은듯하다. 18대 대선의 전반적인 유권자들의 분위기는 노무현정부에 대한 심판이었으며, 그 심판해야한다는 생각의 핵심은 '경제활성화 문제'라고 해도 좋을 것이다. 이런 경우 기업인 출신의 이명박 후보가 분명 도덕성에는 문제가 있다고 판단하면서도, 또는 이명박보다 이회창을 좋아하면서도, 이회창 후보가 한나라당의 당원증을 반납하고 신당을 창당하는 것은 무리라고 판단한 듯하다.

결론

앞서 지적했듯이 유권자들에게 17대 대선의 가장 큰 이슈는 노무현정부에 대한 심판이었으며, 그 심판해야한다는 생각의 핵심은 경제문제였다. 이렇게 본다면 17대 대선에서의 유권자의 선택은 경제문제를 가장 잘 해결해 줄 후보자로서 이명박 후보를 선택한 것이 된다. 본 논문이 참고하는 "2007 대선 패널조사"에 따르면, 국민들은 새로운 정부가 중점적으로 추진해야 할 국정과제로 〈표2〉와 같이 응답했다.

〈표2〉 새로운 정부가 중점적으로 추진해야 할 국정과제 [7]

	① 국민통합	② 경제적 양극화 해소	③ 남북관계 개선	④ 정치개혁	⑤ 경제성장	⑥ 삶의 질	기타
1차	4.4%	43.5%	3.3%	6.3%	28.8%	7.6%	6.1%
2차	3.8%	37.4%	4.0%	5.0%	34.0%	6.8%	9.0%
3차	4.1%	37.5%	4.5%	4.5%	33.3%	7.6%	8.5%
6차	5.5%	42.0%	2.1%	3.5%	35.8%	6.9%	4.2%

국민들은 새로운 정부의 중점적 추진 과제로 '경제적 양극화 해소'를, 그 다음으로 '경제성장'을 생각하고 있다. '정치개혁'이나 '남북관계 개선'과 같은 정치적 차원의 문제나 국민통합과 같은 사회적 차원의 문제에는 그다지 관심이 없음을 알 수 있다. 합하여 (②+⑤) 대략 70% 이상의 국민이 경제적 차원의 문제가 가장 중요하다고 생각하고 있음을 알 수 있다. 하지만 '경제적 양극화 해소'와 '경제성장'이란 가치는 상반되는 측면도 있어서 양자를 모두 성취하는 것이 쉽지만은 않을 것이다.[8] 이명박 정부는 우파정부라는 간판에 상관없이 복지정책도 동시에 수행하여야 하는 부담이 있으며, 이를 오인하는 경우 '성공한 대통령'이 되기 어려울 수 있다.[9] 아무튼 '경제대통령 뽑기'가 17대 대선의 가장 큰 화두였음은 물론이다.

이러한 화두를 부동층 유권자 분석의 경험적 결과와 연관시켜 몇 가지 정치적 함의를 논할 수 있을 것이다. 〈표1〉에 따르면 어떤 후보이건 $V_\cap$ ($= Y + X_1$) $\geq V_\cup$ ($= X_2 + X_3$)로 나타나고 있다. 부동층 유권자의 경우 원래 지지했던 후보자로 돌아오거나 유사한 집단내에서 다른 후보자로는 마음을 바꿀 가능성이 높다. 아예 다른 성향으로 분류되는 집단내의 다른 후보자로 마음을 바꿀 가능성은 매우 낮다.

$V_\cap$가 $V_\cup$보다 큰 이유는 결국 Y때문이다. 즉 부동층이 중간에 마음을 한 번 바꾸더라도 결국에는 원래 지지했던 후보자를 지지하는 성향이 매우 크기 때문에

결국 후보자간 지지변경의 유동성의 수준이 낮은 것이다. 해당 연구에서 분명히 나타나지는 않았지만, 더 중요한 시사점은 Y와 X_1의 친화력 문제이다. 비록 X_1은 이명박을 제외한 후보들에게서 가장 적은 비율로 나타났어도 이 수치는 언제든지 커질 수 있다. 즉 Y에 해당하는 부동층이 X_1으로는 움직여도 X_2로는 움직이지 않을 가능성 때문이다.

이것은 현재 한국의 정당정치와 관련하여 시사점을 제공한다. 또 다른 연구가 필요하겠으나, 부동층이 대선 후보자들을 비슷한 성향의 후보자들이나, 서로 상이한 성향의 후보자라고 규정짓는 가장 큰 판단기준은 역시 주요 정당들의 색채일 수밖에 없는 듯하다. 이것은 과거 한국 정당이 지역정당이란 이미지에서 한걸음 더 나아가 보수정당, 진보정당이라는 색채와 연관되어 있다고 생각된다. 비록 경제대통령을 뽑기 위해서 보수-진보의 구도가 중요한 것이 아니라 '실사구시'가 중요하다고 이야기하는 사람들이 상당수 있음도 사실이나, 한나라당은 보수, 열린우리당은 진보, 한나라당에서 나온 이회창은 보수, 민노당은 진보라는 커다란 틀 속에서 경제대통령을 뽑고 있는 것이다. 이렇게 본다면 이념적, 정책적 색채가 국민에게 선택의 기본틀을 제공하고 있는 것이며 이는 앞으로 지역주의 정당체계가 소멸되는 과정과 연관될 수도 있다는 느낌을 갖게 한다.

부동층들은 '경제적 양극화를 해소할 수 있는' [10] 경제대통령을 선택하기 위해서 성공한 기업인 출신이지만 진보적 색채도 동시에 갖고 있는 문국현으로 가지도 않고, 여당후보였던 정동영이 경제문제를 잘 해결해 주기를 바라는 경향도 적은 듯하다. 단순히 경제적 양극화를 해결할 목적이었다면 정동영 후보로 이명박 후보의 지지표가 옮겨갈 수도 있고, 경제활성화를 해결할 경제대통령이 목적이었다면 문국현 후보로 지지표가 옮겨갈 수도 있다. 하지만, 부동표의 대부분이 원래의 지지자로 회귀하였다. 대통령제하에서 한국의 선거정치가 당선가능성이 있는 인물들을 중심으로 정당이합집산이 반복되는 현상이 있음에도 불구하고, 인류 정치역사의 보편적 경쟁 구도였던 보수-진보의 구도 내에서 경쟁이 이루어질 가능성이 크다면 역시 기존의 영향력 있는 정당에서 배출한 후보가 중심이 되어 선거가 치루어질 수밖에 없는 것이다. 나아가 보수성향 후보자를 지지하는 표가 진보성향 후보자들로 옮겨가기는 어려웠던 것이다. 또한 보수화정도와 상관없이 보수성향의 대표는 이명박 후보였기에 이회창 후보도 한계를 가질 수밖에 없다.

종합하자면, 해당 분석자료를 전제로 할 때, 17대 대선에서 부동층은 회귀성향이 강하여 한 번 마음을 바꾸더라도 원래 지지했던 후보자를 다시 지지할 경향이 강하며, 상이한 성향으로 집단화될 수 있는 후보군에서의 특정 후보로 마음을 변경할 가능성은 매우 낮다고 할 수 있다. 그리고 이러한 성향은 부동층이 후보자에 대한 정보습득이 높아지면서 후보자를 변경하는 것이 아니고, 정치체계 내에 존재하는 정당경쟁구도를 전제로 하여 마음을 바꾸는 것에 불과하다는 함의를 제공한다. 17대 대선에서 존재하는 정당경쟁구도는 지역주의와 이념성향을 복합적으로 반영하는 정당경쟁구도였다.

1) 크게 두 가지의 기준이 있다. 1940년대말에 부동표라는 개념이 투표행태연구에 관심사로 등장하면서 라자스펠드, 베렐슨, 고드는 그들의 공동저서에서 定義를 시도하였다(Lazarsfeld, Berelson, Gaudet 1948: 69). 그들에 따르면 부동표는 크게 두가지의 형태로 정의된다. 그 첫 번째 형태는 투표의 결심시기와 관련된 것으로 후보자 선호도를 결정하지 못한 경우를 말한다. 두 번째 형태는 한 정당(또는 후보자)으로 부터 다른 정당(또는 후보자)으로 선호를 바꾸는 경우를 의미한다.

2) 제3차 조사직전의 중요 사건으로는 '제2차 남북정상회담' (10월 2일~4일)이 있었다. 노무현 대통령과 김정일 국방위원장은 10월 2일부터 4일까지 평양에서 제2차 남북정상회담을 가지며 6.15 공동선언의 정신을 재확인하고 남북관계발전과 한반도 평화, 민족공동의 번영과 통일을 실현하는 데 따른 제반 문제들을 허심탄회하게 협의하였다. 특히 두 정상들은 회담 마지막 날에 '남북관계 발전과 평화번영을 위한 선언문'을 발표하면서, 민족끼리 뜻과 힘을 합쳐 치면 민족번영의 시대, 자주통일의 새 시대를 열어 나갈 수 있다는 확신을 표명함과 동시에 6.15 공동선언에 기초하여 남북관계를 확대. 발전시켜 나갈 것을 선언하였다.

3) 4차 조사 시점 직전에 있었던 주요한 사건들은 다음과 같다. (1) 10월 29일, 11월 5일 김용철 변호사, 삼성비자금 폭로 1 · 2차 기자회견: 10월 29일 삼성의 전법무팀장 김용철 변호사는 천주교 정의구현사제단과 함께 제기동 성당에서 삼성의 비자금 조성을 폭로하였다. 이후 김용철 변호사와 삼성그룹 간에 불법 비자금 조성, 검찰 간부 떡값 제공 등에 대한 폭로와 반박성 해명이 잇따랐으며, 삼성은 민간기업 최초로 특별검사 수사 대상이 되었다. (2) 11월 16일 김경준씨 귀국 및 통합신당과 한나라당 간의 고소 · 고발 공방전: BBK 주가조작 사건을 일으킨 김경준씨가 11월 16일 저녁 국내로 압송됐다. 통합신당은 이날 비비케이 의혹 수사와 관련해 정치공작설 등을 제기한 한나라당 홍준표 · 정형근 · 박계동 의원을 허위사실 유포 혐의 등으로 검찰에 고발하기로 했으며, 한나라당도 검찰과의 '내통설'을 제기한 통합신당 김종률 의원을 고발하기로 하고, 이명박 후보 쪽 변호인의 '협박설'을 제기한 서혜석 의원에게 법적 조치를 경고하는 등 고소 · 고발전이 이어졌다.

4) 제6차 조사는 선거후 조사였으며, 직전의 사건들은 다음과 같다. (1) 12월 5일 BBK 관련 검찰의 중간수사발표 : BBK 사건과 관련하여 검찰은 중간수사결과에서 이명박 후보가 BBK와 무관하다고 발표했다. 이에 앞서 대통합민주신당 윤호중 의원 외 33명은 12월 2일 BBK특검법 발의를 선언했

으나 검찰의 중간수사결과를 지켜본 후 다시 추진키로 결정했다. (2) 12월 7일: 태안 앞바다 기름 유출 사고가 있었다. 인천대교 공사에 투입됐던 해상 크레인을 2척의 바지선으로 경남 거제로 예인하던 중 태안 앞바다에서 한 척의 바지선 와이어가 끊어지면서 해상 크레인이 유조선과 충돌하여 기름이 유출된 사건이다. (3) 12월 17일: BBK 특검법(이명박 특검법) 임시국회 통과: '이명박 특검법' 이 대통합민주신당 141명, 민노당 8명, 민주당 4명, 국민중심당 3명, 창조한국당 1명, 참주인연합 1명, 무소속 2명 등 총 160명이 참여해 모두 찬성표를 던지며 17일 국회를 통과했다.

5) 〈표-1〉의 부동층의 6차 조사시점에서의 후보자 최종 선택 분류과정에서 Y와 X에 대한 이명박 지지여부의 chi-square 검정 (우도비 425.355, 유의확률 .000), 정동영 지지여부의 chi-square 검정 (우도비 305.654, 유의확률 .000), 이회창 지지여부의 chi-suqare 검정(우도비 158.168, 유의확률 .000), 권영길 지지여부의 chi-suqare 검정(우도비 44.361, 유의확률 .000) 이었다.

6) 12월 19일 제17대 대선에서 한나라당의 이명박 후보가 득표율 48.7%로 당선되었다. 각 후보별 득표율은 대통합민주신당의 정동영 후보가 26.1%, 무소속 이회창 후보 15.1%, 창조한국당 문국현 후보 5.8%, 민주노동당 권영길 후보 3.0%, 민주당 이인제 후보 0.7%이다.

7) 1차, 2차 3차, 6차의 4번에 걸쳐 각각 2,111명을 대상으로 조사되었다. 기타 항목은 각 설문시기에 관해서는 각주 7)번을 참조. 기타 항목은 국제경쟁력 강화, 국가안보 강화, 무응답을 포함한 수치이다.

8) 달튼Dalton이 주장하는 소위 1980년대 이후 유럽 후기 민주주의에서 유권자들의 특색으로 "유권자들이 교육을 많이 받고, 정보를 공유하며, 요구사항이 다양할 뿐 아니라 서로 상충되는 가치를 동시에 요구하는 일이 많아졌다" 라는 명제가 한국정치에도 적용될 수 있는 듯하다. 정부에 복지정책과 같은 분배정책과 경제성장을 통한 경제적 윤택을 동시에 요구하는 경향은 대표적인 사례로 통한다. 이에 대해서는 Dalton, 1988, 223-244; Peters & Hunold, 1999, 1-28, 135-214 참조.

9) 국민이 원하는 차기 정부의 복지비 지출문제에 관해서도, "다른 예산분야를 줄이더라도 복지예산을 어느 정도 증액해야 한다 (49.8%), 우리 경제수준을 고려해 복지예산을 현재대로 유지해야 한다 (35.7%)" 라는 의견이 주종을 이루고 있다.

10) 이 의미는 모든 국민들이 경제적으로 잘 혜택받고 살 수 있는 상황으로 해석하는 것이 적합할 것이다.

8

진보는 왜 한나라당을 지지했나?
이념·정당·지역·이슈의 역할을 중심으로

이 내 영 · 정 한 울

한나라당을 지지한 진보의 증가 : 이념성향과 정당지지의 불일치

본 논문의 목적은 과거 반한나라당 성향을 보였던 진보적 유권자 가운데 상당수가 지난 17대선정국에서 자신의 이념성향은 여전히 진보라고 여기면서 보수정당인 한나라당 지지로 돌아선 현상을 분석하는 것이다. 17대 대선 이전까지의 투표 행태에 관한 기존 연구들은 민주화 이후 각종 선거에서 진보성향의 유권자는 김대중-민주당 계열 지지, 보수성향의 유권자는 이회창 - 한나라당 계열을 지지하는 이념성향별 정당지지패턴이 존재했다는 점을 밝혀왔다. 강원택은 2000년 국회의원 선거 분석을 통해 한국 선거를 지배해온 지역주의의 강력한 영향력 때문에 그 효과가 분명하게 드러나고 있지는 않지만, "민자당 - 신한국당 - 이회창 - 한나라당의 보수성과 민주당-국민회의-김대중-새천년민주당간으로 이어지는 상대적인 진보성이 매우 일관된 패턴으로 유지되어 왔다"고 지적한 바 있다(강원택 2003, 76; 이내영 2002). 한편 이내영·정한울은 2005년 EAI 국가정체성 데이터와 2006년 EAI 지방선거 패널조사 데이터를 활용하여 기존의 이념별 정당지지 패턴의 변화가 발생하고 있음에 주목한다. 하지만 그들은 이러한 변화가 이념적 재편 ideological realignment 단계로까지 나아간 것은 아니며 주로 노무현 정부의 국정 실패에 대한 실망에서 비롯된 현상임을 주장하였다(이내영·정한울 2007).

17대 대선 결과는 한국사회의 이념성향별 정당지지패턴의 변화를 보다 뚜렷하게 보여주고 있다. 이명박 후보가 과반수에 육박하는 득표로 당선될 수 있었던 데에는 과거 여권 지지층의 이탈이 큰 역할을 했다는 점은 여러 여론조사 결과에서 공통적으로 확인할 수 있다. EAI · SBS · 중앙일보 · 한국리서치가 공동으로 실시한 2007 대통령선거패널조사 결과는 과거 '반(反)한나라당' 정서를 공유하고 있던 범여권 지지층에서 한나라당 지지로 돌아선 유권자의 규모가 많았고 결과적으로 이명박 후보의 압도적 당선에 큰 기여를 했음을 보여준다. 특히 자신의 이념성향은 진보라고 대답한 유권자들의 상당수가 한나라당과 이명박 후보를 지지하는 현상, 소위 "진보적 한나라당 지지자"가 부상하고 있는 현상이 두드러졌다. 유권자의 이념성향과 정당지지 사이의 불일치 현상이 심화되고 있는 것이다. 이러한 현상은 학술적으로나 현실적으로 매우 중요한 질문들을 제기한다.

(1) 한국 유권자의 이념성향과 정당지지 사이의 불일치 현상은 증가하는 추세인가? 특히 진보적 한나라당 지지자는 과거에 비해 얼마나 늘어나고 있는가? 이들은 어떤 인구사회학적 특징을 가지고 있으며 이들의 정치적 태도와 선호는 어떠한가?

(2) 이념성향-정당지지의 불일치 현상이 증가하는 원인은 무엇인가? 유권자의 이념성향이 변화했기 때문인가? 혹은 정당의 이념적 위치에 대한 유권자의 인식이 변화했기 때문인가? 아니면 정당의 이념적 위치에 대해 유권자가 무지한 때문인가?

(3) 이념 혹은 정당요인 이 외에 이념성향-정당지지의 불일치를 초래한 제3의 요인은 없는가? 한국 유권자의 가장 핵심적인 태도결정 요인으로 지적되어 온 지역주의가 이념-정당 불일치 현상을 가져왔나? 혹은 이슈에 대한 태도 변화가 유

권자의 이념성향과 정당 지지의 불일치를 가져온 것은 아닌가?

본 연구는 최근 증가하고 있는 진보성향의 한나라당 지지자에 대한 경험적 분석을 통해 위에서 제기한 질문들에 대한 대답을 제시하고자 한다. 본 논문의 구성은 다음과 같다. 2장에서는 이념성향-정당지지의 불일치 현상에 대한 해외의 주요 선행 연구와 이론적 시각을 정리하고 논의할 것이다. 3장은 최근 증가하는 한국 유권자의 이념성향-정당지지 불일치 현상을 선거여론조사 데이터를 활용하여 경험적으로 분석한다. 이를 통해 선행연구에서 나타난 주요 이론들의 설명력을 검증할 것이다. 4장은 진보적 한나라당 지지자의 증가 요인을 추적하기 위해 그들의 인구사회학적 특징을 분석할 것이다. 또한 경제실적에 대한 평가라는 합의 이슈가 진보적 한나라당 지지자의 증가에 미치는 영향을 분석할 것이다. 5장 결론에서는 본 연구에서 수행된 경험적 분석을 통해 확인된 주요 발견을 요약하고 그 이론적 함의를 제시할 것이다.

이념성향 - 정당지지의 불일치 현상에 대한 이론적 논의

한국학계에서는 이념-정당 지지가 불일치하는 층에 대한 본격적인 연구가 축적되어 있지 못하다. 따라서 한국정치에서 새롭게 부각되고 있는 진보적 한나라당 지지층 분석을 위해서는 해외 학계의 선행연구를 살펴볼 필요가 있다.

해외 선행연구 중에서 보수적 민주당 지지자 conservative Democrat 연구를 본격적으로 진행한 카마인즈 외(Carmines & Berkman 1994)와 쉬퍼(Schiffer 2000)의 논의를 참조할 필요가 있다.[1] 그들은 각각 미국의 1972년~1988년과 1976년~1996년의 미국전국선거데이터 American National Election Survey, 이하 ANES 분석을 통해 공화당 지지자 중 진보주의자 liberal 는 대체로 10% 이내, 민주당 지지자 중에서 보수주의자 conservative 는 적어도 25% 내외에 달하는 패턴이 지속되고 있다고 주장한다. 그들은 이 현상이 현대 미국정치의 대표적인 일탈 anomaly 현상으로서 특히 정당 당파성과 이념 재편 reaglignment 이론에서 매우 흥미로운 연구영역으로 부상하고 있다고 말한다(Carmines & Berkman 1994; Schiffer 2000). 이념성향-정당지지의 불일치 현상을 설명하는 해외의 선행연구들은 대체로 다음의 세 가지 이론적 시각으로 정리할 수 있다.

첫째, 유권자들 사이에서 나타나는 이념-정당지지 불일치 현상을 이념/정당지지 재편의 부산물로서 보는 시각이다. 정당/이념 재편이론에 따르면 유권자들의 이념/이슈 태도가 변화하면서 혹은 정당 스스로의 이념/이슈 위치가 변화하면서 정당일체감의 변화가 발생할 수 있다(Abramowitz & Sanders 1998; Carmines & Wagner 2006; Mayhew 2000). 이러한 재편과정은 엘리트나 정당 활동가들이 기존의 이슈/이념균열을 대체하는 새로운 이슈를 동원하면서 발생하는 하향식 재편의 유형이 있을 수 있고 반대로 거시적인 사회적 환경과 정치적 무드 political mood의 변화에 의해 유권자의 이념과 이슈태도가 이동하면서 지지정당을 바꾸는 상향식의 재편도 가능하다. 이 입장에 따르면 미국에서 보수적 민주당 지지자들이 증가하는 현상은 정당/이념 재편이 완성되지 못한 상태 immature realignment에서 나타나는 부산물로서 이해된다. 따라서 장기적으로 재편과정이 완료되어 가면서 정당-이념 간 불일치 현상은 약화될 것이라고 주장한다(Carmines & Berkman 1994; Schiffer 2000).

둘째, 사회심리적 요인에 주목하는 이론적 시각에서 보면 일반 유권자들은 정치적 지식과 개념화의 수준이 낮아 본인과 정당의 이념적 위치에 대한 합리적 평가를 할 수 없는 존재이다. 오히려 이들은 정당일체감과 같은 정치심리적 요인에 의해 인식과 정치태도를 결정하게 된다. "정당일체감은 제반 인식을 채색하는 기제"이며 "유권자는 자신의 당파적 가치 partisan value에 부합하는 정보만을 선별적으로 수용"하기 때문에(Zaller 2002), 정당일체감이 일단 활성화되면 유권자들은 객관적 상황 변화에 따라 자신의 이념/이슈 태도를 변경하기 보다는 자신의 당파성과 어울리는 이념적 상징 label 을 선택한다(Bartels 2002, 117-21). 정당일체감은 상대적으로 안정적인 심리적 정향이기는 하지만 일반적으로는 선거 시기 초기에는 내면에 잠복되고 선거운동 과정을 통해 활성화되면서 유권자의 정치적 선택에 영향을 미치게 된다. 따라서 이념 - 정당일치 불일치 현상은 선거 초기 정당일체감이 활성화되기 이전이나, 정치적 지식 수준이 낮고 약한 정당일체감을 갖고 있는 사람들에게서나 확인할 수 있는 현상이다(김장수 2005b, 157). 셋째, 이념성향 - 정당지지의 불일치 현상의 원인을 일부 유권자들이 가지고 있는 '이단적인 인식' heterodox perceptions 에서 찾는 이론적 시각도 있다. 레비틴과 밀러 Levitin and Miller의 연구에 따르면 민주당 지지자와 공화당 지지자 대부분이 민주당 카터 후보를 공화당 포드 후보에 비해 진보적이라고 인식하는 반면, 보수적 민주당 지지자는 카터 후보를 더 보수적이라고 평가하는 경향을 보이고 있다고 지적한다. 즉 보수적 민주당 지지자는 진보-민주당, 보수 - 공화당 이라는 전통적 인식과 다른 인식체계에 의해 유지된다고 주장한다(Levita & Miller. 1979) 따라서 이 시각에서는 진보이념과 보수당 지지, 보수 이념과 민주당 지지를 일탈 현상으로 보지 않다.

　위에서 요약한 해외 선행연구에서 나타난 세 가지 이론적 시각은 이념성향 - 정당지지의 불일치 현상이 나타난 주요 원인도 다르게 진단하지만, 이념성향 - 정당지지의 불일치 현상이 이후 강화될 것인지, 약화될 것인지에 대해서도 다르게 전망한다. 첫 번째와 두 번째 이론은 유권자의 이념성향과 정당지지 사이의 불일치가 나타나는 근본적 원인에 대한 입장에서는 차이가 있지만 이념성향과 정당지지는 단기적으로는 불일치되더라도 장기적으로 일치하는 방향으로 수렴될 것이라고 보는 점에서는 일치한다. 하지만 세 번째 이론적 시각에서는 앞의 두 시각과는 달리 이념성향-정당지지 사이의 불일치 현상을 일시적인 일탈 현상으로 보지 않으며 장기적으로 이념성향과 정당지지가 수렴될 것이라고도 전망하지 않는다 (Layman & Carsey 2002; Layman et. al. 2006; 김장수 2005b).

앞에서 정리한 이론적 시각들은 유권자의 이념성향과 정당지지라는 두 변수를 중심으로 이념성향과 정당지지의 불일치 현상을 본 연구는 일차적으로는 이러한 해외 선행연구들의 이론적 시각을 활용하여 한국 유권자의 이념성향-지지정당 불일치 현상을 분석할 것이다 또한 진보적 한나라당 지지자의 증가를 설명하기 위한 제3의 요인이 존재할 수 있다는 문제의식을 가지고 이를 검증할 것이다. 본 연구는 제3의 요인으로서 (1) 지역정체성 (2) 경제적 합의이슈 valence issue 의 역할에 주목하고자 한다.

김장수의 지적처럼 지역주의가 개인의 투표결정에 압도적 영향력을 행사해 온 한국에서는 지역정체성 regional identification 이 서구에서의 정당일체감을 대체할 수 있다는 가정은 설득력을 갖는다(김장수 2005a, 165). 필자들은 지역요인이 유권자의 이념성향과 정당지지의 관계를 왜곡시키는 교란요인이 될 수 있으며, 그 결과 이념과 정당지지의 불일치 현상이 나타날 수 있다고 가정한다.

한편 지난 17대 대선에서 기존 여당 지지층의 이탈을 가져온 핵심요인으로서 노무현 정부에 대한 실망과 경제운영 능력에 대한 부정적 평가가 크게 작용했다는 점지적이 지배적이다. 본 연구는 정부여당의 경제실적에 대한 합의이슈가 한국 유권자의 이념성향-정당지지의 불일치를 초래한 원인으로 작동하였다는 이론적 가설을 제시하고, 17대선에서 경제상황의 악화에 대한 정부의 책임을 묻는 태도가 진보적 성향의 유권자들이 한나라당 지지로의 이탈을 설명하는 주요 원인으로 작동하였는가를 경험적으로 검증할 것이다. '성장 대 붐배 문제' 처럼 이념별로 찬성과 반대의 입장 차이가 뚜렷하게 존재하는 이념적 위치 이슈 positional issue 는 개인이 갖고 있는 이념의 제약을 받기 쉽다. 그러나 합의 이슈 valence issue 는 '강간범에 대한 처벌' 처럼 쉽게 그 목표에 대한 합의에 도달할 수 있는 이슈를 말한다(Dalton 1996; Pattie & Johnstone 2008; 이내영·정한울 2007). 합의이슈의 경우 목표보다는 실적과 관리능력에 대한 평가에 따라 유권자의 의견차이가 발생하게 된다. 이러한 개념 규정에 따르면 이념 성향과 위치 이슈에 대한 태도가 일치할 때 이념 - 정당지지 일치 현상을 강화시키는 힘으로 작용하고 합의 이슈에 대한 태도 역시 이념 - 정당지지 패턴에 영향을 미칠 것으로 판단된다. 이에 따라 합의 이슈라 할 수 있는 노무현 정부의 경제 실적 이슈에 대한 부정적 평가가 진보적 한나라당 지지 경향을 강화시켰는지 살펴볼 것이다.

심화되는 한국 유권자의 이념성향-정당지지 불일치 현상에 대한 경험적 분석과 이론적 논의

이 장에서는 이 글의 분석의 초점이 되고 있는 한국 유권자들의 이념성향과 정당지지의 불일치 현상의 규모와 원인을 분석할 것이다. 우선 (1) 15대선부터 작년 17대선까지 얼마나 증가하는지 살펴본 후 (2) 2007년 대선패널 여론조사기간인 4월부터 12월 사이에 진보적 한나라당 지지자의 규모와 변화 추세를 살펴볼 것이다. 이를 통해 이념성향- 정당지지 불일치 현상에 대한 주요 이론적 시각의 타당성을 논의할 것이다. 둘째로 한국 유권자들이 자신의 이념과 정당의 이념에 대한 평가를 바탕으로 이념과 정당지지의 양극화 현상이 나타나는지, 이 양극화 현상이 이념성향 - 정당지지 불일치와는 어떤 관계가 있는가를 논의할 것이다. 마지막으로 한국 유권자들을 이념성향 - 지지정당패턴에 따라 8가지로 유형화하고 각 유형별로 주요 정당들의 이념적 위치를 어떻게 파악하고 있는가를 면밀하게 분석할 것이다. 이를 통해 이념성향-정당지지 불일치 현상이 특정 유권자들이 각 정당의 이념위치를 독특하게 평가한 결과일 수 있다는 이단적 인식체계 이론의 설명력을 검증할 것이다.

진보적 한나라당 지지자의 변화 추세

17대선에서의 진보적 한나라당 지지층의 급증

〈표1〉은 15대부터 17대 대통령 선거까지의 여론조사에 나타난 이념성향별 지지정당의 분표를 정리한 결과다. 진보적 한나라당 지지자의 규모를 보면 15대, 16대 선거에서는 매 조사 시점에서 자신이 진보라고 응답한 유권자의 11.0%, 11.7%만이 한나라당을 선호한다는 응답을 했다. 그러나 2007년 17대 대선에서는 진보성향 유권자의 한나라당 지지 비율이 무려 32.4%로 크게 급증하고 있다. 진보성향의 응답자 중 18.0%만이 대통합민주신당을 선호한다고 답하고 12.3%만이 민주노동당을 선호한다고 응답함으로써 진보층에서도 한나라당이 가장 선호하는 정당이었다는 점을 알 수 있다. 이 결과는 보수성향의 유권자는 한나라당을 지지하

〈표1〉 15~17대 이념별 선호정당 [2]

	15대 대선 (1997)			16대 대선 (2002)			17대 대선 (2007)				
	한나라당	국민회의	국민신당	한나라당	새천년민주당	민주노동당	한나라당	대통합신당	민주노동당	민주당	창조한국당
진보	43 (11.0)	156 (39.9)	52 (13.3)	72 (11.7)	212 (34.4)	65 (10.6)	166 (32.4)	92 (18.0)	63 (12.3)	44 (8.6)	31 (6.1)
중도	40 (16.6)	72 (29.9)	28 (11.6)	105 (21.7)	118 (24.4)	12 (2.5)	364 (43.0)	124 (14.7)	62 (7.3)	51 (6.0)	19 (2.2)
보수	118 (26.3)	123 (27.5)	40 (8.9)	173 (43.3)	75 (18.8)	9 (2.3)	409 (54.8)	70 (9.4)	55 (7.4)	29 (3.9)	16 (2.1)
전체	219 (18.3)	389 (32.5)	125 (10.5)	350 (23.3)	405 (27.0)	86 (5.7)	940 (44.5)	289 (13.7)	180 (8.5)	125 (5.9)	66 (3.1)

자료 : 선거학회 15대 대선(1997)·16대 대선(2002), EAI·SBS·중앙일보·한국리서치 2007 대통령선거패널 제3차 조사
주1. 칸 안에 숫자는 응답빈도, 괄호안의 숫자는 이념성향별 해당정당 선호 응답자 비율(%)
주2. 주관적 자기이념성향의 경우 모름/무응답 항목은 표기하지 않음. 선호정당의 경우 전체 응답자 중 1% 미만의 지지를 받은 정당과 없음/모름/무응답 항목은 표기하지 않음.

고, 반대로 진보적 유권자는 진보정당을 지지하는 과거의 이념성향별 지지정당 패턴이 완화되고 있음을 뚜렷하게 보여주고 있다.

17대선기간 내 변화 : 진보적 한나라당 지지자의 감소

선거기간 중 이념 및 정당지지 패턴의 변화를 살펴볼 때 먼저 한국 유권자의 이념성향에서 나타나는 보수화 추세에 주목할 필요가 있다. 〈표2〉는 2007년 대선 기간 중의 패널조사 데이터를 활용하여 2007년 4월에 실시한 1차조사와 12월에 실시한 6차조사 사이의 이념성향별 정당지지 패턴을 비교한 결과이다. 〈표2〉에서 확인할 수 있는 것처럼 1차와 6차 패널조사를 비교하면 유권자의 이념성향의 분포가 진보의 비율이 줄고(30.0% → 22.5%), 보수의 비율은 크게 증가하고 있다 (28.0% → 43.3%). 대선기간 중 이념적 보수화가 일어났다고 보는 것이 타당할 것이다.

동시에 주목할 점은 선거초기에 비해 선거말미에는 이념 - 정당지지 불일치 현상이 감소하는 현상이다. 1차 조사에서 진보적 한나라당 지지자의 수는 217명으로 진보성향 응답자(634명) 가운데에서는 34.2%에 달했지만, 6차 조사에서는 123명으로 진보성향 응답자(476명) 내에서 25.8%로 줄어들고 있음을 알 수 있다. 진보적 한나라당 지지의 대칭적 개념이라고 할 수 있는 보수적이면서 진보정당 지지자들의 경우에도 미세하게나마 줄어들고 있음을 확인할 수 있다.

선거운동이 본격화되면서 진보성향의 유권자들이 대폭 줄어들면서 진보적 한나라당 지지자 비율이 동시에 줄어들었다는 것은 결국 진보층 내에서 한나라당을 지지하던 응답자들 중 다수가 자신의 진보적 이념적 정체성으로부터 탈피하여 6차 조사에서는 중도 혹은 보수로 이동했다는 것을 의미한다. 문제는 선거과정에서 나타난 진보의 위축과 진보적 한나라당 지지층의 축소라는 변화를 어떻게 이해해야 하는지에서 나타난다. 유권자의 이념적 변화가 정당지지의 변화로 이어진다는 이념재편이론의 관점에서 이해할 것인지 아니면 정당 정체성이라

<표2> 이념성향별 정당지지 패턴 비교 (1차 조사, 6차 조사)

		정당지지(1차) *							전체
		한나라당	열린우리당	민주당	민주노동당	통합신당모임	무당파	모름무응답	
이념 1차	진보	217 (34.2)	119 (18.8)	31 (4.9)	76 (12.0)	42 (6.6)	148 (23.3)	1 (0.2)	634 (30.0)
	중도	416 (47.8)	94 (10.8)	58 (6.7)	45 (5.2)	28 (3.2)	220 (25.3)	9 (1.0)	870 (41.2)
	보수	335 (56.5)	57 (9.6)	25 (4.2)	37 (6.2)	25 (4.2)	112 (18.9)	2 (0.3)	593 (28.0)
	모름/무응답	11 (68.8)	1 (6.3)	0 (0.0)	0 (0.0)	0 (0.0)	1 (6.3)	3 (18.8)	16 (0.8)
전체	빈도 (비율)	979 (46.3)	271 (12.8)	114 (5.4)	158 (7.5)	95 (4.5)	481 (22.8)	15 (0.7)	2113 (100.0)

		정당지지(6차) *								전체
		한나라당	대통합신당	민주당	민주노동당	국민중심당	창조한국당	다른정당	무당파	모름무응답	
이념 6차	진보	123 (25.8)	120 (25.2)	8 (1.7)	61 (12.8)	0 (0.0)	28 (5.9)	5 (1.1)	130 (27.3)	1 (0.2)	476 (22.5)
	중도	325 (45.1)	102 (14.1)	16 (2.2)	34 (4.7)	5 (0.7)	16 (2.2)	8 (1.1)	214 (29.7)	1 (0.1)	721 (34.2)
	보수	560 (61.2)	85 (9.3)	24 (2.6)	42 (4.6)	2 (0.2)	14 (1.5)	5 (0.5)	183 (20.0)	0 (0.0)	915 (43.3)
전체	빈도 (비율)	1008 (47.7)	307 (14.5)	48 (2.3)	137 (6.5)	7 (0.3)	58 (2.7)	18 (0.9)	527 (25.0)	2 (0.1)	2112 (100.0)

자료 : EAI · SBS · 중앙일보 · 한국리서치 2007 대통령선거패널 제1차 · 6차 조사
주1. 수치는 빈도수, 괄호안의 수치는 각 이념별 해당 정당 지지비율
주2. * : Pearson 카이제곱 검증결과, p<0.01

는 궁극적인 정치성향이 선거과정에서 활성화되면서 정당정체성에 부합하는 이념정체성으로 수렴한다는 활성화 이론으로 이해할 것인가?

　이념적 변화에 따라 정당지지가 변화한다는 차원에서 이해한다면 이념적 보수화는 진보의 위축/진보적 한나라당 응답자의 축소와 함께 보수적 한나라당에 대한 지지 확대로 이어질 때 타당성을 갖게 된다. 반대로 활성화 이론에 따르면 사회심리학적 이론이 주장하는 것처럼 정당 요인이 활성화되면서 한나라당 지지자 중 1차에서 진보를 선택했던 응답자들 중 상당수가 자신의 지지정당 색깔에 자신의 이념선택을 맞추어 간 것으로 해석된다. 이 경우에는 굳이 이념적 보수층의 증가가 보수 정당지지 확대로 귀결될 필요가 없다. 아주 극단적으로 표현하면 1차에서 한나라당 지지했던 사람 중 진보이념 성향을 갖는다고 잠시 '이탈했던' 유권자들 중 일부가 '되돌아 온' 과정이라면 굳이 한나라당 지지의 총량에는 변화가 없기 때문이다.

　〈표2〉에서 1차에서 6차로 보수층이 593명에서 915명으로 늘어나는 동안 한나라당 지지자는 1차 979명(46.3%)에서 6차 1008명(47.7%)로 불과 29명ㅇ 증가하는 데 그치고 있다. 이렇게 이념적 보수층의 급증에도 불구하고 한나라당 지지에는 큰 변화가 없었다는 점은 유권자들의 이념적 보수화가 보수정당에 대한 지지를 증가시킬 것이라는 이념재편 이론의 주장을 부정하는 경험적 증거이다. 따라서 진보적 한나라당 지지자 비율이 감소하는 추세는 한나라당 지지자 중 1차에서 진보라고 답했던 유권자의 상당수가 선거과정을 통해 자신의 지지정당에 맞는 보수이념 라벨을 선택하는 정당일체감의 활성화의 결과라는 주장이 더 설득력이 높다고 판단된다.

유권자와 정당의 이념적 양극화

이 절에서는 한국 유권자의 이념성향과 정당의 이념적 위치에 대한 평가에서 나타나는 양극화 현상을 분석할 것이다. 기존 연구들은 유권자와 정당의 이념 양극화가 심화될 경우 개인 유권자 수준에서 이념성향-정당지지 불일치 현상은 약화될 것이라고 주장한다(Carmines & Berkman 2004). 유권자의 이념성향과 정당의 이념위치가 진보-보수의 양축으로 뚜렷하게 갈라질수록 유권자의 이념성향과 지지정당이 일치하는 경향을 보인다는 것이다.

〈표3〉은 2000년 총선 후 여론조사와 2007년 대선 5차 패널조사에서 유권자들이 평가한 각 정당의 이념적 위치 점수의 평균과 해당 정당 지지자의 주관적 자기 이념 점수의 평균을 비교한 결과이다. 분석결과를 정리하면 다음과 같다.

첫째, 유권자들이 인식하고 있는 정당의 이념위치 평가를 보면 2000년에 비해 2007년 조사결과 유력 정당(2000년의 경우 한나라당-민주당, 2007년의 경우 한나라당과 대통합신당) 사이의 이념적 거리가 더 분명하게 나타나고 있다. 2000년 국회의원 선거를 분석한 강원택의 연구결과에 따르면 당시 유권자들은 한나라당을 5.7점으로 인식하여 자민련(6.6점)에 이어 가장 보수적으로 파악한 반면, 민주당은 5.4점으로 한나라당에 비해서는 상대적으로 진보적이라는 평가를 받고 있었다. 민주노동당은 4.2점으로 가장 진보적 정당으로 평가하고 있다(강원택 2003, 64).

그러나 2007년 대선패널 조사에서는 민주노동당이 4.2점으로 동일한 점수를 받아 가장 진보적인 정당으로 인식되고 있으며 한나라당은 6.5로 가장 보수적인 정당으로 평가받고 있다. 2000년과 비교하면 더 오른쪽으로 이동한 것으로 평가받고 있는 것이다. 반면 여당인 열린우리당을 계승한 대통합신당은 창조한국당과 함께 4.5점으로 평가를 받아 2000년에 비해 왼쪽으로 이동하였음을 보여준다. 노무현 정부 초기 열린우리당과의 분당과정에서 잔류한 민주당의 경우 5.1로 약간 중도보수적 성향으로 인식되고 있다. 정당경쟁을 주도하는 한나라당과 대통합신당만을 놓고 보면 유권자들은 정당 사이의 이념적 양극화 현상이 강화되고 있는 것으로 평가하고 있는 것이다.[3]

〈표3〉 정당이념평가 및 각 정당 지지자의 자기이념평가 2000년~2007년 비교

분류		민주 노동당	대통합 신당	창조 한국당	국민 중심당	민주당	한나라당
정당이념 평가	2007년	4.2	4.5	4.5	4.9	5.1	6.5
	2000년	4.2				5.4	5.7
정당지지별 자기이념 평가	2007년	4.6	4.6	4.6	4.7	5.1	6.1
	2000년					4.8	5.2

자료 : EAI · SBS · 중앙일보 · 한국리서치 2007 대통령선거패널 제5차 조사, 강원택(2003, 65)
주1. 정당이념 및 자기이념 평가점수는 0을 매우 진보, 5를 중도, 10을 매우 보수로 하여 응답한 수치의 평균값.
주2. 2000년 전체 유권자 자기이념 평균 4.7 전체 유권자 이념점수 평균은 5.5

둘째, 정당이념 위치와 그 정당을 지지하는 유권자들의 이념성향이 매우 근접하고 있다는 점도 주목할 만한 결과이다. 이는 이미 이전 선거에서도 확인된 바 있지만(강원택 2003, 67), 유권자의 이념적 태도와 정당에 대한 이념평가가 일치함으로써 다운즈가 주장한 것처럼 자신의 이념적 위치와 근접한 정당을 선택한다는 주장을 확인시켜주는 결과이다(Grofman 2004). 이는 정당일체감이 이념적 균열선에 따라 형성된다는 이념적 재편이론의 주장을 지지하는 결과로 보인다(Abramowitz & Sanders 1998). 그러나 이념적 양극화 · 정당 간 이념적 거리의 확대에도 불구하고 앞서 살펴본 바와 같이 진보성향의 한나라당 지지자가 과거 선거에 비해 17대선에서는 크게 늘어난 것을 고려하면 이념 및 정당의 양극화가 직접적으로 이념성향-정당지지의 불일치 현상을 약화시킬 것이라는 주장은 설득력을 갖기 힘들다.

유권자의 이단적 인식과 이념성향 - 정당지지의 불일치

이념성향-지지정당 불일치 현상을 일시적이고 비정상적인 현상으로 보는 이론들은 유권자들이 자신의 이념성향과 정당의 이념위치를 정확히 인식하고 있다고

가정한다. 그러나 이단적 인식 이론은 상당수의 유권자들이 자신과 정당의 이념 위치에 대한 보편적인 평가와는 다른 이단적 인식 heterodox perception을 가지고 있기 때문에 이념성향-정당지지의 불일치 현상이 나타난다고 주장한다. 즉 진보적 한나라당 지지자들이 한나라당을 대통합신당이나 민주노동당보다 진보적이라고 보는 이단적 인식을 가지고 있기 때문에 한나라당을 지지한다는 것이다.

본 연구에서는 한국 유권자들이 실제로 이단적 인식을 가지고 있는지, 있다면 이단적 인식을 가지고 있는 유권자들은 누구이며 그 비율은 어느 정도인지를 확인하기 위해 이념성향과 정당지지 응답을 교차하여 8가지의 이념성향-정당지지 유형을 만들고 이들을 면밀하게 비교하였다. 범진보정당에는 5차 조사에서 유권자들이 진보적(5점 미만)이라고 평가한 대통합신당, 창조한국당, 민주노동당을 포함시키고, 중도정당으로는 T-test결과 95% 신뢰구간에 5점(중도)를 포함하는 국민중심당, 민주당을 포함시켰다. 보수정당은 한나라당, 무당파는 지지정당이

〈표4〉 이념-정당지지 유형별 정당이념평가 평균점수 비교 (ANOVA Test)

이념-정당지지		정당이념평가 민주노동당* (4.2)	대통합신당* (4.5)	창조한국당 (4.5)	민주당* (5.1)	한나라당* (6.5)
진보	한나라당	4.4	4.7	4.8	5.0	5.8
	중도정당	5.7	5.3	5.4	5.2	5.9
	범진보당	3.6	4.0	4.4	5.5	7.2
	무당파층	4.2	4.8	4.5	5.5	6.3
보수	한나라당	3.9	4.1	4.5	5.1	6.8
	중도정당	3.8	4.5	4.6	5.5	7.5
	범진보당	4.3	5.0	4.6	5.2	6.7
	무당파층	4.4	4.8	4.3	5.0	6.4

자료 : EAI · SBS · 중앙일보 · 한국리서치 2007 대통령선거패널 제5차 조사
주1. 정당이념 평가점수는 0을 매우 진보, 5를 중도, 10을 매우 보수로 하여 응답한 수치의 평균값.
주2. 칸 안의 수치는 유형별 정당이념 평가점수 평균. ( )의 수치는 전체 응답자들의 정당이념 평가점수 평균.
주3. * ANOVA test 결과, $p < 0.01$

없다고 응답한 층을 의미한다. 이들 유형별로 정당이념 평가가 어떻게 차이가 나는 가를 살펴보기 위해 각 정당에 대한 이념평가 점수의 평균을 일원평균분산분석을 통해 비교했다. 〈표4〉의 결과를 보면 다음과 같은 특징을 발견할 수 있다.

우선 이단적 인식 이론이 가정하듯이 이념-정당지지가 불일치하는 층의 경우 대통합신당과 한나라당에 대해서는 전체 유권자들이 생각하는 위치보다는 자기의 이념성향 쪽에 상대적으로 가깝게 인식하는 경향을 보여준다. 전체 응답자들의 한나라당 정당이념 위치 평가가 6.5였던 것에 비하면 진보적 한나라당 지지층에서는 5.8로 상대적으로는 덜 보수적인 것으로 인식하고 있다. 진보적이면서 진보성향의 정당을 선택한 응답층이 한나라당을 7.2로 평가한 것과는 아주 큰 차이를 보여준다. 반면 대통합신당의 경우 전체평균은 4.5인데 반해 보수적 진보정당 지지층에서는 5.0으로 상대적으로 보수적인 정당으로 평가하고 있다. 민주노동당, 창조한국당에 대해서는 전체평균과 거의 비슷한 인식을 보여 주고 있다. 그러나 어떤 유형에서도 평균적으로 각 정당의 좌우 이념 위치를 뒤바꿔 인식하는 것으로 보기는 힘들다. 즉 한나라당을 보수적 정당으로, 민주당을 중도 정당으로, 나머지 정당을 진보적인 정당으로 구분하고 있음을 보여준다.

이러한 결론이 개인 수준에서도 타당한지 살펴보기 위해 대표적인 경합정당인 한나라당과 대통합민주신당과의 상대적인 위치를 '한나라당이 더 진보적', '이념이 서로 같다', '한나라당이 더 보수적'이라고 보는 경우로 분류하여 개인 응답자들을 분류했다. 그 결과가 〈표5〉이다.

우선 중도층을 제외한 전체 응답자 중에서 한나라당이 대통합신당보다 더 진보적이라는 응답자가 15.9%였고 서로 이념적으로 비슷하게 인식하는 비율은 10.4%였다. 반대로 한나라당이 대통합민주신당보다 보수적이라고 대답한 비율은 73.7%에 달했다. 모든 응답유형에서 한나라당이 대통합민주신당보다는 보수적이라는 정답(?)을 맞추고 있다.

유형별로 살펴보면 진보층에서 한나라당을 지지하는 유형 가운데서 26.2%와

〈표5〉 한나라당과 대통합민주신당 이념위치 평가 : 이념-정당지지 유형별 분포 (%)

		한나라당이 더 진보적 (-)	서로 같다 (0)	한나라당이 더 보수적 (+)
진보	한나라당[122]	32 (26.2)	11 (9.0)	79 (64.8)
	중도정당[8]	3 (37.5)	0 (0.0)	5 (62.5)
	범진보당[209]	27 (12.9)	13 (6.2)	169 (80.9)
	무당파층[130]	25 (19.2)	17 (13.1)	88 (67.7)
보수	한나라당[560]	67 (12.0)	54 (9.6)	439 (78.4)
	중도정당[25]	2 (8.0)	1 (4.0)	22 (88.0)
	범진보당[141]	40 (28.4)	9 (6.4)	92 (65.2)
	무당파층[180]	23 (12.8)	38 (21.1)	119 (66.1)
Total 1375 (100)		219 (15.9)	143 (10.4)	1013 (73.7)

자료 : EAI · SBS · 중앙일보 · 한국리서치 2007 대통령선거패널 제5차 조사
주. * Pearson 카이제곱 검증결과 p＜0.01

보수층에서 진보적 정당을 지지하는 유형의 28.4%가 한나라당이 대통합민주신당보다 더 진보적이라는 이단적 인식을 갖고 있는 것으로 나타났다. 반면 무당파들의 경우에는 두 당의 이념적 위치가 서로 같다고 보는 비율이 특정 정당 지지자들 보다 상대적으로 높게 나타났다. 이는 역으로 두 정당의 차별성이 없다고 볼 때 무당파를 선택할 확률이 높아진다는 것을 의미하는 것이기도 하다. 한편 진보 - 진보정당 지지, 보수-보수정당 지지로 이어지는 일관된 입장을 가진 사람들 중에서는 예상한대로 한나라당이 더 보수적이라고 답한 응답이 80%에 달하는 것으

로 나타났다.

결론적으로 진보 - 한나라당 지지, 보수 - 진보정당을 지지하는 이념-정당지지 불일치 태도를 갖는 유권자들일수록 양 정당사이의 이념적 위치에 대한 역전된 평가를 하는 경향이 강했다. 그러나 이념성향과 정당지지에서 불일치한 태도를 갖는 응답자들에서조차 10명 중 6명 이상은 양정당 사이의 이념적 위치 차이를 분명하게 인식하고 있다는 점을 고려하면 이단적 인식이론의 설명력은 그다지 크다고 보기는 힘들다.

진보적 한나라당 지지자, 누가? 왜?

이전 선거에 비해 17대선에서 크게 늘어난 진보적 한나라당 지지층은 어떤 사람들이고 이들은 어떤 인식과 태도를 가지고 있는가? 이 질문에 대해 본 연구는 구체적으로 두 가지 차원에서 접근할 것이다. 첫째는 진보적 한나라당 지지자의 인구사회학적 배경을 살펴 볼 것이다. 특히 한국선거를 좌우해온 지역 요인과 함께 세대 요인을 중심으로 이념성향과 정당지지 패턴의 관계를 파악할 것이다. 둘째는 유권자의 이슈에 대한 태도가 이념 - 지지정당의 선택에 미치는 영향을 분석할 것이다. 구체적으로 정부여당의 경제실적에 대한 부정적 평가가 진보적 한나라당 지지자를 증가시키는 요인으로 작용하였다는 가설을 검증할 것이다.[4]

진보적 한나라당 지지자들의 인구사회학적 특성

진보성향의 한나라당 지지자의 인구사회학적 특성을 찾기 위해 자신이 진보라고 대답한 응답자만을 대상으로 세대별 · 지역별 · 학력별 정당지지 분포를 살펴본 결과가 〈표6〉이다. 우선 전체 진보층 사이에서의 정당지지 분포를 보면 역시 범

<표6> 진보층 세대 · 지역 · 학력별 정당지지 (%)

		진보층				전체
		한나라당	중도 정당	범진보정당	무당파	
연령*	20대	42 (28.8)	2 (1.4)	62 (42.5)	40 (27.4)	146 100
	30대	27 (17.4)	1 (0.6)	84 (54.2)	43 (27.7)	155 100
	40대	20 (24.4)	1 (1.2)	34 (41.5)	27 (32.9)	82 100
	50대 이상	33 (37.9)	5 (5.7)	29 (33.)	20 (23.0)	87 100
권역*	서울	26 (24.5)	1 (0.9)	51 (48.1)	28 (26.4)	106 100
	인천/경기	32 (23.0)	1 (0.7)	57 (41.0)	49 (35.3)	139 100
	대전/충청	12 (31.6)	0 (0.0)	16 (42.1)	10 (26.3)	38 100
	광주/전라	4 (5.8)	4 (5.8)	40 (58.0)	21 (30.4)	69 100
	대구/경북	21 (51.2)	0 (0.0)	12 (29.3)	8 (19.5)	41 100
	부산/울산/경남	27 (42.9)	2 (3.2)	23 (36.5)	11 (17.5)	63 100
	제주/강원	2 (12.5)	0 (0.0)	10 (62.5)	4 (25.0)	16 100
학력*	중졸이하	27 (45.0)	4 (6.7)	13 (21.7)	16 (26.7)	60 100
	고졸	34 (24.6)	1 (0.7)	58 (42.0)	45 (32.6)	138 100
	대재이상	62 (23.0)	3 (1.1)	137 (50.7)	68 (25.2)	270 100
Total		123 (26.1)	8 (1.7)	209 (44.5)	130 (27.7)	469 100

자료 : EAI · SBS · 중앙일보 · 한국리서치 2007 대통령선거패널 6차 조사
주1. 수치는 빈도수, 괄호안의 수치는 진보층내 각 배경변수별 해당 정당 지지비율
주2. 무응답은 결측으로 처리함
주3. * pearson 카이제곱 검증결과 p<0.01

〈표7〉 보수층 세대 · 지역 · 학력별 정당지지 (%)

		보수층				전체
		한나라당	중도 정당	범진보정당	무당파	
연령*	20대	88 (53.3)	0 (0.0)	28 (17.0)	49 (29.7)	165 100
	30대	108 (57.8)	3 (1.6)	38 (20.3)	38 (20.3)	187 100
	40대	123 (52.8)	12 (5.2)	47 (20.2)	51 (21.9)	233 100
	50대 이상	241 (74.4)	11 (3.4)	28 (8.6)	44 (13.6)	324 100
권역*	서울	112 (60.9)	9 (4.9)	20 (10.9)	43 (23.4)	184 100
	인천/경기	133 (57.8)	3 (1.3)	39 (17.0)	55 (23.9)	230 100
	대전/충청	58 (63.0)	2 (2.2)	16 (17.4)	16 (17.4)	92 100
	광주/전라	11 (17.2)	11 (17.2)	30 (46.9)	12 (18.8)	64 100
	대구/경북	103 (85.8)	0 (0.0)	1 (0.8)	16 (13.3)	120 100
	부산/울산/경남	118 (67.0)	0 (0.0)	22 (12.5)	36 (20.5)	176 100
	제주/강원	126 (57.8)	0 (0.0)	13 (28.9)	6 (13.3)	45 100
학력*	중졸이하	113 (51.1)	9 (4.1)	40 (18.1)	59 (26.7)	221 100
	고졸	244 (68.7)	13 (3.7)	47 (13.2)	51 (14.4)	355 100
	대재이상	202 (60.8)	3 (0.9)	54 (16.3)	73 (22.0)	332 100
Total		561 (61.6)	25 (2.7)	141 (15.5)	184 (20.2)	911 100

자료 : EAI · SBS · 중앙일보 · 한국리서치 2007 대통령선거패널 6차 조사
주1. 수치는 빈도수, 괄호안의 수치는 진보층내 각 배경변수별 해당 정당 지지비율
주2. 무응답은 결측으로 처리함
주3. * pearson 카이제곱 검증결과 p<0.01

진보정당을 지지한 응답층이 44.5%에 달해 가장 많았고, 무당파라고 응답한 층이 27.7%였다. 진보층 중에서 한나라당을 지지한 응답층은 26.1%였다. 세대별 구성으로 보면 한나라당의 핵심 지지층으로 분류되는 50대 이상의 나이든 세대에서는 진보적 한나라당 지지자가 37.9%에 달해 가장 높은 응답을 기록한 반면 범진보정당을 지지한 응답은 33.3%로 가장 낮았다. 한편 진보층에서 이념성향과 정당지지가 가장 일치하는 집단은 30대로서 범진보정당을 지지한 비율이 54.2%에 달한 반면, 한나라당 지지 비율은 17.4%에 불과했다. 20대 진보층의 한나라당 지지 비율은 28.8%로 30대만이 아니라 40대와 비교해도 높은 것으로 나타난 점은, 최근 20대의 보수화 추세를 뚜렷히 보여주는 결과이다.

한편 지역별로 보면 역시 범진보 정당의 지역적 토대 역할을 해온 광주/전라 지역 진보층의 경우 58.0%가 범진보정당을 지지한다고 밝힌 반면, 영남출신의 진보층은 선호정당으로서 한나라당을 꼽은 응답이 대구/경북 51.2%, 부산/경남 거주자의 42.9%에 달했다. 지역갈등의 두 축을 담당했던 영남과 호남 거주 여부가 이념과 정당지지의 불일치 현상에 적지 않은 영향을 미치고 있음을 알 수 있다.

또한 학력변수를 보면 대재이상에서는 과반수 이상이 범진보정당을 선택하고 있는 반면 중졸이하에서는 무려 45.0%가 한나라당을 지지하는 불일치 현상을 보여주고 있다. 정치적 태도와 이념적 태도의 일관성을 유지하는 것은 높은 수준의 정치적 지식과 교육수준을 필요조건으로 한다는 기존 논의가 상당한 타당성을 가지고 있음을 보여주는 결과이다.

한편 <표7>에서 보수층의 정당선택을 비교해보면 진보층의 정당선택과 반대의 패턴을 확인할 수 있다. 진보층 중에서 한나라당지지 경향이 강했던 50대, 영남 거주자 층에서 보수이념-한나라당 선택의 일관성이 높게 나타난 반면 30대, 40대, 호남 거주자 층에서 보수이념-범진보정당지지 경향이 상대적으로 높게 나타났다. 다만 학력변수의 경우 진보층이건 보수층이건 학력수준이 높을수록 이념-정당지지의 일치현상이 높게 나타남으로써 높은 수준의 지적 능력이 이념-정당

지지를 일치시키는 요인으로 작용하고 있음을 시사해준다.

정리하면, 그 동안 한국 정치를 강하게 규정해 온 지역요인은 정당 - 이념 불일치 현상을 강화시키는 요인으로서 여전히 강한 생명력을 갖고 있다. 2000년대 들어와 부각되고 있는 세대·학력(지적능력)도 정당 - 이념 불일치를 설명하는 요인으로서 주목할 필요가 있음을 보여주는 결과이다.

이념성향 - 정당지지 불일치에 미치는 경제이슈의 역할

대다수의 언론과 전문가들이 지적한 것처럼 17대 대선의 가장 중요한 쟁점은 경제였다. 노무현 정부와 집권당의 무능한 경제관리가 여당의 지지도를 하락시킨 핵심 요인인 반면, 한나라당 이명박 후보는 CEO 경력을 부각시키고 경제회복을 약속하면서 정부여당에 실망한 유권자들의 지지를 얻을 수 있었다. 해외 학계에서는 경제상태의 변화에 대한 정부의 실적과 능력에 대한 평가가 정치행태에 영향을 미친다고 주장한 패티와 존스톤의 연구와 같이, 합의이슈 valence issues 가 유권자의 행태에 미치는 영향에 대한 연구가 부쩍 늘고 있다(Patti & Johnstone 2008). 그러나 국내에서는 위치이슈와 합의이슈를 구분하여 그 영향을 살펴보는 연구 성과가 매우 미흡한 상태이다. 오히려 성장-분배, 재벌개혁 등의 이념적 경제이슈에 대한 연구들은 상대적으로 많은 연구가 진행되고 있다(강원택 2003). 본 연구에서는 진보적 한나라당 지지자 혹은 보수적 진보정당 지지행태를 설명하는데 있어 경제에 대한 합의이슈 연구가 유용할 수 있다고 가정하고 이념성향-정당지지 불일치 현상에 영향을 비치는 이슈의 역할을 이념적 위치이슈와 합의적 실적이슈[5]의 구분을 통해 살펴보았다.

〈표8〉은 진보층과 보수층 각각에 대해 합의이슈와 이념이슈가 정당지지에 미친 영향을 잘 보여준다. 우선, 진보층을 살펴보면 합의이슈와 이념이슈 모두 정당지지선택에 매우 큰 영향을 미치고 있음을 알 수 있다. 즉 국가경제상태에 대해

〈표8〉 합의이슈 및 이념이슈가 지지정당 선택에 미친 영향 (%)

진보층			한나라당	중도정당	범진보정당	무당파	전체 빈도
국가경제 *	만족	정부책임	8.7	0.0	73.9	17.4	23
		비정부책임	14.3	0.0	60.0	25.7	35
	불만	비정부책임	25.7	1.9	40.0	32.4	105
		정부책임	48.1	1.9	28.3	21.7	106
재벌개혁 *		규제해제	53.6	0.0	23.2	23.2	56
		규제완화	26.6	1.9	43.0	28.5	207
		규제유지	15.4	1.9	46.2	36.5	52
		규제강화	19.4	1.9	53.5	25.2	155

보수층			한나라당	중도정당	범진보정당	무당파	전체 빈도
국가경제 *	만족	정부책임	53.6	0.0	26.7	20.0	15
		비정부책임	33.3	11.1	29.6	25.9	54
	불만	비정부책임	64.5	3.6	14.2	17.8	169
		정부책임	71.7	3.1	9.1	16.0	318
재벌개혁 *		규제해제	78.8	0.0	9.1	12.1	132
		규제완화	65.7	3.9	10.0	20.4	461
		규제유지	57.1	0.9	25.0	17.0	112
		규제강화	41.6	3.0	27.9	27.4	197

자료 : EAI·SBS·중앙일보·한국리서치 2007 대통령선거패널 4차(재벌개혁)·5차(국가경제)·6차(지지정당) 조사
주1. 전체빈도는 응답자수, 나머지 칸의 수치는 모두 합의이슈, 이념이슈에 대한 태도별 정당지지 비율을 보여줌
주2. 무응답은 결측으로 처리함
주3. * pearson 카이제곱 검증결과 p＜0.01

긍정적으로 평가할 경우 그 공이 정부에 있다고 보든 그 외의 세력에 있다고 보든 범진보진당을 선택할 확률이 각각 73.9%, 60%로 매우 높았다. 반면 재벌개혁과 같은 이념이슈는 재벌규제의 완전한 해제를 요구하는 층에서는 무려 과반수가 한나라당을 지지하고 있지만 응답자가 56명으로서 다른 응답에 비해 소수에 불

과했다. 재벌규제에 긍정적일수록 진보층에서도 범진보 정당을 지지하는 비율이 높아지고 있다. 이는 주관적 자기이념 평가와 이념이슈에서의 태도가 일괄될 경우, 자신의 이념성향과 유사한 이념성향을 가진 정당을 지지할 가능성이 높아진다는 것을 의미한다.

둘째, 보수층에서 진보층과 마찬가지의 패턴이 나타난다. 보수적이면서 국가경제에 만족하는 사람들의 경우 한나라당 지지경향이 다수를 차지하는 것(33.3%~53.3%)은 사실이지만, 범진보정당을 지지하는 비율도 27~30% 수준에 달한다. 하지만 국가경제에 불만이 있거나 재벌규제를 해제시키는데 동의하는 보수층의 경우 높은 한나라당 지지율(78.8%)을 보이고 있다. 국가경제에 만족하고 재벌에 대한 규제에는 찬성하는 응답층은 이념적으로는 보수적이지만 진보정당을 지지하게 하는 경향이 존재함을 알 수 있다.

결론적으로 그동안 이념성향-정당지지에서 많이 주목해온 이념적 위치이슈 못지않게 합의적 위치이슈가 이념성향-정당지지의 일관성을 유지하거나 이탈요인을 강화하는 데 적지 않은 영향을 미친 것으로 나타났다. 즉 경제이슈에서 경제상태에 대한 유권자들의 평가가 매우 중요한 영향력을 행사하고 있다. 그러나 그 책임을 정부에게 탓을 돌릴 경우와 그렇지 않을 경우 사이에 이념과 지지정당 사이에 일관성이 유지되는 강도가 크게 달라지고 있다는 점은 주목할 결과이다. 종합하면, 이념성향과 이슈에 대한 태도사이에 상호작용 효과가 작용하고 있음을 확인할 수 있다. 진보층 내에서 경제 실적에 대한 부정적 평가가 결합할 때, 이념적 이슈에서 보수적 태도를 가질 때 이념 - 정당 불일치 현상을 강화시킨다. 보수층에서 그 역이 성립하고 있다.

결론

본 연구의 핵심 목적은 17대 대선에서 과거에 비해 급증한 진보적 한나라당 지지층을 중심으로 개인의 자기이념평가와 정당지지가 일치되지 않는 현상을 분석하는 것이다. 본 연구에서 확인된 중요한 발견들을 정리하면 다음과 같다.

첫째, 지난 15대, 16대 대선에 비해 지난 대선에서 유권자와 정당의 이념적 양극화 현상이 심화되고 있고 이 과정에서 유권자들은 비교적 정당간 이념성향의 차이를 분명하게 인식하고 있으며 자신의 이념성향과 근접한 정당을 지지하고 있음을 알 수 있었다. 기존 이론에 따르면 이렇게 정치적, 이념적 양극화가 심화되는 추세 아래서는 이념성향-정당지지의 불일치 현상이 완화될 것으로 예상하고 있지만, 한국의 유권자들 내에서는 오히려 진보적 한나라당 지지층이 최근 증가하고 있다.

둘째, 이단적 인식의 소유자, 즉 각 정당의 이념적 위치에 대한 역전된 인식을 가지고 있는 유권자들일수록 이념성향과 지지정당이 불일치되는 비율이 커지는 경향을 확인 하였다. 그러나 한나라당이 대통합신당보다 진보적이라고 이해하는 응답자는 전체의 15% 가량을 차지했다. 따라서 이단적 인식 이론은 부분적으로는 설명력을 갖는다고 할 수 있지만 이념성향 - 정당지지 불일치 현상을 설명하는 전체적인 논리로는 부족하다고 평가할 수 있다.

셋째, 진보적 한나라당 지지자가 최근 증가하는 추세에도 불구하고 선거운동이 진행되는 단기간 동안에는 선거운동 초기에 비해 선거 막바지에 감소하는 경향을 보였다. 서구의 정당일체감 활성화 이론은 이러한 현상을 설명하는 데 효용이 있는 것으로 보인다. 즉 개인의 정치이념과 태도를 규정하는 유권자들에게 내재된 정치적 성향이 선거운동을 거치면서 활성화되고, 그 결과 이념과 태도의 일관성을 갖게 된다는 것이다.

그렇다면 최근 한국 유권자들 사이에서 이념성향과 정당지지의 불일치가 증가하는 이유는 무엇일까? 필자들은 두 가지 추가 변수를 고려하면서 이 문제에 답을 제공하고자 했다. 첫째, 한국에서는 정당요인이 이념적 태도를 규정하는 궁극적인 태도결정요인이 아니라 지역일체감과 같은 제3의 변수가 궁극적인 투표결정요인이 될 수 있다는 가설을 제기하고 이를 검증하고자 했다. 분석의 결과 유권자의 이념성향 및 정당별 이념성향의 차이가 분명해지고는 있지만, 지역정체성이 정당 선택에 있어 이념성향의 영향력을 교란시킴으로써 진보적 한나라당 지지자의 증가에 기여하고 있음을 확인할 수 있었다.

둘째, 기존의 이념성향-정당지지패턴과 교차하는 경제적 차원의 합의 이슈에 주목했다. 특히 지난 17대 대선이 경제선거였다고 불릴 만큼 경제이슈의 중요성이 강해진 조건에서 경제상황에 대한 정부의 관리능력과 실적평가와 같은 합의 이슈가 현 정부의 지지기반이었던 진보성향 유권자의 이탈과 한나라당 지지로 선회하는 힘으로 작용했다는 가설을 제시하였다. 분석의 결과 이념이슈 못지않게 노무현 정부의 경제실적에 대한 부정적 평가가 진보적 한나라당 지지자의 증가에 적지 않은 역할을 했다고 평가할 수 있다.

이상의 연구결과를 요약하면 선행연구들의 이론적 시각들은 한국 유권자들 사이에서 최근 증가하는 이념성향-정당지지의 불일치 현상을 설명하는데 있어 부분적으로는 유용하지만, 전체적으로는 제한된 설명력을 가지고 있는 것으로 볼 수 있다. 따라서 본 연구에서 제한적으로나마 확인된 각종 변수들 이 외에 이념성향 - 정당지지 불일치 현상을 설명하기 위한 대안이론에 대한 적극적인 모색이 필요하다. 또한 본 연구가 다루는 이념성향 - 정당지지 불일치 현상 연구는 한국 학계에서는 이론적으로 거의 다뤄본 적 없는 주제라는 점에서 일밀한 경험분석모델을 제시하고 과학적 검증을 목표로 하기 보다는 기존의 이론을 소개하고 한국의 현실에서 고려해야 할 설명변수들에 대한 문제제기하는 수준에서 데이터 분석을 진행했다. 결국 본 연구에서 제시한 이론적 변수들의 실제 영향력이나 설명변수로서의 타당성 여부는 보다 엄밀한 경험분석모델과 정교한 통계적 검증절차를 통해 검증될 수 있을 것이다. 즉 이 글에서 제기하는 문제제기는 경험적 검증 과제를 남기고 있는 셈이며 이는 후속 연구의 주요과제가 될 것이다.

1) 여기서 보수적 민주당 지지자라고 번역을 했지만 엄밀히 말하면 이는 민주당에 대한 일시적인 정치적 지지까지를 포함하는 개념이 아니라 민주당에 대해 소속감과 심리적 애착을 갖고 있는 상태를 의미한다. 즉 민주당에 대해 정당일체감 party identification 을 갖는 유권자 층을 의미한다.

2) 17대 대선패널조사의 경우, 지지정당 문항(1차~6차)과 선호정당(1~3차)을 모두 포함하고 있다. 15대, 16대 대선여론조사의 경우 지지정당 문항 대신 선호정당 문항만을 포함하고 있어 여기서는 질문문항을 일치시키기 위해 선호정당 질문에 대한 응답을 비교했다.

3) 다만 국민중심당이 중도에서 약간 왼쪽(4.9)에 위치한 것으로 평가한 결과가 이색적이다. 그러나 국민중심당의 경우 대선후보를 내지 못했을 뿐 아니라 창당이후 소수정당으로서 국민들에게 인지도를 높일 기회가 없었던 탓에 많은 유권자들이 국민중심당에 대한 정확한 정보를 갖고 있지 못했던 결과가 아닌가 생각된다. 더구나 국민중심당 지지자의 자기이념평가의 경우 그 수가 너무 적어(10명) 의미 있는 해석은 어렵다.

4) 여기서는 최종 6차 조사시점의 진보적 한나라당 지지층을 주 분석대상으로 삼는다.

5) 본 연구에서는 단하나의 문항으로 적당한 합의이슈 문항이 없어 패티와 존스턴(2008) · 달턴(1996) 개념에 부합하는 경제실적에 대한 평가와 그에 대한 책임소재를 묻는 질문을 결합하여 합의이슈로 활용한다. 반면 이념 이슈로는 정치적으로 진보와 보수의 입장 차이가 두드러지게 나타나는 재벌개혁에 관한 질문을 중심으로 살펴본다.

9

경선과정과 경선에서의 후보 선택

유 성 진

서론

2007년 대선의 가장 특징적인 외양은 한 후보의 독주 속에 여러 후보들이 벌인 치열한 2위 다툼으로 정리될 수 있다. 초기부터 가장 강력한 대권 후보가 줄곧 높은 지지도를 유지한 결과 1997년 이후 진보세력에 의해 유지되었던 정치권력은 보수세력의 손으로 넘어갔다. 많은 이들이 평가하듯이 한나라당의 득세는 지난 십년간 한국정치를 주도해왔던 진보세력의 퇴보와 성장을 통한 분배라는 새로운 정치 환경의 도래를 의미한다고 볼 수 있다. 12월 19일 벌어진 대통령 선거의 결과는 이러한 정치변화에 종지부를 찍는 최종 선택이었다.

일견 단순해 보이는 이러한 모습은 사실 매우 복잡한 과정의 산물이다. 공식적인 선거운동의 시작보다 훨씬 앞서서 여러 명의 대권 후보들이 거명되기 시작하였고, 이러한 후보군들은 정권획득을 목표로 하는 정당의 대표후보를 뽑는 과정을 통해 몇 사람으로 압축되었다. 사실 두 거대 정당의 대권후보들이 결정된 것이 8월과 10월 중순이라는 사실을 상기해볼 때 경선과정과 그 과정 속에서 나타난 여러 가지 변화의 단초들은 전체적인 정치지형의 변화라는 측면에서 매우 중요한 의미를 지닌다.

더욱이 2002년 16대 대선부터 도입되기 시작한 국민경선제도는 이번 대통령 후보선출과정에서 핵심적인 제도적 틀로 자리매김함으로써 정당의 대통령 후보를 뽑는 과정에서 일반 국민여론의 영향력을 이전보다 훨씬 더 강화시켰다.

이 글은 2007년 선거운동의 대부분을 차지한 경선과정에 집중하여 각 후보에 대한 유권자들의 선택과 지지요인을 추적하고 이를 통해 한국 정치 환경의 변화를 설명해보려는 목적에서 쓰여졌다. 보다 구체적으로 이 글에서는 우선 각 경선후보들의 지지기반이 어떠한 차이를 보이는지 살펴보고, 그 지지요인을 검토할 것이다. 또한 국민경선이라는 독특한 제도적 틀이 유권자들의 선택에 어떠한 영향을 미치는지 추적하려는 목적 아래, 경선이 진행됨에 따라 유권자들의 선택이 어떻게 변화하고 있는지 검토한다. 마지막으로 국민경선을 통한 후보선출과정이 유권자들에게 어떻게 받아들여지고 있는지 살펴보고 이를 통해 정책적 함의를 도출하고자 한다.

이 글에서 사용하는 데이터는 2007년 대선기간 동안 동아시아연구원EAI과 SBS, 중앙일보, 한국리서치가 공동으로 실시한 패널조사 자료를 토대로 하고 있다. 전체적으로 패널조사는 6차례에 걸쳐 실시되었지만, 경선과정과 그 속에서의 후보 선택이라는 이 글의 대상에 맞추어 한나라당과 통합신당의 경선이 마무리되는 시점까지인 처음 세 차례의 패널조사를 중점적으로 하여 살펴볼 것이다. 1차 조사는 예비후보 등록 기간인 2007년 4월 25일부터 28일까지, 2차 조사는 한나라당 후보 경선 직전인 8월 10일부터 13일까지, 3차 조사는 통합신당 후보경선이 끝난 직후인 10월 17일부터 20일에 전국에 걸쳐 실시되었다. 또한 효율적인 논의를 위해 후보경선을 실시한 여러 정당 가운데 군소정당을 제외한 두 거대정당, 즉 한나라당과 통합신당의 경선과정에 초점을 맞추어 살펴보기로 한다.

기존 문헌의 검토와 이론적 논의 : 경선제도와 후보 결정요인

선거는 대의민주주의 구현의 기본적인 제도로서 기능해왔기 때문에 일찍부터 정치학의 핵심 연구주제로 자리매김해 왔다. 그러나 본선에서 대결할 정당의 후보자를 선출하는 경선과정에 대한 연구는 그리 많지 않은 것이 현실이다. 특히 우리나라의 경우 최근에서야 국민경선방식을 통한 경선과정에의 관심이 증대되었기 때문에 이에 관한 연구는 전무한 형편이다. 따라서 이 장에서는 미국의 연구를 중심으로 하여 대통령 후보경선에 대한 기존 연구를 제도적 차원과 유권자의 후보선택 결정요인 두 가지로 나누어 논의한다.

후보경선과정의 제도적 특성

이론적인 차원에서 대통령 후보경선제도에 관한 연구는 주로 미국에서 이루어져 왔는데, 1960년대 후반 예비경선제도 primary election 의 전국적인 확산 이후 학문적인 관심이 증대되었다. 특히 두드러진 관심의 대상은 경선 초반의 주도권 momentum 의 확보여부가 최종후보선정에 미치는 영향인데, 이는 광대한 영토로 인해 몇 개월에 걸쳐서 순차적 sequential 으로 이루어지는 미국 대통령 후보 경선과정의 현실에 기인한 바 크다. 대표적으로 바텔 Larry M. Bartels 은 1976년 거의 무명의 후보였던 민주당의 카터 Jimmy Carter 가 아이오와 코커스와 뉴햄프셔 경선에서 승리함으로써 초반 주도권을 장악했고 그것이 최종후보로 선출되는데 결정적인 역할을 하였다고 주장하고 있다(Bartels 1988: 172-204).

이렇듯 초반 주도권 확보가 대단히 중요한 이유는 경선초반에 우세를 보이는 후보에게 상대적으로 언론매체의 관심이 집중되고 그 과정에서 해당 후보에 대한 긍정적인 정보가 양산됨으로써 그 후보에 대한 선호도와 '당선에 대한 기대감' electability 을 상승시키는 결과로 이어지기 쉽기 때문이다. 또한 초반에 주도적인 후보는 유권자들이 이기는 쪽에 합세하려는 일종의 "편승효과 bandwagon effect" 덕분에 이후 전개되는 경선과정에서 대단히 유리한 위치를 차지하게 된다고 설명된다(Orren & Polsby 1987; Bartels 1985, 1988; Abramowitz 1987, 1989). 또한 집중적인 언론의 관심은 이후 선거자금의 모금에도 긍정적 영향을 가져와 주도권을 확보한 후보가 이후의 경선과정에서도 이를 확대 재생산할 수 있는 기반을 차지하는 결과로 이어지기 쉽다고 주장된다(Brown et. al. 1995).

이후의 연구들은 경선 초반 주도권 확보의 영향에 관해서 보다 세밀한 결과들을 내놓고 있다. 메이어 William G. Mayer에 따르면 초반의 선도자 front-runner는 카터와 같이 무명의 정치인보다는 이미 대중들에게 많이 알려져 있으며 상대적으로 풍부한 선거자금을 갖고 있는 후보인 경우가 많으며 1980년대 이후 그러한 경향이 훨씬 더 강화되었다고 주장한다(Mayer 2003). 같은 맥락에서 코헨과 잘러는 바텔의 모델이 최근의 경향을 제대로 설명하지 못하며 1980년대 후반 이후의 미국 대통령 선거에서는 경선 이전부터의 선두주자가 초반의 주도권을 장악하는 경우가 많음을 보여주고 있다(Cohen & Zaller 2002). 또다른 연구는 미국 대통령 선거에서 초반 경선의 판세에 결정적인 영향을 미친다고 이해되는 아이오와와 뉴햄프셔에서의 결과가 최근 들어 자주 엇갈리는 모습을 지적함으로써 경선 초반 주도권의 영향력을 보다 세밀히 검토할 것을 주문하고 있다(Squire 2008).

역사적으로 한국에서의 대통령 후보 선정은 여러 가지 방식으로 이루어졌다. 초기에는 정당의 핵심지도자나 계파 보스들에 의해 추대 혹은 지명 designation 되는 방식이 주류였으나, 1997년 15대 대선에서 당내 경선을 통한 선출방식을 거쳐 2002년 16대 대통령 선거에 이르러서는 당원뿐만 아니라 일반 국민 및 당 외부의 지지자들이 참가하는 국민경선방식이 도입되었다. 이러한 사실들은 미국 대통령 후보경선제도에 관한 이론적 논의를 한국 선거정치에 그대로 적용하기 쉽지 않음을 보여준다. 특히, 한국의 경우 경선과정이 미국에 비해 상대적으로 단기간동안 이루어지며 그 지역적 범위도 한정되어 있는 까닭에 초반 주도권 확보의 영향이 미국과 같은 패턴으로 이루어진다고 보기 어렵다. 또한 우리나라의 후보경선 제도는 이제 본격적으로 시행되는 초기인 만큼 동일한 패턴이 형성되어있는지조차 판단하기 쉽지 않다. 때문에 이 글에서는 경선과정의 패턴을 파악하기 보다는 2007년 대통령 후보경선 자체의 특징을 파악하는데 중점을 두려고 한다.

유권자의 선택 : 후보자 경선

일반적인 선거연구에서 유권자의 선택에 영향을 미치는 요인들은 1) 정당일체감 party identification 2) 후보의 개인적 자질 3) 정책 또는 이슈 등 크게 세 가지로 나누어진다. 우선 첫째로 특정 정당에 대한 소속감, 즉 정당일체감을 살펴보자. 서구 학자들의 견해에 따르면 정당일체감은 개인의 사회화 과정 속에서 다양한 요인들에 의해 자연스럽게 형성되는 것으로서 정치에 대한 일반적인 성향을 결정짓는 요소가 된다(Campbell et. al. 1960). 이러한 정당일체감은 쉽사리 변하지 않는 장기적 정치변수로서 크게 두 가지 기능을 한다고 이해된다. 우선 정치적 선택의 기본적인 판단근거로서 작용하여 이슈나 후보자와 같은 가변적 요인들이 두드러지지 않는 경우 선택의 일차적인 기준이 된다. 또한 개인의 정치적 성향에 일차적인 영향을 미침으로써 후보자나 이슈, 정치적 사건과 같은 정치정보를 이해, 판단하는 잣대 screen로서 기능한다. 우리나라의 경우 그 형성요인은 서구와 다르지만 각 정당이 지역이나 이념 등 사회적 균열을 대표하였다는 점에서 유권자 판단의 주요한 기준임은 부인할 수 없다(이갑윤·이현우 2000; 강원택 2005).

둘째, 선거에 따라 가변적인 단기적 요인으로써 후보의 개인적 자질을 들 수 있다(Weisberg & Rusk 1970, 1978). 이는 후보 개인에 대한 평가로써 지도자로서의 덕성 integrity과 능력 competence으로 크게 나누어진다. 유권자가 특정 후보를 무엇을 중심으로 어떻게 평가하느냐에 따라서 그 판단의 결과가 달라질 수 있으며, 때로는 엄청난 정치적 폭발력을 보이기도 한다. 예를 들어, 15대 대선에서 대

두된 병역비리는 '대쪽'으로 표상되던 이회창 후보 개인의 자질에 커다란 타격을 주어 결국 선거에서의 실패로 이어졌다고 볼 수 있다.

셋째, 또 다른 단기 변수로서 정책 또는 이슈를 들 수 있다. 여기서 정책 또는 이슈는 각 후보들이 내세우는 구체적인 정책 뿐 만아니라 정치에 대한 일반적인 견해 차이를 포함한다. 때때로 특정 선거과정에서 어떠한 이슈가 제기되고 국민들의 관심을 받느냐가 중요한 판단근거로 떠오르는 경우가 목격되는데, 이 때문에 선거운동 과정에서 어떠한 이슈를 앞에 내세우고 선점하느냐가 선거승패에 중요한 전략이 되며, 때로는 중요한 선거쟁점으로 떠오르기도 한다.

한 가지 주의해야 할 점은 유권자의 선택에 영향을 미치는 이러한 세 가지 요인들은 명확히 구분되거나 따로 작동하는 요인들로 이해해서는 안 되며, 서로 긴밀한 상호관계 속에 영향을 주고받는다는 사실이다. 예를 들어, 특정 정당에 일체감을 갖고 있는 유권자들은 이를 바탕으로 정치정보를 받아들이거나 거부하는 경향이 있는데, 미국의 경우 민주당에 일체감을 느끼는 유권자들은 민주당의 후보나 정책 등에 일차적인 호의를, 공화당 후보나 정책 등에 반감을 보이는 경우가 많다는 점이 이를 입증한다(Rahn 1993). 또한 특정 이슈에 대한 평가가 정당일체감의 강도에 영향을 미치며 급격하게는 그 일체감의 대상을 바꾸게 만드는 가능성도 지적되고 있다(Fiorina 1981; Carmines & Stimson 1989).

한편 대선과는 달리 본선에서 경쟁할 후보의 선택과정인 경선은 유권자들에게 그 나름의 독특한 판단기제를 제공한다. 무엇보다도 특정 정당을 대표하여 대통령 선거에서 경쟁할 후보를 뽑는 것이니만큼 위에서 제시된 세 가지 요인 중 정당일체감 보다는 후보자의 자질이나 정책 또는 이슈의 차이 등이 중요한 판단의 근거가 되기 쉽다. 이는 경선과정에서 각 정당을 대표해서 나타나는 후보들이 비슷한 이념, 정치적 성향을 가지는 경우가 많고 때문에 지지기반이 겹치기 쉽기 때문이다. 또한 최종적인 결과의 불확실성으로 인해 유권자들에게는 본선에서의 경쟁력에 대한 고려가 중요한 요인이 되기도 한다. 따라서 경선과정에서 쟁점이 되는 요소들은 각 당의 후보들의 자질과 능력, 덕성에 대한 유권자들의 평가와 소위 '시대정신'으로 표상되는 포괄적인 정치과제가 선거과정에서 어떻게 규정지어지는지가 유권자들의 선택을 결정하는 중요한 요소가 된다.

그렇다면 2007년 17대 대통령 후보경선은 어떠한 과정을 통해 진행되었고, 유권자들은 누구를 선택하였으며 이에 영향을 미친 요인들은 무엇인가? 경선이 진행됨에 따라 유권자들의 선택은 어떻게 변화 혹은 지속되었는가? 경선과정이 한국의 민주주의에 주는 함의는 무엇인가? 지금까지의 논의를 염두에 두고 우선 2007년 대통령 후보경선과정과 결과부터 살펴보자.

2007년 대통령 후보 경선과정과 결과

2007년 17대 대통령 후보경선은 16대 대선의 경우와 마찬가지로 당원과 일반 국민이 정해진 비율에 따라 경선과정에 참여하는 '부분 개방형 국민경선'의 형태로 이루어졌다. 전체적인 경선과정의 특징은 야당인 한나라당의 경우 이명박 후보의 우세 속에 박근혜 후보가 그 뒤를 쫓는 2강체제로 진행되었고, 여당인 통합신당의 경우 각 계파를 대표하는 여러 명의 후보들이 각기 주도권을 잡기위한 노력을 경주하는 과정이 늦게까지 이어졌다.

한나라당의 경우를 먼저 살펴보면, 한나라당의 두 후보는 노무현 정부의 낮은 인기에 대한 반작용에 힘입어 선거운동이 본격화되기 이전부터 유력한 대권후보로 떠오르고 있었다. 이명박 후보의 경우 과거 대기업 최고경영자라는 이력과 서울시장 재직 시절의 실적을 바탕으로 경제전문가, 추진력 등에서 높은 점수를 받고 있었고, 박근혜 후보의 경우 탄핵의 역풍으로부터 한나라당을 구해낸 정당 지도자로서의 능력을 높이 평가받고 있었다. 이 야당의 두 유력후보는 경선일정과 방법에 있어서 치열한 다툼을 벌였는데 최종적으로 결정된 한나라당의 경선일정은 다음과 같다.

〈한나라당 대통령 후보경선일정〉

6월 11일~13일	후보등록기간
6월 19일	정책비전대회
7월 20일	국민참여선거인단 명부확정
7월 21일~8월 18일	후보자 합동연설회 및 선거운동
8월 19일	국민참여선거인단대회
8월 20일	한나라당 제9차 전당대회 (개표 및 대통령 후보자 지명)

정권교체라는 궁극적인 목표를 공유하고 있었지만 한나라당 경선과정은 상대적인 열세를 보이고 있었던 박근혜 후보 측의 이명박 후보의 도덕성에 대한 공격과 이를 통한 정치지도자로서의 자질시비로 이어졌고 경선기간 내내 후보 도덕성 검증이 주된 쟁점으로 지속되었다. 아래의 〈표1〉에서 볼 수 있듯이 이러한 도덕성 시비가 두 후보 간의 격차를 상당부분 해소시킨 것은 사실이나 전체적인 판세를 뒤집는 데에는 실패하였고, 결국 8월 20일 이명박 후보가 여론조사에서의

〈표1〉 한나라당 후보경선 결과, 8월 20일

후보	여론조사*	선거인단**	총득표	비고
이명박	16,868 (51.6)	64,216 (49.1)	81,084 (49.6)	후보확정
원희룡	1,079 (3.3)	1,319 (1.0)	2,398 (1.5)	
박근혜	13,986 (42.7)	64,648 (49.4)	78,634 (48.1)	
홍준표	793 (2.4)	710 (0.5)	1,503 (0.9)	

주1. 수치는 득표수 (괄호 안은 각 반영방식내의 득표율)
주2. * 여론조사(20%)
주3. ** 국민참여선거인단(80%): 전당대회 대의원(20%)+당원 선거인(30%)+일반 국민(30%)

우세에 힘입어 근소한 차이로 한나라당의 대통령 후보로 확정되었다.

야당의 경선이 끝난 직후 시작된 통합신당의 후보경선은 여러 후보들의 난립 속에 최종후보군을 5명으로 압축하는 예비경선(컷오프)을 시작으로 10월 중순까지 이어졌다. 국민여론조사와 선거인단 여론조사를 50퍼센트씩 반영한 컷오프 경선 결과, 정동영, 손학규, 이해찬, 한명숙, 유시민 후보가 최종경선에 진출하여 본격적인 경선과정이 시작되었는데, 그 구체적인 경선일정은 다음과 같다.

〈통합신당 경선일정〉

8월 21일~22일	선거공고 (예비후보자 등록)
8월 23일~24일	예비후보자 자격심사
8월 25일	경선후보자 확정, 공고 및 통지, 기호추첨 및 공고
8월 27일	예비경선(컷오프) 시작
9월 2일	예비후보 토론회
9월 5일	여론조사를 통한 경선 본선후보 확정 (5명)
9월 15일~10월 14일	후보자 합동연설회 및 선거운동
10월 15일	통합신당 후보자 지명대회 (개표 및 대통령 후보자 지명)

〈표2〉 통합신당 후보경선 결과, 10월 15일

후보	득표수 (득표율)	비고
정동영	216,984 (43.8)	후보 확정
손학규	168,799 (34.0)	
이해찬	110,128 (22.3)	

주. 경선방법 : 국민여론조사(50%)+선거인단 여론조사(50%)

9월 15일부터 한 달여에 걸쳐 실시되었던 통합신당의 경선과정은 한명숙, 유시민 두 후보의 중도 사퇴로 정동영-손학규-이해찬 후보 간의 3파전으로 이어졌는데, 여론조사에서 비교적 높은 지지율을 유지하였던 정동영 후보가 최종적인 대통령 후보로 선출되었다.

전체적으로 볼 때 한나라당의 경선이 두 후보 간의 치열한 각축과 후보 도덕성 시비 등으로 경선과열이 우려될 정도로 높은 국민관심 속에서 치러진 반면, 통합신당은 경선후보들 간의 논쟁이 크게 부각되지 못했고 여당에 대한 낮은 지지율로 인해 국민들의 상대적인 무관심 속에서 진행되었다고 할 수 있다. 상대적으로 열세인 통합신당이 경선기간 내내 지지율을 끌어올리지 못했다는 사실은 이러한 무관심을 간접적으로 뒷받침하고 있다. 경선기간 동안 집중되는 언론의 관심이 해당 정당에 대한 지지율 상승으로 이어지는 미국 대통령 후보경선의 일반적인 패턴을 고려해 볼 때 통합신당의 경선전략은 적어도 국민적 관심을 집중시키는데 실패했으며 그것이 정권재창출 실패로 이어졌다고 할 수 있다.

유권자들의 지지와 선택

경선과정에서 유권자들은 누구를 선택했으며, 그 이유는 무엇인가? 유권자들의 선택은 변화하였는가 아니면 지속적으로 유지되었는가? 변화하였다면 그 이유는 무엇인가? 이 장에서는 한나라당과 통합신당 두 거대정당을 중심으로 경선과정에서 유권자들의 선택을 차례로 살펴보고자 한다.

한나라당

한나라당 경선과정은 초기부터 이명박, 박근혜 두 후보의 각축으로 시작되었다.

이명박 후보는 경제전문가로서의 이미지와 서울시장 재임시 업적을 바탕으로 대선 구도의 선두주자로서 여론의 압도적 지지를 받고 있었으며, 박근혜 후보는 도덕성과 원칙을 중요시하는 정치인으로서의 이미지를 바탕으로 한나라당 내부에서 상대적으로 강한 지지를 받고 있었다. 그렇다면 어떤 유권자들이 두 후보를 지지하고 있었는가? 〈표3〉은 경선 이전의 조사 자료를 토대로 두 후보의 지지자들을 사회적 속성으로 구분지어 보여주고 있다. 이명박 후보의 경우 성별에 따른 지지층의 차이가 나타나고 있지 않고, 젊은 연령층, 고학력층, 화이트칼라 직업 종사자들로부터 상대적으로 높은 지지를 받고 있다. 반면 박근혜 후보의 지지자들 중에는 여성이 많으며, 연령별로는 60세 이상의 고령층으로부터 지지가 두드러지고, 학력과 직업별로는 상대적으로 뚜렷한 지지계층을 보이고 있지 않다.

경선의 경우 후보자들이 같은 정당을 공유하고 있기 때문에 사회적 속성에 따른 지지층의 차이는 대선만큼 크게 두드러지지 않는 것이 일반적이다. 그러나 두 후보의 경우 서로 다른 개인적 자질을 부각시키고 있었고 남성과 여성이라는 상징성 때문에 성별과 후보 자질에 대한 기대감이 지지층의 차이로 나타난 것으로 보이며, 이러한 차이는 시간이 지날수록 미세하지만 강화되는 경향으로 나타났다.

성별의 차이는 일차적으로 남성 후보와 여성 후보 간의 대결 구도가 만들어낸 결과이겠지만, 그 차이가 여성 유권자들의 여성 후보에 대한 지지로 나타났다는 점이 특이하다고 볼 수 있다. 유사한 상황이 벌어진 2006년 서울시장 선거의 경우, 여성 유권자들이 남성인 오세훈 후보에게 상대적으로 높은 지지를 보냈던 사실에 비추어볼 때 이번 한나라당 경선과정에서 나타난 결과는 새로이 나타난 현상이라고 볼 수 있다. 또한 고학력층과 화이트칼라 직업 종사자들이 이명박 후보에게 상대적으로 높은 지지를 보낸 이유는 성공한 기업인으로서의 이미지가 일정부분 역할을 하였다고 볼 수 있다.

앞에서 지적했듯이 한나라당의 경선과정은 이명박 후보의 우세 속에 박근혜 후보가 추격하는 양상으로 전개되었다. 〈표4〉에 나타난 패널조사 결과는 이러한

<표3> 한나라당 경선후보 지지자들의 사회적 속성 (%)

		이명박		박근혜	
		1차 조사 (4.25~28)	2차 조사 (8.10~13)	1차 조사 (4.25~28)	2차 조사 (8.10~13)
성별	남	49.4	52.5	44.1	42.9
	여	50.6	47.5	55.9	57.1
연령	19~29	22.0	23.3	20.7	16.7
	30~39	22.0	21.5	18.9	20.8
	40~49	25.0	24.4	19.4	23.7
	50~59	16.4	15.1	16.5	16.1
	60+	14.7	15.8	24.5	22.7
학력	중졸 이하	9.6	7.6	16.9	16.5
	고졸	31.0	29.5	37.0	35.7
	대재 이상	59.4	62.9	46.1	47.8
직업	화이트칼라	28.9	29.3	20.3	21.5
	블루칼라	12.6	12.2	16.4	15.8
	자영업	19.2	19.5	21.6	21.8
	주부	26.6	25.4	27.7	28.3
	학생	7.4	8.2	6.3	5.1
	기타	5.4	5.5	7.7	7.4

자료 : EAI · SBS · 중앙일보 · 한국리서치 2007 대선 패널조사, 1차 · 2차 조사 데이터

양상을 잘 보여주고 있다. 1차 조사 때에 전체적으로 거의 절반에 육박하고 한나라당 지지자 중에서는 60% 가까이 나타났던 이명박 후보의 지지율은 2차 조사에 이르러 각각 40%, 50%로 감소하고 있다. 그러나 여전히 이명박 후보는 상당한 격차 속에 우위를 유지하고 있었고, 이러한 차이는 지지층이 한나라당 지지계층에 집중되어 있는 박근혜 후보에 비해 이명박 후보가 다른 정당의 지지자들과 무당파에게서도 고른 지지율을 얻고 있었다는 점에 기인한다.

〈표4〉 정당지지로 본 한나라당 후보지지 변동 (1차와 2차)

후보 조사시기	이명박		박근혜		다른 후보		미결정	
	1차	2차	1차	2차	1차	2차	1차	2차
한나라당	56.3	50.0	33.7	38.0	5.2	3.9	4.9	8.2
열린우리당(통합신당)	35.8	27.7	7.1	8.8	45.8	44.9	11.3	18.7
다른 정당	33.3	27.5	13.4	10.1	37.4	40.5	16.0	21.9
무당파	43.4	37.0	10.2	12.2	21.1	16.9	25.3	33.8
전체	47.0	40.8	21.3	24.1	19.6	17.6	12.2	17.5

자료: EAI · SBS · 중앙일보 · 한국리서치 2007 대선 패널조사, 1차 · 2차 조사 데이터
주1. 1차(4.25~28: 예비후보등록), 2차 조사(8.10~13: 한나라당 경선 1주일전)에서 모두 응한 2911명에 대한 응답분포임.
주2. 수치는 조사 시기별 해당 열의 퍼센트(예: 1차 조사 한나라당 지지자 중 56.3%는 이명박 지지, 33.7%는 박근혜 지지 등).

경선을 일주일 앞두고 행해진 2차 조사에서 나타난 두 후보 간 격차의 감소를 구체적으로 살펴보면, 1차 조사 때 이명박 후보를 지지했던 한나라당 지지자들 중 일부가 박근혜 후보 지지로 돌아섰고, 다른 정당으로부터의 지지자들도 이명박 후보에서 다른 후보로 이동한 결과로 보인다. 그러나 경선의 최종결과가 이명박 후보 49.56%, 박근혜 후보 48.06%라는 박빙의 승부로 가름되었음을 고려해 볼 때 변화의 많은 부분이 2차 조사와 경선 당일까지, 다시 말해 최종경선 직전 일주일 사이에 나타났음을 알 수 있다. 이는 경선과정 마지막에 집중된 후보 자질검증 시비가 경선 참가자들에게 많은 영향을 주었고 그 과정에서 이명박 후보가 지지층을 상당부분 상실했음을 간접적으로 보여주고 있다.

아래의 〈그림1〉은 1차와 2차 조사에서 각 후보를 지지하는 응답자들이 왜 그 후보를 지지하는지 그 원인을 답한 것을 정리한 것이다. 공간의 제약으로 상대적으로 높은 비율로 나타난 자질과 경력, 도덕성, 정책과 공약이라는 세 이유만이 그림에 표현되었는데 두 후보에 대한 지지요인의 차이가 두드러지게 나타나고 있다.

<그림1> 한나라당 경선후보 지지요인

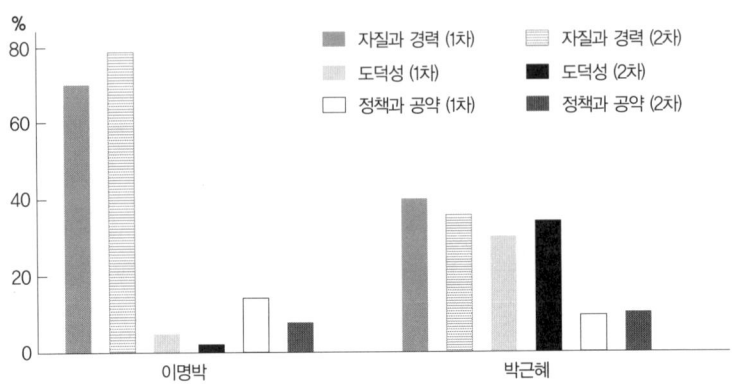

자료: EAI · SBS · 중앙일보 · 한국리서치 2007대선 패널조사, 1차 · 2차 데이터

우선 가장 두드러진 차이는 박근혜 후보의 경우 자질과 경력, 도덕성이 거의 대등한 지지의 이유로 나타난 반면, 이명박 후보의 경우 자질과 경력이 다른 어떤 요인보다 월등하게 부각되어 있다. 이러한 차이를 두 후보 간 상대적 차이라는 측면에서 해석해보면, 이명박 후보의 지지 속에는 자질과 경력에 대한 인정과 기대심리가 크게 작용하고 있는 반면에 박근혜 후보는 도덕성이라는 측면에서 압도적인 우위를 점하고 있었음을 알려준다. 또한 1차 조사와 2차 조사 결과의 차이에서 알 수 있듯이 이러한 상대적 우위는 시간이 경과할수록 더욱 강화되는 것으로 나타났는데, 이는 경선과정에서 두 후보의 선거진영이 상대적 강점을 보이는 개인적 자질에 집중하는 전략을 선택하였고 경선과정에서 가장 큰 쟁점이었던 후보 자질의 검증 속에서 지속적으로 제기되었던 이명박 후보의 도덕적 결함이 이러한 차이를 더욱 강화한 결과로 이해될 수 있다.

이 글의 이론적 논의에서 유권자의 선택에 영향을 주는 요인들을 정리하고 이러한 요인들이 긴밀한 상호연관 속에 영향을 주고받음을 지적한 바 있다. 경선과정에서 이를 경험적으로 살펴볼 수 있는 하나의 방법은 각기 다른 후보의 지지자들이 같은 사안을 어떻게 다르게 수용하고 있는지 검토하는 것이다. 이를 위해 한나라당 경선 직전에 행해진 2차 조사결과를 토대로 1차 조사에서 나타난 두 후보의 지지자들이 한나라당 경선과 자질검증과정을 어떻게 평가하고 있는지 추적해 보았다.

2차 조사에서 응답자들은 한나라당 후보경선과 자질검증과정을 보고 난 후 각 후보의 국정운영능력과 도덕성을 어떻게 보는지 답변할 수 있는 기회를 부여 받았는데, 〈표5〉는 그 결과를 정리한 것이다. 지지후보별 응답내용의 차이를 보다 명확히 보여주기 위해서 전체 평균을 같이 정리해 보았다.

〈표5〉의 내용에서 잘 알 수 있듯이 두 후보 지지자들의 응답패턴은 놀라울 정도의 차이를 보여주고 있다. 1차 조사에서 이명박 후보를 지지한다고 답변한 응답자들은 2차 조사에서 이명박 후보의 국정운영능력에 74퍼센트 가량이 긍정적으로 답하고 있는 반면에 박근혜 후보의 지지자들은 48퍼센트만이 긍정적인 반

〈표5〉 한나라당 경선과 자질검증과정이 경선후보 평가에 미친 영향

1차 조사결과	평가대상	후보적 자질					
		국정운영능력			도덕성		
		긍정적	부정적	잘모름	긍정적	부정적	잘모름
이명박 지지자	이명박	73.6	18.9	7.5	42.1	49.4	8.6
	박근혜	40.0	41.6	8.4	55.4	33.4	11.2
박근혜 지지자	이명박	47.8	39.4	12.8	20.5	68.3	11.2
	박근혜	80.1	14.7	5.2	78.8	14.5	6.6
전체 평균	이명박	55.9	33.3	10.8	28.9	60.9	10.2
	박근혜	45.3	45.4	9.3	56.4	33.4	10.2

자료 : EAI · SBS · 중앙일보 · 한국리서치 2007 대선 패널조사, 2차 조사 데이터
주. 수치는 평가 후보의 해당 자질에 대한 대답의 비율. 긍정적 대답은 매우 충분 혹은 충분, 부정적 대답은 미흡 혹은 매우 미흡.

응을 보이고 있다. 박근혜 후보의 국정운영능력에 관해서도 두 후보의 기존 지지자들은 상당한 차이를 보이고 있는데 이명박 후보 지지자들의 경우 40%만이 긍정적인 평가를 내리고 있는 반면에 박근혜 후보의 지지자들에게서는 긍정적인 대답이 80%가 넘는 것으로 나타났다. 이러한 차이는 응답자 전체를 대상으로 하는 전체 평균과 비교하면 더욱 명확해지는데 이명박 후보 지지자들의 경우 평균보다 20% 가량, 박근혜 후보 지지자들의 경우 평균보다 35% 가량의 높게 지지 후보를 긍정적으로 평가하고 있다.

또 다른 후보 자질인 도덕성에 대한 평가에서도 비슷한 패턴이 발견되는데, 이명박 후보 지지자들의 경우 평균보다 훨씬 높은 비율로 이명박 후보를 긍정적으로 평가하고 있는 반면, 박근혜 후보 지지자들은 박근혜 후보에게는 평균보다 훨씬 높게 긍정적 평가를, 이명박 후보에게는 평균보다 훨씬 높게 부정적 평가를 내리고 있다.

이러한 사실들은 선거운동 election campaign이 유권자들의 처음 성향을 강화하는 방향으로 이어지기 쉽다는 이론적 논의들이 경선과정에서도 마찬가지로 나타날 수 있음을 보여준다. 라자스펠드 등은 1940년대 자신들의 저작(Lazarsfeld et al. 1944)에서 선거운동이 유권자들의 의견을 '변화' conversion 시키기보다는 이미 갖고 있는 정치적 성향과 선택을 '강화' reinforce 하는 경향이 있음을 발견하였다. 〈표5〉의 결과는 특정 후보의 지지자들이 자신들의 지지후보를 보다 긍정적으로 평가하는 한편 상대 후보를 보다 부정적으로 평가하는 패턴을 보여줌으로써 그러한 경향이 정당의 후보를 결정하는 경선과정에서도 발견될 수 있음을 알려주고 있다.

마지막으로 한나라당 경선에서 최종적으로 패배한 박근혜 후보의 지지자들이 이후에 지지후보를 어떻게 바꾸어 나가는지 검토해 보았다. 〈표6〉은 1차 조사에서 박근혜 후보의 지지집단이 경선 이후에 어떠한 후보들을 선택하였는지 정리한 결과이다. 〈표6〉의 결과가 주는 메시지는 크게 두 가지로 정리될 수 있는데,

⟨표6⟩ 박근혜 후보 지지자들의 선택변화 (%)

1차 조사 (4.25~28)	조사 차수	이명박	정동영	이회창	다른 후보	미결정/모름/무응답	전체(명)
박근혜 지지 (744명)	3차 조사 (10.17~20)	61.6	11.2	-	11.7	15.4	544
	4차 조사 (11.25~27)	42.0	8.5	28.1	6.7	14.7	505
	5차 조사 (12.11~12)	53.3	8.0	21.7	6.7	10.3	465
	6차 조사 (12.20~23)	62.4	9.3	21.2	6.3	0.7	410

자료 : EAI · SBS · 중앙일보 · 한국리서치 2007 대선 패널조사, 3차~6차 조사 데이터

우선 박근혜 후보 지지집단의 대다수가 경선 이후에 이명박 후보를 선택하고 있음을 알 수 있다. 대선을 두 달 앞두고 실시된 3차 조사에서 박근혜 후보를 지지했던 유권자의 60% 이상이 이명박 후보를 지지하고 있고 이후 조사에서 42%까지 하락했다가 최종적으로는 역시 60% 이상이 이명박 후보를 선택하였다고 답하고 있다. 두 번째 메시지는 이회창 후보의 등장으로 인한 박근혜 후보 지지자들의 동요인데 약 30% 가량이 이회창 후보로 지지후보를 바꾸었음을 알 수 있다. 그러나 대선이 가까워옴에 따라 박근혜 후보의 지지자들은 다시 이명박 후보로 복귀하는 모습을 보이고 있으며, 이는 이회창 후보의 파괴력이 생각만큼 크지 않았고 일시적 현상이었음을 보여준다.

지금까지 한나라당 후보경선과정을 여러 가지 각도에서 살펴보았다. 요약해 보면, 이명박, 박근혜 두 후보의 각축으로 전개되어온 한나라당의 경선과정은 후보의 개인적 자질 즉, 능력과 도덕성을 중심으로 지지계층이 구분되고 있음을 알 수 있었다. 또한 이러한 지지요인의 차이는 경선과정을 거치면서 점차로 강화되고 있음이 목격되었고, 경선과정에서 첨예하게 부각되었던 이명박 후보의 도덕

성 문제가 두 후보 간의 격차를 박빙의 승부로 몰고 갔음을 알 수 있었다. 그러나 이명박 후보가 최종적인 경선의 승자로 결정된 이후에 박근혜 후보의 지지자들은 대부분 이명박 후보를 선택하였고 이회창 후보라는 새로운 변수의 등장에 잠시 동요하였지만 최종적인 선택에서는 큰 변화를 보이지 않았음이 나타났다.

통합신당

통합신당의 경선은 한나라당의 경선이 끝난 직후에 시작되었는데 한나라당과는 달리 두드러진 우위를 보이는 후보가 없는 상황에서 전개되었다. 초기에는 열린우리당 내에 기반을 둔 정동영, 이해찬, 김근태 후보가 각축을 벌이는 상황이었지만 경선과정 내내 낮은 여론의 지지를 받았으며 상대적인 무관심 속에서 진행되었다. 여러 후보들이 경선과정에 등장하였지만 여기에서는 패널 자료 속에서 비교적 많은 지지자들을 확보한 정동영, 손학규 후보를 중심으로 통합신당의 경선과정을 살펴보고자 한다.

먼저 정동영, 손학규 두 후보 지지계층의 차이부터 살펴보자. 〈표7〉의 내용은 〈표3〉에서와 같은 방식으로 두 후보의 지지계층을 사회적 속성에 따라 보여주고 있다. 두 후보의 지지기반은 성별, 학력별로 차이를 보이고 있음을 알 수 있다. 정동영 후보의 경우 지지자들 중에 여성이 많고, 상대적으로 저학력층으로부터 높은 지지를 받고 있다. 반면 손학규 후보는 남성으로부터 상대적으로 높은 지지를 받고 있으며, 대재 이상의 고학력층에서 지지율이 높게 나타났다. 그 외의 사회적 변수인 연령이나 직업은 두 후보의 지지기반에 큰 차이가 없는 것으로 나타났다.

한나라당의 경우에서도 지적한 것처럼 특정 정당의 후보를 결정하는 경선과정에서 지지기반에 큰 차이가 없는 것은 놀라운 일이 아니다. 더욱이 통합신당의 경우 정동영, 손학규 두 후보 간의 개인적 자질의 차이가 한나라당의 경우만큼 크게 부각되지 못했다는 점을 고려해 볼 때, 연령별, 학력별로 지지계층의 차이가

<표7> 통합신당 경선후보 지지자들의 사회적 속성 (%)

		정동영		손학규	
		1차 조사 (4.25~28)	2차 조사 (8.10~13)	1차 조사 (4.25~28)	2차 조사 (8.10~13)
성별	남	44.9	47.0	63.8	59.7
	여	55.1	53.0	36.2	40.3
연령	19~29	23.4	18.2	19.5	21.8
	30~39	30.8	31.8	33.0	27.2
	40~49	20.6	21.2	24.9	25.7
	50~59	14.2	21.2	11.8	12.6
	60+	11.2	7.6	10.9	12.6
학력	중졸 이하	20.6	16.7	5.4	6.3
	고졸	29.9	24.2	21.7	25.7
	대재 이상	49.5	59.1	72.9	68.0
직업	화이트칼라	26.2	37.9	38.9	38.8
	블루칼라	20.6	13.6	8.1	9.2
	자영업	13.1	18.2	25.3	17.0
	주부	25.2	22.7	18.1	19.9
	학생	5.6	4.6	5.9	9.2
	기타	9.3	3.0	3.6	5.8

자료 : EAI · SBS · 중앙일보 · 한국리서치 2007 대선 패널조사, 1차 · 2차 조사 데이터

나타났다는 사실은 오히려 놀라운 결과로 해석될 수 있다. 다만 학력별 차이는 손학규 후보가 경기도지사로서 성공적인 행정경력을 보유하고 있다는 사실이 이명박 후보의 경우와 마찬가지로 고학력층에게 어필하였다고 해석될 수 있겠다.

다음으로 정당지지의 차이를 중심으로 통합신당 경선후보의 지지변화를 살펴보았다. <표8>은 통합신당 주요 경선후보들의 지지자들을 정당에 대한 지지를 중심으로 재구성한 것인데, 전체적으로 통합신당 경선후보에 대한 지지율이 한나라당 경선후보에 비해 굉장히 낮은 수준에서 형성되어 있음을 알 수 있다. 선두

〈표8〉 정당지지로 본 통합신당 후보지지 변동, 1차와 2차

후보 조사시기	정동영		손학규		이해찬		한나라당 후보		다른 후보		미결정	
	1차	2차	1차	2차	1차	2차	1차	2차	1차	2차	1차	2차
한나라당	0.6	0.2	2.3	1.5	-	0.6	90.0	88.0	2.3	1.6	4.9	8.2
열린우리당 (통합신당)	10.4	9.5	14.7	18.7	-	5.0	43.1	36.4	20.4	11.8	11.3	18.7
다른정당	5.9	4.3	8.8	12.5	-	2.1	46.7	37.6	22.7	21.6	16.0	21.9
무당파	1.6	1.0	8.6	8.6	-	1.6	54.0	49.3	10.5	5.7	25.3	33.8
전체	3.1	2.3	6.6	7.1	-	1.7	68.4	64.9	9.8	6.6	12.2	17.5

자료: EAI · SBS · 중앙일보 · 한국리서치 2007 대선 패널조사, 1차 · 2차 조사 데이터
주1. 1차(4.25~28: 예비후보등록), 2차 조사(8.10~13: 한나라당 경선 1주일전)에서 모두 응한 2911명에 대한 응답 분포임.
주2. 수치는 조사 시기별 해당 열의 퍼센트(예: 1차 조사 열린우리당 지지자 중 10.4%는 정동영 지지, 14.7%는 손학규 지지 등).

〈그림2〉 통합신당 경선후보 지지요인

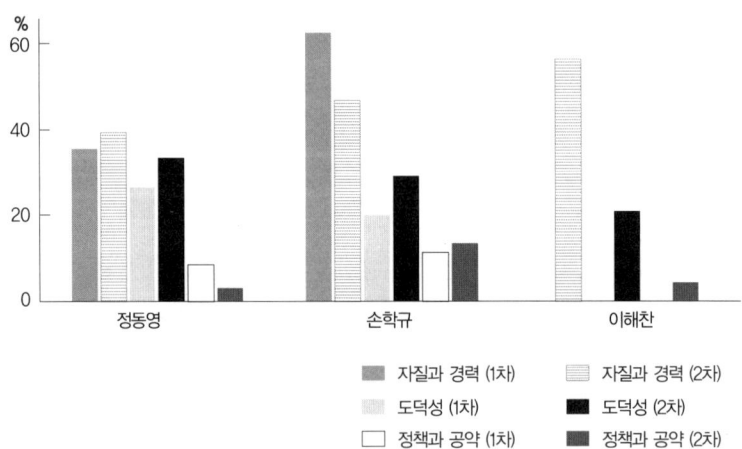

자료: EAI · SBS · 중앙일보 · 한국리서치 2007 대선 패널조사, 1차 · 2차 조사 데이터

주자인 정동영, 손학규 후보는 둘다 10%에 훨씬 못 미치는 지지율을 보이고 있으며 대다수가 통합신당을 지지하는 이들로 구성되어 있다. 하지만, 통합신당을 지지하는 이들 중 다수가 한나라당의 경선후보를 지지하고 있으며 2차 조사에서도 지지율은 크게 나아지지 않고 있다. 이처럼 경선후보에 대한 낮은 지지율은 대선을 앞두고 있는 통합신당의 고민을 단적으로 보여주고 있으며, 특별한 전기가 마련되지 않는 한 지속적인 어려움을 겪을 것임을 예고하는 것이었다.

다음으로 통합신당의 경선후보들에 대한 지지요인을 검토해보았다. 〈그림2〉는 1차 조사에서 나타난 정동영, 손학규, 이해찬 후보의 지지자들이 1, 2차 조사에서 해당 후보를 지지하는 이유로 답변한 내용을 정리한 결과이다.

그림에 잘 나타나 있듯이 정동영 후보는 자질과 경력, 도덕성 두 측면에서 고른 지지를 받았고, 손학규 후보와 이해찬 후보는 자질과 경력 면에서 두드러진 지지를 받았다. 정책과 공약은 세 후보 모두 낮은 지지요인으로 선택되었는데, 같은 정당을 공유하고 있는 경선후보이기에 정책적으로 큰 차이를 보이지 않았기 때문으로 해석될 수 있다.

마지막으로 경선과정에서 패배한 후보들의 지지집단이 경선 이후 어떠한 선택의 변화를 겪었는지 살펴보았다. 〈표9〉에 나타나 있듯이 손학규 후보 지지집단 중 다수가 경선의 승리자인 정동영 후보를 선택하고 있다. 하지만 한나라당의 경우와 비교해볼 때 그 비중은 절반 정도에 그치고 있으며 지지자들 중 많은 수가 이명박, 문국현, 이회창 후보로 고르게 퍼져 있다. 경선 탈락자의 지지자들이 승자인 정동영 후보에 집중되지 못하고 상당수 다른 후보들로 이탈하고 있는 모습은 정동영 후보가 상대적으로 낮은 지지율 속에서 본선에서의 경쟁력 때문이든 개인적 자질 때문이든 지지층을 결집시키는데 역부족이었음을 보여준다.

전체적으로 볼 때 국민들의 상대적 무관심 속에 진행된 통합신당의 경선은 그 과정에서 돌파구를 찾지 못하고 별다른 변화 없이 끝까지 진행되었다. 국민 관심을 끌어 모으기 위한 통합신당 측의 노력, 예를 들어 범여권 통합 추진, 다른 정당

〈표9〉 손학규 후보 지지자들의 선택변화 (%)

1차 조사 (4.25~28)	조사 차수	이명박	정동영	문국현	이회창	미결정/모름/무응답	전체(명)
손학규 지지 (744명)	3차 조사 (10.17~20)	22.3	33.7	21.7	-	16.0	175
	4차 조사 (11.25~27)	16.4	30.3	21.8	11.5	16.3	165
	5차 조사 (12.11~12)	19.4	34.2	16.8	8.4	18.1	155
	6차 조사 (12.20~23)	18.7	53.2	16.6	8.6	0.7	139

자료 : EAI · SBS · 중앙일보 · 한국리서치 2007 대선 패널조사, 3차~6차 조사 데이터
주. 이해찬 지지자의 경우 총 48명(1차 조사: 0명)으로 표에는 나타내지 않았으나 정동영 후보로의 쏠림이 두드러짐.

과의 합당 합의 등에 대해 대다수의 국민들은 부정적 혹은 무관심으로 일관하였다.[1] 통합신당 경선과정에 대한 이러한 무관심은 두 주도후보 간의 첨예한 경쟁과 후보자질검증 등으로 인해 폭발적인 국민적 관심을 불러일으킨 한나라당의 경선과정과 비교해 볼 때[2] 매우 대조적인 모습이었으며 이후 한나라당이 대선 정국의 주도권을 지속적으로 장악하게 된 하나의 원인이 되었다.

국민경선제도에 대한 유권자들의 평가

지금까지 2007년 17대 대통령 후보 경선과정을 한나라당과 통합신당을 중심으로 살펴보았다. 전체적인 모습은 한나라당 경선에 대한 국민의 폭발적 관심과 통합신당 경선에 대한 상대적 무관심이라는 대조적인 양상으로 전개되었다. 그렇다면 국민경선제도 자체에 대한 여론의 반응은 어떠했을까? 서두에서도 밝혔듯이 본격적으로 시행된 지 얼마 되지 않은 까닭에 국민경선제도 자체에 대한 평가는

아직 유보적이며 이후 체계적인 연구가 수반된 이후에야 명확하게 판단될 수 있다. 따라서 여기에서는 패널 조사의 관련문항을 통해 국민경선에 대한 여론의 반응을 간략히 살펴보기로 한다.

2차 패널 조사에서는 한나라당의 후보검증활동에 대한 국민들의 평가를 묻는 문항이 있었는데, 〈그림3〉은 그 결과를 시각적으로 표현한 것이다. 해당 문항에 대해 응답자 중 30%가량만이 긍정적으로 답변함으로써, 대다수의 국민들은 한나라당의 후보검증활동이 미흡했다고 평가하고 있음을 알 수 있다. 후보검증과정이 언론의 집중적인 보도 속에서 여론의 폭발적인 관심을 받았다는 사실을 고려해 볼 때, 이와 같은 국민들의 부정적 평가는 국민경선방식을 통한 대통령 후보선출이 제도적으로는 자리 잡았지만 그 구체적 활동에서 아직 국민의 기대를 충족

〈그림3〉 한나라당 경선후보검증에 대한 평가

한나라당의 후보검증 활동이 의혹을 해소하는데...

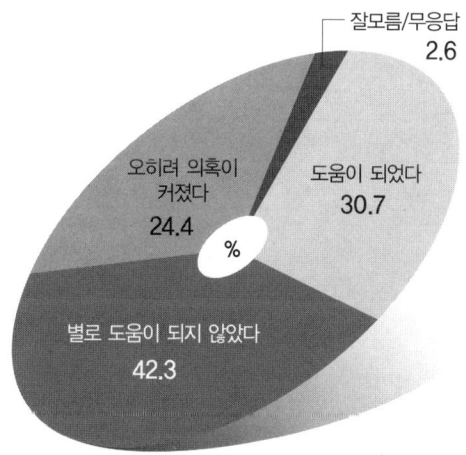

자료 : EAI · SBS · 중앙일보 · 한국리서치 2007 대선 패널조사, 2차 조사 데이터

시키지 못하고 있음을 의미한다.

한나라당과 통합신당의 경선이 끝난 직후에 실시된 3차 조사에는 대선후보 경선과정이 해당 정당이나 정당 후보에 대한 응답자의 선호에 어떠한 영향을 미쳤는지를 묻는 문항이 포함되었다.[3] 이 문항에 대한 답변은 경선과정이 유권자의 선호에 미치는 영향의 구체적인 모습을 보여주는 한편, 두 거대정당의 경선과정에 대한 국민들의 상대 평가를 알려준다는 점에서 의미를 찾을 수 있다. 〈그림4〉는 그 결과를 정리한 것이다.

〈그림4〉에 나타난 결과를 살펴보면, 응답자 중 다수가 경선과정이 그 정당이나 정당후보에 대한 선호도에 별 영향이 없었다고 대답하였다. 하지만 경선과정을 통해 선호도가 어떤 식으로든 변화하였다고 응답한 유권자의 비율도 상당하였는데, 한나라당의 경우 53% 정도가 경선과정이 한나라당과 한나라당 후보에

〈그림4〉 한나라당 경선후보검증에 대한 평가

다음 정당의 대선후보 경선과정을 통해 그 정당이나 정당후보에 대해…

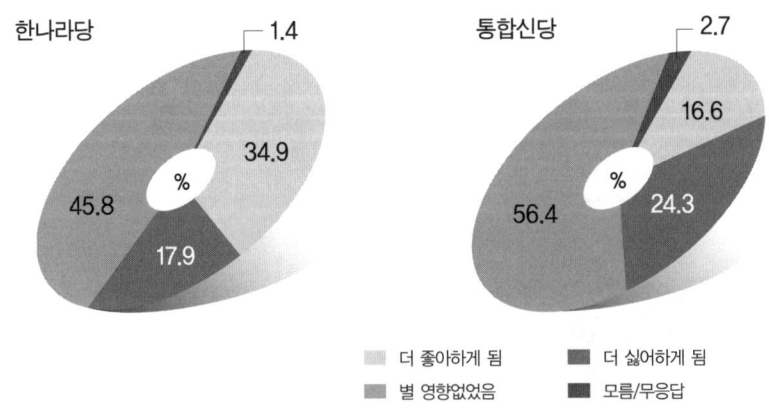

자료: EAI · SBS · 중앙일보 · 한국리서치 2007 대선 패널조사, 3차 조사 데이터

대한 선호도에 영향을 주었다고 말하고 있고, 통합신당의 경우 41퍼센트의 응답자가 경선과정에 영향을 받았다고 답변한 것으로 나타났다. 이와 같은 결과는 경선과정이 응답자의 선호에 실제로 상당한 영향을 미쳤음을 보여주는 것이라 할 수 있다.

또다른 흥미로운 사실은 한나라당과 통합신당 간에 나타난 영향의 차이인데, 한나라당의 경우 경선과정을 통해 그 정당과 정당후보를 더 좋아하게 되었다는 응답이 더 싫어하게 되었다는 응답의 두 배에 이르고 있는 반면, 통합신당은 경선과정이 오히려 정당과 정당후보에 대한 유권자의 선호에 역효과를 가져왔음을 알 수 있다.[4] 이러한 차이는 한나라당이 통합신당보다 경선을 훨씬 더 성공적으로 수행하였음을 직접적으로 보여준다 하겠다.

이상의 논의는 국민경선방식을 통한 대통령 후보선출이 그 실행에서 아직은 국민들의 기대를 충족시키지 못하고 있음을 알려준다. 그러나 동시에 한나라당과 통합신당 경선의 영향에 대한 상반된 평가는 국민경선이 유권자들의 선호에 적지 않은 영향을 실제로 미쳤음을 잘 보여주고 있다. 이러한 사실은 무엇보다도 이제 제도적으로 틀을 갖춘 국민경선이 실행의 측면에서 보다 내실을 기해야 하며, 그 과정에서 정당이 어떠한 전략을 얼마만큼 성공적으로 구사하는지에 따라서 유권자의 선호를 원하는 방향으로 이끌어 갈 수도 있음을 시사하고 있다.

결론

이 글은 2007년 17대 대통령 선거과정을 국민경선과 이를 통한 대통령 후보선출 과정에 초점을 맞추어 살펴보았다. 2007년 대통령 선거는 노무현 정부에 대한 지지 폭락과 정권 교체에 대한 국민의 기대감 속에 초반부터 이명박 후보의 독주로 시작되어 커다란 변화 없이 지속되었다. 이러한 양상은 후보경선과정에서도 그대로 나타나 야당인 한나라당의 독주와 여당인 통합신당의 열세가 전체적인 판세를 규정하는 특징적인 모습이었다. 또한 통합신당의 경선과정이 국민의 무관심 속에서 별다른 논쟁없이 진행된 반면, 한나라당의 경선은 이명박, 박근혜 두 선두후보 간의 치열한 각축이 폭발적인 국민의 관심을 받았다는 점이 2007년 경선과정을 규정짓는 또 다른 특징이었다.

이미 지적했듯이 국민경선제도는 한국의 대통령 후보를 결정짓는 제도적 틀로 자리매김하였다. 또한 앞에서 살펴본 대로 정당의 후보를 선출하는 경선과정에서는 다른 어떤 요인보다도 후보의 개인적 자질이 유권자의 중요한 선택요인임이 나타났다. 2007년 경선과정에서는 무엇보다도 도덕성과 능력이라는 두 가지 개인적 자질이 부각되었고 국민들은 경제부흥에 대한 기대감 속에 능력을 선택하였다. 그 결과, 경제전문가로서의 이미지와 서울시장으로서 성공적인 행정 경력을 강점으로 내세운 이명박 후보는 그의 도덕적 흠결에도 불구하고 대통령으로 당선되었다.

선거는 대의제 민주주의를 구현하는 핵심적인 제도이다. 더욱이 최고통치자를 선출하는 대통령 선거는 한 국가의 정치 환경에 총체적 변화를 가져다 줄 수 있다는 점에서 다른 어떤 선거보다 그 정치적 중요성이 크다. 2002년 16대 대선부터 도입되기 시작한 국민경선제도는 대통령 후보선출과정에서 일반 국민여론의 영향력을 이전보다 훨씬 더 강화시켰으며 이번 대선에서는 경선과정에서부터 압도적인 여론의 지지를 받았던 후보가 과반수에 달하는 높은 지지율로 당선됨으로써 그 효과가 입증되었다. 그럼에도 이 글에서 살펴본 것처럼 이번 국민경선과정은 아직 국민들의 기대에 미치지 못한 것으로 나타났다. 이러한 사실들은 국민경선 실행과정에 대한 정책결정자들의 고민과 국민경선제도의 영향에 대한 학술적인 관심이 지속적으로 필요하다는 점을 보여준다 하겠다.

1) 2차 패널 조사에 따르면, 통합신당 측이 제기한 범여권의 통합 추진에 대해 응답자 중 25%만이 긍정적으로 대답했고, 44% 가량이 부정적인 반응을, 31%가 관심이 없다고 답변했다. 또한 대통합민주신당과 열린우리당의 합당 합의에 관해서도 27%만이 긍정적인 반응을 보였고, 42%가 부정적, 30%의 응답자가 관심이 없다고 대답했다. 구체적인 설문문항은 다음과 같다. "최근 대통합민주신당이 창당을 하면서 범여권의 통합을 추진하겠다고 밝혔습니다. 대통합민주신당의 창당에 대해 어떻게 생각하십니까?" "대통합민주신당과 열린우리당 양당은 8월 20일 경에 합당하기로 합의하였습니다. 양당의 합당에 대해 어떻게 생각하십니까?"

2) 한나라당 경선후보 TV토론 시청여부를 묻는 설문(2차 패널 조사)에 대해 응답자의 41%가 시청했다고 대답했고, 35%가 시청하지 않았지만 언론과 주변 사람들을 통해 들었다고 답변했다.

3) 구체적인 설문문항은 다음과 같다. "다음 각 정당의 대선후보 경선과정을 통해 그 정당이나 정당후보에 대한 __님의 생각이 어떻게 되었나요?" (3차 패널 조사)

4) 경선과정이 유권자의 선호에 미친 이와 같은 결과는 여러 가지 흥미로운 연구주제를 제시한다. 예를 들어, 유권자들이 기왕에 갖고 있던 선호와 경선과정의 영향이 어떠한 관계를 맺고 있는지 검토할 가치가 있다. 정치심리학에서 제시되는 이론에 따르면, 개인이 기왕에 갖고 있는 선호도가 이후 정치정보 영향의 방향성 결정에 중요한 영향을 미치게 된다. 요컨대, 개인은 정보의 습득과정을 통해 기왕의 선호도를 점점더 강화하는 방향으로 나아가는 경향이 있다고 주장된다 (Festinger 1957; Zaller 1992).

참고문헌

국내문헌

강경태. 2003. "한국 대통령 선거 어떤 유권자가 참여하나? 선거관심도를 중심으로." 〈한국정치학회보〉 37권1호, 91-111.

강원택. 2003. "16대 대선과 세대." 김세균 편. 《16대 대선의 선거과정과 의의》, 157-179. 서울: 서울대학교 출판부.

――. 2004. 《한국의 선거정치: 이념, 지역, 세대와 미디어》. 서울: 푸른길.

――. 2005. 《한국의 선거정치: 이념, 지역, 세대와 미디어》 서울: 푸른길.

――. 2003. 《한국의 선거 정치》. 서울: 푸른길.

강원택 편. 2007. 《한국인의 국가정체성과 한국정치》. EAI 시민정치여론시리즈 2. 서울: EAI.

권혁남. 2006. 《미디어 선거의 이론과 실제》. 서울: 커뮤니케이션북스.

길승흠, 김광웅, 안병만. 1987. 《한국선거론》. 서울: 다산출판사.

김광웅. 1990. 《한국의 선거정치학》. 사회비평신서 4. 서울: 나남

김광웅, 이갑윤. 1996. 《정당·선거·여론》. 한국의회발전연구회총서 제4권. 서울: 한울.

김만흠. 1997. 《한국 정치의 재인식: 민주주의, 지역주의, 지방자치》. 풀빛.

――. 2003. "16대 대선과 지역주의." 김세균 편. 《16대 대선의 선거과정과 의의》. 서울대학교 출판부, 181- 204.

김민전. 2007. 집단정체성, 사회균열, 그리고 정치균열. 강원택 편. 한국인의 국가정체성과 한국정치, 39-71. 서울:EAI.

김성태. 2006a. "언론의 선거보도에 관한 법적 규제 및 개선 방안 고찰." 〈선거관리〉. 50호.

――. 2006b. "인터넷을 통한 정치의제 형성과 파급: 온라인 의제 파급사례 및 정치웹진분석." 《현대정치 커뮤니케이션 연구》(오택섭, 권혁남, 김성태 외). 나남출판사.

김성태, 김지윤. 2006c. "정치인의 미디어노출 결정변인에 관한 연구." 〈한국언론학보〉,50(3),

pp. 151-175.

김세균 편. 2003.《16대 대선의 선거과정과 의의》. 한국정치연구총서 3. 서울: 서울대학교출판부.

김유선. 2003. "비정규직 증가원인." 〈사회경제평론〉 21호.

김장수. 2005a. "비대칭적 활성화와 정당에 대한 상충적 태도." 〈한국정치학회보〉 제38집 2호.

―――. 2005b. "정당일체감에 따른 인식의 양극화 : 기제와 완충요인을 중심으로," 〈국제정치논총〉제45집 4호.

김재한. 1993. "제14대 대선과 한국경제." 〈한국정치학회보〉 제27집 1호, 99-120.

김주찬, 윤성이. 2003. 2002년 대통령선거에서 이념성향이 투표에 미친 영향. 〈21세기정치학회보〉 제13집 2호, 87-103.

박경산. 1993. "제14대 대통령선거에 나타난 경제투표." 〈한국정치학회보〉 제27집 1호, 186-208.

백준기, 조정관, 조성대. 2003. "이데올로기와 지역주의, 그리고 2002년 대통령 선거." 〈국가전략〉 9권 4호, 139-167.

서현진. 2003. "부정적인 TV 캠페인이 선거관심도와 정치적 태도에 미친 영향: 1992년 미국 대통령선거 자료 분석을 중심으로." 〈미국학논집〉 35집1호, 78-110.

손호철. 2003.《현대한국정치: 이론과 역사 1945-2003》. 사회평론.

송인국. 1971. 한국 국민의 투표행태와 정치의식 분석 : 제 7대 대통령 선거결과를 중심으로. 공주교육대학논문집. 공주:공주교육대학.

송종길. 2006. "공직후보 TV토론." 현대정치 커뮤니케이션 연구 (오택섭, 권혁남, 김성태 외). 나남출판사.

심지연, 김민전. 2006.《한국정치제도의 진화경로 - 선거·정당·정치자금제도-》. 서울: 백산서당.

안형기, 신범순. 2006. "정치참여 결정요인으로서의 인지적 효능감: 네티즌의 투표행위를 중심으로." 〈한국정책과학학회보〉 10권1호, 27-49.

윤성이. 2003. "16대 대통령선거와 인터넷의 영향력." 〈한국정치학회보〉 37권3호, 71-87.

윤천주. 1978.《한국정치체계 - 정치상황과 정치참여》. 서울: 서울대학교출판부.

윤천주. 1981.《우리나라의 선거실태 : 도시화와 투표행태》. 서울: 서울대학교출판부.

이갑윤. 1990. 투표행태와 민주화. 김광웅 편. 한국의 선거정치학, 167-181. 서울:나남.

이갑윤. 1997.《한국의 선거와 지역주의》. 오름.

이갑윤. 2002. "지역주의의 정치적 정향과 태도."〈한국과 국제정치〉18권 2호,pp. 155-174.

이갑윤, 이현우. 2000. "국회의원 선거에서 후보자 요인의 영향력: 14-16대 총선을 중심으로".〈한국정치학회보〉34집 2호. 149-70.

이강형. 2006. "현대 선거에서의 매스미디어 캠페인의 역할." 현대정치 커뮤니케이션 연구(오택섭, 권혁남, 김성태 외). 나남출판사.

이남영a. 1993.《한국의 선거 I》. 한국선거연구회 학술총서 1. 서울: 나남.

이남영b. 1993. 투표참여와 기권 : 14대 국회의원 선거분석. 이남영 편. 한국의 선거 I, 21-47. 서울: 나남.

이남영. 1996. "한국 국회의원 선거결과를 결정하는 주요 요인." 김광웅, 이갑윤 편.《정당·선거·여론》, 145-163. 서울: 한울.

이남영. 1998. "유권자의 지역주의 성향과 투표." 이남영 편.《한국의 선거 II: 제 15대 대통령 선거를 중심으로》. 서울: 푸른길, 11-44.

이내영. 2002. "세대정치와 이념."〈계간사상〉(2002년 가을호).

이내영 · 정한울. 2007. "이슈와 한국 정당지지의 변동,"〈한국정치학회보〉제41집 1호.

이정진. 2007. "한국의 선거와 세대갈등: 제16대 대통령 선거과정 분석."〈비교민주주의연구〉3집1호, 51-92.

이재철. 2007. "정치문화와 투표행위: 531 지방선거에 나타난 인지적, 정서적, 평가적정향과 투표참여."〈한국과 국제정치〉23권2호, 93-121.

이현우. 1998. "한국에서의 경제투표." 이남영 편.《한국의 선거 II》. 서울: 푸른길.

정진민. 1993. 한국사회의 세대문제와 선거. 이남영 편. 한국의 선거 I, 115-137. 서울:나남.

정진민. 1996. "14대 국회의원 선거와 정치세대." 김광웅, 이갑윤 편.《정당·선거·여론》, 125-144. 서울:한울.

정진민·황아란. 1999. "민주화 이후 한국의 선거정치: 세대요인을 중심으로." 〈한국정치학회보〉 33권2호, 115-134.

정한울. 2007. "한국에서 경제투표는 가능한가." 이내영, 이현우, 김장수 공편.《변화하는 한국의 유권자: 패널조사를 통해 본 5.31 지방선거》. 서울: 동아시아연구원.

조기숙. 1996.《합리적 선택: 한국의 선거와 유권자》. 한울.

조중빈. 1993. 유권자의 여야성향과 투표행태. 이남영 편. 한국의 선거 I, 49-65. 서울: 나남.

중앙선거관리위원회. 2004. "17대 국회의원 선거관련 유권자 의식조사."

진영재. 1998. "대통령 선거에서의 부동표의 성격과 측정: 개념과 방법론의 경험적 논의." 이남영(편)《한국의 선거 II》. 서울: 푸른길, 151-195.

진영재. 2002.《부동층 유권자 행태분석: 14-16대 국회의원 선거분석》. 서울: 집문당.

최영진. 2001. "제16대 총선과 한국 지역주의 성격." 〈한국정치학회보〉 35집 1호, 149-165.

최장집. 1998.《한국 민주주의의 조건과 전망》. 나남.

최준영, 조진만. 2005. "지역균열의 변화 가능성에 대한 경험적 고찰: 제17대 국회의원선거에서 나타난 이념과 세대 균열의 효과를 중심으로." 〈한국정치학회〉 39집 3호, 375-394.

황아란. 2000. "경제투표에 대한 정치심리학적 접근: 제15대 대선을 중심으로." 〈한국정치학회보〉 제30집 4호, 285-298.

한국갤럽조사연구소. 2003.《제16대 대통령 선거 투표행태》. 서울: 한국갤럽.

국외문헌

Achen, C. 1992. "Social Psychology, Demographic Variables, and Linear Regression:Breaking the Iron Triangle in Voting Research." *Political Behavior* 14: 195-211.

Alger, D. E. 1996. *"The Media and The Politics, N. Y."* : Wadworth.

Althaus, S. L., Nardulli, P. F., & Shaw, D. R. 2002. "Candidate Appearances in Presidential Elections", 1972-2000. *Political Communication*, 19, pp. 49-72.

Amorim N.O. and G. Cox. 1997. "Electoral Institutions, Cleavage Structures, and the Number of

Parties." *American Journal of Political Science* 41: 149-174.

Abramowitz, Alan I. 1987. "Candidate Choice before the Convention: The Democrats in 1984." *Political Behavior* 9: 49-61.

————. 1989. "Viability, Electability, and Candidate Choice in a Presidential Primary Election: A Test of Competing Models." *Journal of Politics* 51: 977-92.

Abramowitz, Alan I. & Kyle L. Saunders. 1998. "Ideological Realignment in the US Electorate." *The Journal of Politics* 60, No. 3(Aug.).

Abramowitz, Alan I., and Walter J. Stone. 2006. "The Bush Effect: Polarization, Turnout, and Activism in the 2004 Presidential Election." *Presidential Studies Quarterly* 36: 141-154.

Abramowitz, Alan I., John McGlennon, and Ronald Rapoport. 1981. "A Note on Strategic Voting in a Primary Election." *Journal of Politics* 43: 899-904.

Abramson, Paul R., and John H. Aldrich. 1982. "The Decline of Electoral Participation in America." *American Political Science Review* 76: 502-521.

Abramson, P.R., J.H Aldrich, P. Paolino and D. Rohde. 1992. "Sophisticated Voting in the 1988 Presidential Primaries," *American Political Science Review* 86: 55-69.

Anderson, Christopher J. 2007. "The End of Economic Voting? Contingency Dilemmas and the Limits of Democratic Accountability." *Annual Review of Political Science* 10: 271-296.

Anderson, Christopher J., Silvia M. Mendes, and Yuliya V. Tverdova. 2004. "Endogenous Economic Voting: Evidence from the 1997 British Election." *Electoral Studies* 23: 683-708.

Ansolabehere, Stephen, Shanto Iyengar, and Adam Simon. 1999. "Replicating Experiments Using Aggregate and Survey Data: The Case of Negative Advertising and Turnout." *American Political Science Review* 93: 901-909.

Ansolabehere, Stephen. and Shanto Iyengar. 1995. *Going Negative: How Attack Ads Shrink and Polarize the Electorate.* New York: The Free Press. Franklin, Mark N. 2001. "Electoral Participation in Controversies in Voting Behavior."

Bartels, Larry M. 1985. "Expectations and Preferences in Presidential Nominating Campaigns." *American Political Science Review* 79: 804-14.

―――――. 1987. "Candidate Choice and the Dynamics of the Presidential Nominating Process." *American Journal of Political Science* 31: 1-30.

―――――. 1988. *Presidential Primaries and the Dynamics of Public Choice*. NJ: Princeton University Press.

―――――. 1996. Uninformed Voters: Information Effects in Presidential Elections. *American Journal of Political Science* 40: 194-230.

―――――. 2000. "Partisanship and Voting Behavior, 1952-1996." *American Journal of Political Science* 44, No. 1(Jan.).

―――――. 2002. "Beyond the Running Tally: Partisan Bias in Political Perceptions." *Political Behavior* 24, No. .

Bartolini, S. and P. Mair. 1990. I*dentity, Competition, and Electoral Availability*: The Stabilization of European Electorates, 1885-1985. Cambridge: Cambridge University Press.

Berelson, B. R., P. F. Lazarsfeld, and W. McPhee. 1954. *Voting*. Chicago: U of Chicago Press.

Budge, I. 1987. "The Internal Analysis of Election Programmes." In Ian Budge, David Robertson, and Derek Hearl, eds. *Ideology, Strategy and Party Change: Spatial Analyses of Post-War Election Programmes in 19 Democracies*. New York:Cambridge University Press.

Black, J.H. 1978. "The Multicandidate Calculus of Voting: Applications to Canadian Federal Elections." *American Journal of Political Science* 22: 609-38.

Blais A., and R. Nadeau. 1996. "Measuring Strategic Voting: A Two-Step Procedure." *Electoral Studies*15: 39-52.

Brown, Courtney. 1991. "*Ballots of Tumult: A Portrait of Volatility in American Voting*." Ann Arbor: University of Michigan Press.

Brown, Clifford W., Lynda W. Powell, and Clyde Wilcox. 1995. *Serious Money: Fundraising and Contributing in Presidential Nomination Campaigns*. NY: Cambridge University Press.

Campbell, Angus, Philip E. Converse, Warren E. Miller, and Donald E. Stokes. 1960. *The American Voter*. New York: John Wiley and Sons.

Carmines, Edward G. 1986. "On the Structure and Sequence of Issue Evolution." *The American Political Science Review* 80, No. 3(Sept.).

Carmines, Edward G. and James A. Stimson. 1989. *Issue Evolution: Race and the Transformation of American Politics*. NJ: Princeton University Press.

Carmines, Edward G and Michael Derkman. 1994. "Ethos, Ideologies and Partisanship: Exploring the Paradox of Conservative Democrats." *Political Behavior* 16, No.2.

Chhibber, P. and M. Torcal. 1997. "Elite Strategy, Social Cleavages, and Party Systems in a New Democracy: Spain." *Comparative Political Studies* 30, no. 1: 27-54.

Choe, Sun-Ki and Kim, Hong-Nack. 1985. "Urbanization and Changing Voting Patterns in South Korea Parliamentary Elections, 1963-1985." *Proceedings of the Sixth Joint Conference*. The Korean Political Science Association. Seoul. Aug. 5-8.

Cain, B.E. 1978. "Strategic Voting in Britain." *American Journal of Political Science* 22: 639-55.

Cohen, Marty and John Zaller. 2002. "Momentum in Presidential Primaries 1972 to 2000." Paper presented at the 2002 Columbia University Conference on Elections.

Conway, Margaret M. 1991. *Political Participation in the United States*. Washington DC.: A Division of Congressional Quarterly Inc.

Coppedge, M. 1997. "District Magnitude, Economic Performance, and Party System Fragmentation in Five Latin American Countries." *Comparative Political Studies* 30, no. 1: 156-85.

Cox, G.W. 1994. "Strategic Voting Equilibria Under the Single Non-Transfer Vote." *American Political Science Review* 88: 608-21.

————. 1997. *Making Votes Count*. New York: Cambridge University Press.

————. 1997. *Making Votes Count: Strategic Coordination in the World's Electoral Systems*. Cambridge: Cambridge University Press.

Clubb, Jerome M., Flanigan, William H., Zingale, and Nancy H. 1980. *Analyzing Electoral History: A Guide to the Study of American Voter Behavior.* Beverly Hills: Sage.

Dalton, Russell J. 1988. "The Future of Democracy." *Citizen Politics in Western Democracies.* New Jersey: Chatham House Publishers. 223-244.

―――――. 1996. "Comparative Politics: Micro-behavioral Perspective." Robert E. Goodin and Hans- Dieter Klingemann, eds. *A New Handbook of Political Science.* New York: Oxford Univ. Press.

Downs, Anthony. 1957. *An Economic Theory of Democracy.* New York: Harper and Row.

Duch, Raymond, Harvey Palmer, and Christopher J. Anderson. 2000. "Heterogeneity in Perceptions of National Economic Conditions." *American Journal of Political Science* 44: 635-652.

Duverger, Maurice. 1954. *Political Parties.* New York: John Wiley and Sons.

Eckstein, H. 1966. *Division and Cohesion in Democracy.* Princeton:Princeton University Press.

Elster, J. 1989. *Nuts and Bolts for the Social Sciences.* Cambridge: Cambridge University Press.

Ersson, S., K. Janda, and J. Lane. 1985. "Ecology of Party Strength in Western Europe: A Regional Analysis." *Comparative Political Studies.* 18:(July)170-205.

Evans, G. ed. 1999. The End of Class Politics? *Class Voting in Comparative Context.* Oxford: Oxford University Press.

Ferejohn, John A. and Morris P. Fiorina. 1972. "The Paradox of Not Voting: A Decision Theoretic Analysis," *American Political Science Review* 68: 525-36.

Festinger, Leon D. 1957. *A Theory of Cognitive Dissonance.* CA: Stanford University Press.

Fiorina, Morris. 1981. *Retrospective Voting in American National Elections.* NewHaven: Yale University Press.

Franklin, M. 1992. "The Decline of Cleavage Politics." In Mark Franklin, Thomas Mackie, Henry Valen et al. *Electoral Change: Responses to Evolving Social and Attitudinal Structures in Western Countries.* Cambridge: Cambridge University Press.

Franklin Mark N. 2004. *Voter Turnout and the Dynamics of Electoral Competition in Established Democracies since 1945.* London: Cambridge University Press.

Galbraith, J. and N. Rae. 1989. "A Test of the Importance of Tactical Voting: Great Britain, 1987" *British Journal of Political Science* 19: 126-36.

Gerber, Alan S. and Donald P. Green. 2000. "The Effects of Personal Canvassing, Telephone Calls and Direct Mail on Voter Turnout: A Field Experiment." *American Political Science Review* 94: 653-663.

Gomez, B. T., and J. M. Wilson. 2006. "Cognitive Heterogeneity and Economic Voting: A Comparative Analysis of Four Democratic Electorates." *American Journal of Political Science* 50: 127-145.

Green, Donald P. and Alan S. Gerber. 2004. *Get Out the Vote: How to Increase Voter Turnout.* Washington DC: Brookings Institution Press.

Grober, Jens and Arthur Schram. 2006. "Neighborhood Information Exchange and Voter Participation: An Experimental Study." *American Political Science Review* 100: 235-248.

Grofman, Bernard. 2004. "Downs and Two-Party Convergence." *Annual Review of Political Science* 7.

Herrnson, P. S. 1998. "*Congressional Elections: Campaigning at home and in Washington* (2nd ed.)." CQ Press: Washington D.C.

Hetherington, Marc J. 1996. "The Media's Role in Forming Voters' National Economic Evaluations in 1992." *American Journal of Political Science* 40: 372-395.

Inglehart, R. 1977. The Silent Revolution: *Changing Values and Political Styles.* Princeton: Princeton University Press.

——————. 1990. *Culture Shift in Advanced Industrial Society.* Princeton: Princeton University Press.

Iyengar, S. & Kinder, D. R. 1987. "*News That Matters: Television and American Opinion.*" Chicago: University of Chicago Press.

Johnston, Richard. 2006. "Party Identification: Unmoved Mover or Sum of Preferences?" *Annual Review of Political Science* 9.

Kihl, Young Whan. 1973. "Urban Political Competition and the Allocation of National Resources: The Case Study of Korea." *Asian Survey* 13 no 4. April.

Kahn, Kim Fridkin and Patrick J. Kenney. 1999. "Do Negative Campaigns Mobilize or Suppress Turnout?" *American Political Science Review* 93: 878-890.

Kang, Won-Taek. 2008. "How does ideology divide generation? The 2002 and 2004 South Korean elections." *Canadian Journal of Political Science*, vol. 41, no.2. forthcoming.

Key, V. O. Jr. 1966. *The Responsible Electorate*. New York: Vintage Books.

Kim, Jae-on, and Koh, B.C. 1972. "Electoral Behavior and Social Development in South Korea: An Aggregate Data Analysis of Presidential Elections." *Journal of Politics* 34, no. 3. August.

Kim, Meengeon. 2007. *American Parties and Trade Policy, 1934-1988*. Seoul: Seohyunsa.

Kim, S. T. & Kwon, H. N. 2008. "Political Communication Research in Korea. *Political Communication in Asia*." McGraw Hill.

Knutsen, O. 1989. "Cleavage Dimensions in Ten West European Countries." *Comparative Political Studies* 21: 495-534.

Kwon, Hyeok Yong. n.d. "A Dynamic Analysis of Partisan Voting: The Issue Salience Effect of Unemployment in South Korea." *Electoral Studies*, forthcoming.

Lau, Richard R. and Gerald M. Pomper. 2002. "Effectiveness of Negative Campaigning in U.S. Senate Elections," *American Journal of Political Science* 46: 47-66.

Layman, Geoffery C. and Thomas M. Carsey. 2002. "Party Polarization and 'Conflict Extension' in the American Electorate." *American Journal of Political Science* 46, No. 4(Oct.)

Layman, Geoffery C., Thomas M. Carsey and Juliana Menasce Horowitz. 2006. "Party Polarization in American Politics: Characterisitics, Causes, and Consequences," *Annual Review of Political Science* 9.

Levitin, Teresa E., and Warren E. Miller. 1979. "Ideological Interpretations of Presidential Elections." *The American Political Science Review* 73.

Lewis-Beck, Michael and Mary Stegmaier. 2000. "Economic Determinants of Electoral Outcomes." *Annual Review of Political Science* 3: 183-219.

Lazarsfeld, Paul F., Bernard Berelson and Hazel Gaudet. 1948. *"The People's Choice: How the Voter Makes up His Mind in a Presidential Campaign."* New York: Columbia University Press.

Lijphart, A. 1979. "Religious vs. Linguistic vs. Class Voting: The "Crucial Experiment" of Comparing Belgium, Canada, South Africa, and Switzerland." *The American Political Science Review* 73, no. 2: 442-458.

Lim, Sang-Un. 1968. "An Analysis of Electoral Behavior in South Korea." Ph.D. dissertation. Syracus University.

Lipset, S. M. and S. Rokkan. 1967. "Cleavage Structures, Party Systems, and Voter Alignments: An Introduction." In Lipset, S. M. and S. Rokkan, eds., *Party Systems and Voter Alignments: Cross-National Perspectives.* New York: Free Press.

Loosveldt, Greet and Ann Carton. 1997. "Evaluation of Nonresponse in the Belgian Election Panel Study 91-95." 52nd AAPOR Conference:1017-1022.

MacKuen, Michael B., Robert S. Erikson, and James A. Stimson. 1992. "Peasants or Bankers: The American Electorate and the US Economy." *American Political Science Review* 86: 597-611.

Mair, Peter. 1993. "Myths of Electoral Change and the Survival of Traditional Parties," *European Journal of Political Research.* Vol.24, 121-133.

Mayhew, David R. 2000. "Electoral Realignments." *Annual Review of Political Science.* Vol 3.

McCombs, M. & Shaw, D. 1972. "The Agenda-Setting Function of Mass Media." *Public Opinion Quarterly*, 32, 176-187.

McKelvey, R.D., and P.C. Ordeshook. 1972. "A General Theory of the Calculus of Voting," in

J.F. Herdon and J.L. Bernd eds. *Mathematical Applications in Political Science VI*. Charlottsville: University of Virginia Press. 32-78.

Myerson, R., and R. Weber. 1993. "A Theory of Voting Equilibria," *American Political Science Review* 87: 856-69.

Norrander, Barbara. 1989. "Ideological Representativeness of Presidential Primary Voters." *American Journal of Political Science* 33: 570-87.

Norris, P. 2000. "*A Virtuous Circle: Political Communication in Postindustrial Societies.*" Cambridge, UK: Cambridge University Press.

Orren, Gary R. and Nelson W. Polsby. 1987. *Media and Momentum*. NJ: Chatham House.

Pattie, Charles and Ron Johnston. 2008. "Position issues, Valence Issues and the Economic Geography of Voting in Briticsh Elections." *Journal of Economic Geography* 8.

Peters, B. Guys and Christian Hunold. 1999. "*Eueopean Politics: Reconsidered.*" London: Holmes & Meier.

Powell, Jr., G. Bingham. 1986. "American Voter Turnout in Comparative Perspective." *American Political Science Review* 80, March.

─────────. 2000. *Elections as Instruments of Democracy*. New Haven, CT:Yale University Press.

Price, Vincent and John Zaller. 1993. "Who Gets the News? Alternative Measures of News Reception and Their Implications for Research." *Public Opinion Quarterly* 57(2): 133-164.

Przeworski, A. and J. Sprague. 1986. *Paper Stones: A History of Electoral Socialism*. Chicago: University of Chicago Press.

Przeworski, Adam, Bernard Manin, and Susan C. Stokes. 1999. *Democracy, Accountability, and Representation*. New York: Cambridge University Press.

Rae, Douglas. 1967. *The Political Consequences of Electoral Laws*. New Heaven:Yale University Press.

Rae, D. and M. Taylor. 1970. *The Analysis of Political Cleavages*. New Haven: Yale University Press.

Rahn, Wendy M. 1993. "The Role of Partisan Stereotypes in Information Processing about Political Candidates." *American Journal of Political Science* 37: 472-96.

Riker, W.H. and P.C. Ordeshook. 1968. "A Theory of the Calculus of Voting," *American Political Science Reviews* 62: 25-42.

Rosenstone, Steven J. and John Mark Hansen. 1993. *Mobilization, Participation, and Democracy in America*. New York: Macmillan Publishing Company.

Rosenstone, Steven J. and Raymond E. Wolfinge. 1978. "The Effect of Registration Laws on Voter Turnout." *American Political Science Review* 72, March.

Rogowski, Ronald. 1987. "Trade and the Variety of Democratic Institutions." *International Organization* 41: 204.

Rose, R. and D. W. Urwin 1969. "Social cohesion, political parties, and strains on regimes." *Comparative Political Studies* 2 (April):7-67.

Schiffer, Adam J. 2000. "I'm Not That Liberal: Explaining Conservative Democratic Identification." *Political Behavior* 22, No.4.

Schneider, William. 1981. "Democrats and Republicans, Liberals and Conservatives." Party Coalitions in the 1980s. CA : Institute for Contemporary Studies.

Squire, Peverill, Raymond E. Wolfinger, and David P. Glass. 1987. "Residential Mobility and Voter Turnout." *American Political Science Review* 81, March.

Squire, Peverill. 2008. "The Iowa Caucuses 1972~2008: A Eulogy." *The Forum* 5: 1-9. (http://www.bepress.com/forum/vol5/iss4/art1)

Stokes, Donald. E. 1963. "Spatial Models of Party Competition." *The American Political Science Review* 57, No.2.

Van der Brug, W., C. van der Eijk, and M. N. Franklin. 2007. *The Economy and the Vote: Understanding Voter Preferences and Election Outcomes in Fifteen Countries*. New

York: Cambridge University Press.

Wattenberg, Martin P. 1991. *The Rise of Candidate-Centered Politics*. MA: Harvard University Press.

Wattenberg, Martin P. and Craig Leonard Brians. 1999. "Negative Campaign Advertising: Demobilizer or Mobilizer?" *American Political Science Review* 93: 891-909.

Weaver, D., & Drew, D. 2001. "Voting Learning and Interest in the 2000 Presidential Election: Did the Media Matter?" *Journalism and Mass Communication Quarterly* Winter 2001; 78, 4.

Weisberg, Herbert F. and Jerrold G. Rusk. 1970. "Dimensions of Candidate Evaluation." *American Political Science Review* 64: 1167-85.

Wlezien, Christopher, M. N. Frankin, and D. Twiggs. 1997. "Economic Perceptions and Vote Choice: Disentangling the Endogeneity." *Political Behavior* 19:7-17.

Wolfinger, Raymond E. and Steven J. Rosenstone. 1980. *Who Votes?* New Heaven: Yale University Press.

Wright, Gerald, C. 1990. "Misreports of Vote Choice in the 1988 Senate Elections Study," *Legislative Studies Quarterly* 15: 543-63.

Yaffe, Robert. 2003. "A Primer for Panel Data Analysis." *Connect*(Fall) (검색일 2007. 4. 30)

Zaller, John R. 1992. *The Nature and Origins of Mass Opinion*. NY: Cambridge Univ. Press.

부 록

1. 설문지 구성

2. 제17대 대통령선거 후보별 · 지역별 득표율(전국)

부록 1

1. 설문지 구성

2007년 한국 대선패널여론조사의 모든 설문지와 빈도표는 EAI여론자료실 웹페이지 http://www.eai.or.kr/korean/archive/arc_sub3.asp에서 찾아볼 수 있습니다.

주제	질문내용	조사 차수
정치적관심	· 선거관심도	1, 2, 3, 4, 5차
	· 투표의향	1, 2, 3, 4, 5차
	· 대선 투표 여부	6차
후보/정당 지지 및 지지결정 요인	· 대선후보 지지도	1, 2, 3, 4, 5차
	· 투표한 후보	6차
	· 후보 선택(지지)이유	1, 2, 3, 4, 5, 6차
	· 후보 지지 강도	1, 2, 3, 4, 5차
	· 투표한 후보에 대한 만족 정도	6차
	· 지지후보 불출마 시 선택할 후보	1, 2차
	· 지지하는 후보가 없는 이유	3, 4차
	· 투표를 하지 않은 이유	6차
	· 지지후보 변경 이유	2, 3, 4, 5, 6차
	· 지지후보가 당선가능성이 없을 경우 지지변화	5차
후보요인	· 대선후보 인지도	3차
	· 각 후보에 대한 호감도	6차
	· 대선후보 이념성향 평가	3, 4, 6차
	· 대선후보 국정운영 능력평가	3, 5, 6차
	· 대선후보 도덕성 평가	3, 4, 5, 6차
대선정보 습득 경로 및 정도	· 대선정보 습득경로별 습득 정도 – 텔레비전	1, 2, 4, 5차
	· 대선정보 습득경로별 습득 정도 – 신문	1, 2, 4, 5차
	· 대선정보 습득경로별 습득 정도 – 인터넷	1, 2, 4, 5차
국정평가 및 경제인식	· 대통령 국정운영 평가	1, 2, 3, 4, 5, 6차
	· 지난 5년간 가정살림 변화	1차
	· 가정살림 변화에 미친 정부의 영향	1차
	· 가정살림 만족도 및 정부영향 평가	5차
	· 지난 5년간 우리나라 경제 변화	1차
	· 5년 후 우리나라 경제 전망	1차
	· 현재 우리나라 경제상태에 대한 만족도	2, 5차
	· 우리나라 경제상태에 가장 큰 영향을 미친 주체(책임소재)	2, 5차

주제	질문내용	조사 차수
정당요인	· 정당지지도 · 지지정당 평가 · 가장 좋아하는 정당 · 가장 싫어하는 정당 · 각 정당의 이념성향 평가	1, 2, 3, 4, 5, 6차 1, 2차 1, 2, 3차 1, 2, 3차 5차
유권자 이념성향 / 정치신뢰 / 효능감	· 주관적 이념성향 · 주제별 입장 - 여성 의무고용 비율 · 주제별 입장 - 집회/시위 권리 보장 · 주제별 입장 - 소득분배와 경제성장 · 주제별 입장 - 복지와 세금 · 주제별 입장 - 정부의 대기업 규제 · 주제별 입장 - 국내시장 보호와 개방 · 주제별 입장 - 한미동맹 우선 고려 · 주제별 입장 - 국가보안법 폐지/개정 · 외교안보정책에 대한 입장 · 대북지원에 대한 입장 · 재벌에 대한 정부의 규제에 대한 입장 · 정치신뢰 · 정치 효능감	1, 2, 3, 4, 5, 6차 1차 1, 4차 1, 4차 4차 1차 1, 4차 1차 1차 4차 4차 4차 6차 6차
차기정부 국정과제	· 차기정부 중점 추진 국정과제 · 중점과제를 가장 잘 해결해 줄 것 같은 정당 · 중점과제를 가장 잘 해결해 줄 것 같은 대선 후보 · 차기정부가 추진해야할 복지정책의 방향 · 차기정부가 추진해야할 무역정책의 방향 · 대학자율화 정책에 대한 찬반여부 · 한반도 대운하 사업 추진에 대한 찬반여부	1, 2, 3, 4, 6차 3차 4차 6차 6차 6차 6차
주요 이슈	· 한미 FTA 국회 비준에 대한 입장 · 대학본고사 실시에 대한 입장 · 참여정부 주택정책의 효과 전망	1차 1차 1차

부록 1

주제	질문내용	조사 차수
주요 이슈	· 정권교체론 공감도	2, 3, 4, 5차
	· 범여권 통합론/후보 단일화에 대한 공감도	2, 3, 4, 5차
	· 범여권 후보단일화에 대한 입장	5차
	· 범여권 통합의 대상	2차
	· 지지후보의 범여권 후보 단일화 추진에 대한 입장	4차
	· 정부의 무역개방정책에 대한 입장	2차
	· 한나라당의 새 대북정책에 대한 입장	2차
	· 한나라당 후보 경선 평가 – 이명박 후보의 국정운영능력	2차
	· 한나라당 후보 경선 평가 – 박근혜 후보의 국정운영능력	2차
	· 한나라당 후보 경선 평가 – 이명박 후보의 도덕성	2차
	· 한나라당 후보 경선 평가 – 박근혜 후보의 도덕성	2차
	· 한나라당 후보 경선 평가 – 후보검증 활동의 효용성 평가	2차
	· 남북정상회담이 한반도평화정착 및 남북관계개선에 미칠 영향	2, 3차
	· 남북정상회담의 정치적 의도 유무 평가	2차
	· 탈레반 인질사건이 대선 후보자 평가에 미친 영향	2차
	· 이명박 후보의 교육공약에 대한 찬반의견	3차
	· 이명박 후보의 한반도 대운하 공약에 대한 찬반의견	3, 4차
	· 정동영 후보의 복합경제특구 공약에 대한 찬반의견	3차
	· 이명박 후보 약육강식 가짜경제론/정글경제론에 대한 공감 정도	3, 4차
	· 서해 북방한계선 NLL 관련 주장에 대한 입장	3차
	· BBK주가조작의혹이 논란이 될 경우 이명박 후보 지지철회 여부	3차
	· 이명박 후보가 BBK주가조작사건에 연루될 경우 지지철회 여부	4차
	· 도덕성 시비에도 이명박 후보를 계속 지지하는 이유	4차
	· 이번 대선에서 가장 중요하게 생각하는 정책 분야	4차
	· 이명박 후보 대북인식 모호성에 대한 공감 정도	4차
	· 이명박 후보 지지율 유지 시 이회창 후보에 행보에 대한 의견	4차

주제	질문내용	조사 차수
주요 이슈	· 이회창 후보가 대통령이 되어야 한다고 보는 이유	4차
	· 검찰의 BBK 수사결과에 대한 신뢰도	5차
	· 검찰 수사결과와 관련한 대통합민주신당 주장 공감 정도	5차
	· 정몽준 의원과 김종필 전총재의 이명박 후보 지지발표 영향	5차
	· 심대평 후보의 이회창 후보 지지발표 영향	5차
	· 이회창 후보의 불사퇴 및 신당 창당에 대한 공감 정도	5차
	· 지지후보 선택에 여론조사가 미친 영향	5차
	· 대선후보 TV 토론회 시청 여부 및 후보별 평가와 영향	5차
	· 대통령 선거 결과 전망	5차
각 당 경선에 대한 평가	· 경선 후 정당 호감도 변화	3차
향후 정국변화가 후보선택에 미치는 영향	· 대통합민주신당 창당에 대한 입장	2차
	· 대통합민주신당과 열린우리당 합당에 대한 입장	2차
	· 범여권 단일후보 선출 시 지지후보 또는 지지 여부	2차
	· 범여권 단일후보 선출 시 대선 국면 정당	2차
	· 범여권 단일화 후보 선호도	3차
	· 가상대결 1 – 이명박 vs 정동영 vs 권영길	3차
	· 가상대결 2 – 이명박 vs 문국현 vs 권영길	3차
	· 가상대결 3 – 이명박 vs 이인제 vs 권영길	3차
	· 한나라당 대선후보 TV 토론 시청 여부	2차
	· 한나라당 대선후보에서 가장 잘한 후보	2차
과거투표 행태	· 2006년 광역자치단체장 선거 투표 정당	1차
	· 2004년 총선 투표 정당	1차
	· 2002년 대선 투표 후보	1차
17대 대선 평가	· 이명박 당선자의 국정운영 능력에 대한 기대	6차
	· BBK 동영상이 이명박 후보에 대한 생각에 미친 영향	6차
	· BBK 관련 특별검사제 도입에 관한 입장	6차
	· 이번 선거에 대한 평가	6차

부록 1

주제	질문내용	조사 차수
총선 및 정계 개편	· 차기 총선과 관련한 범여권의 향후 행보 · 이회창 후보의 창당에 대한 공감여부 · 여대야소 vs 여소야대 · 차기 총선에서 투표할 후보의 정당 · 차기 총선에서 다수당을 차지할 정당	6차 6차 6차 6차 6차
대선 캠페인	· 지지후보 선택을 위해 정보를 가장 많이 얻은 매체 · 각 매체에 대한 관심도 · TV 토론이 후보지지에 미친 영향 · 선거운동을 가장 잘 한 후보	6차 6차 6차 6차
응답자 특성	· 성별 · 연령 · 학력 · 직업 · 종교 · 소득 · 지역 · 고향 · 주택점유형태 · 도시규모	1~6차 1~6차 1~6차 1~6차 1~6차 1~6차 1~6차 1~6차 1~6차 1~6차

부록_ 305

2. 제17대 대통령선거후보별·지역별득표율 (전국)

위원회명	후보자별 득표율(%)				
	대통합민주신당 정동영	한나라당 이명박	민주노동당 권영길	민주당 이인제	창조한국당 문국현
합계	26.14	48.67	3.01	0.68	5.82
서울특별시	24.50	53.23	2.30	0.45	7.10
부산광역시	13.45	57.90	2.77	0.26	5.35
대구광역시	6.00	69.37	2.03	0.14	3.99
인천광역시	23.77	49.2	3.49	0.63	7.03
광주광역시	79.75	8.59	2.05	1.07	4.76
대전광역시	23.55	36.28	2.53	1.06	7.10
울산광역시	13.64	53.97	8.40	0.36	5.51
경기도	23.55	51.88	2.88	0.60	7.06
강원도	18.88	51.96	3.88	0.84	5.88
충청북도	23.79	41.58	3.63	1.14	5.72
충청남도	21.08	34.26	3.50	2.46	4.73
전라북도	81.60	9.04	1.90	0.68	2.78
전라남도	78.65	9.22	2.40	2.39	3.24
경상북도	6.79	72.58	2.76	0.26	3.32
경상남도	12.35	55.02	5.38	0.32	4.81
제주특별자치도	32.69	38.67	4.38	0.67	7.78

자료 : 중앙선거관리위원회

후보자별 득표율(%)						개표율
참주인연합	경제공화당	새시대참사랑연합	한국사회당	무소속		
정근모	허경영	전관	금민	이회창		
0.06	0.40	0.03	0.07	15.07		100.0
0.05	0.44	0.01	0.06	11.80		100.0
0.04	0.41	0.02	0.06	19.68		100.0
0.02	0.26	0.01	0.05	18.05		100.0
0.06	0.47	0.02	0.08	15.18		100.0
0.06	0.23	0.01	0.04	3.40		100.0
0.06	0.34	0.03	0.10	28.90		100.0
0.05	0.40	0.02	0.09	17.52		100.0
0.06	0.46	0.02	0.06	13.36		100.0
0.08	0.69	0.06	0.11	17.56		100.0
0.08	0.49	0.04	0.10	23.38		100.0
0.10	0.41	0.06	0.12	33.23		100.0
0.06	0.18	0.02	0.05	3.63		100.0
0.09	0.22	0.05	0.07	3.61		100.0
0.05	0.32	0.04	0.10	13.72		100.0
0.08	0.39	0.03	0.08	21.48		100.0
0.06	0.51	0.05	0.13	15.02		100.0

〈찾아보기〉

ㄱ

강제 투표제(compulsory voting) 100~101
경선과정 257~267, 270, 272~274,
　277~278, 280~283
경제적 양극화 151, 155~157, 160~161,
　223~224
경제투표 151~153, 155, 168, 175, 177
국민경선 258~260 ,263, 278~279,
　281~282

ㄴ

네거티브 선거운동 40, 101, 104~106, 108,
　112, 122

ㅁ

매체 의존도 135, 137
미디어보도 130~131
미디어효과 127

ㅂ

보수정당 157, 224, 229, 239, 242~244
부동층 207~215, 217~223, 225
비회귀성 부동층 210, 212, 214~216,
　219~220

ㅅ

선거 관심도 98, 104~111, 122
선거운동(election campaign) 44, 257~258,
　272
선거캠페인 125~127, 132~133, 140
선도자(front-runner) 260
세대균열 49~52, 56, 58, 61

ㅇ

여촌야도 44~45
예비경선제도(primary election) 259, 265
위치이슈(positional issue) 234, 249, 251
유동성 210~211, 213
이념균열 51, 56, 59, 61, 63, 85
이념성향 50~51, 137~138, 141, 143, 171,
　239~242, 245, 248, 252~253
이념 양극화 240, 252
이념재편 232, 237, 239, 241
이단적 인식(heterodox perceptions) 233,
　235, 241~242, 245
이슈 중요도(issue salience) 155, 162~163

ㅈ

전략투표(strategic voting) 80, 179~204,
　206
전망적 투표(prospective voting) 164, 169
정권교체 50, 264, 281
정당경쟁구도 225
정당 일체감(party identification) 171, 174,
　176, 232~234, 239, 241, 252, 261~262
정당지지 71, 90, 171~174, 229~231,
　233~235, 237~242, 245, 248~249,
　252~253,
　275
정치균열 40~46, 49, 52~53, 59, 61~62,
　67
정치불신 98, 101, 104~107, 112, 121~123
지역균열 46~47, 51~54, 61~62, 71, 117
지역 일체감 70, 253
지역정당 224
지역주의 47~48, 50, 53, 67~73, 75, 77, 82,

85~86, 89~92, 117, 132, 211, 217, 220, 225
진보정당 132, 224, 237, 242~245, 248~249, 251
진심투표 179, 181, 187, 190~191, 195~198, 201, 205~206

ㅌ
투표율 하락 98, 101~102, 115, 119, 123
투표참여 97~98, 103~109, 111~112, 115, 117, 121~123, 129, 146
텔레비전(TV) 토론 126~129, 138~140, 142~144, 146, 283

ㅍ
패널관리 24
패널 유지율 19, 21~22, 25~26, 32~35
편승효과(bandwagon effect) 260
표집오차 21

ㅎ
합의이슈(valence issue) 234, 249~250
행정 수도 이전 72, 103
회고적 투표(retrospective voting) 164~168
회귀성 부동층 210, 212, 214~216, 218~219
후보 자질 검증 269, 271, 278, 279

필자약력

강원택
현 숭실대 정치외교학과 교수. 서울대 지리학과 졸업. 영국 런던정치경제대학(LSE) 정치학 박사. 동아시아연구원(EAI) 시민정치패널 위원장, 한국정치학회, 한국국제정치학회 연구이사 역임. 주요 논저로《한국의 정치개혁과 민주주의》,《한국의 선거정치 : 이념, 지역, 세대와 미디어》, "한국 대통령 선거에서 제3후보에 대한 지지분석", "Protest Voting and Abstention under Plurality Rule Elections: An Alternative Public Choice Approach" 등이 있다.

권혁용
현 고려대 정치외교학과 교수. 고려대 정치외교학과 졸업. 미국 코넬대 정치학 박사. 미국 텍사스 A&M대 교수 역임. 주요 논저로는 "A Dynamic Analysis of Partisan Voting: The Issue Salience Effect of Unemployment in South Korea", "Targeting Public Spending in a New Democracy: Evidence from South Korea", "Economic Reform and Democratization: Evidence from Latin America and Postsocialist Countries", "세계화에 대한 인식과 고용상태 평가", "한국 소득불평등의 정치경제: 탐색적 분석" 등이 있다.

김민전
현 경희대학교 학부대학 교수. 서울대 외교학과 졸업. 미국 아이오와대학교 정치학 박사. 국회연수국 교수. 한국정치학회, 한국정당학회, 한국평론학회 이사역임. 주요논저로《한국 정치제도의 진화경로》(공저),《리더십과 한국정치》,《미국정당과 무역정책》,《American Parties and Trade Policy》등이 있다.

김성태

현 고려대학교 언론학부 교수. 고려대 신문방송학과 졸업. 미국 인디애나(Indiana-Bloomington) 대학교 저널리즘 박사. 미국 드폴(DePaul) 대학교 커뮤니케이션학과 및 뉴미디어 대학원 교수 역임. 주요 논저로 《현대 정치커뮤니케이션 연구》(공저), "정치인의 미디어 노출 결정변인에 관한 연구", "Making a Difference: U.S. Press Coverage of the Kwangju and Tiananmen Prodemocracy Movements", "인터넷을 통한 새로운 의제설정모형의 적용" 등이 있다.

김춘석

현 한국리서치 여론조사부 부장. 고려대 신문방송학과 졸업. 동 대학원 석사. 주요 논저로는 "10.26 국회의원 재선거 사후 여론조사를 통해 본 유권자 표심", "18~19세 유권자의 사회의식 및 정치 의식 : 20세 이상과의 비교", "제4회전국동시지방선거 여론조사에 대한 반성", "5.31 지방선거 패널조사의 방법과 운용"(공저) 등이 있다.

박종선

현 한국리서치 여론조사부 차장. 명지대 정치외교학과 졸업. 서강대 정치외교학과 대학원 석사. 주요 논저로는 "대응분석을 이용한 대통령 후보 자질 평가", "5.31 지방선거 패널조사의 방법과 운용"(공저) 등이 있다.

서현진

현 성신여자대학교 사회교육과 교수. 성신여자대학교 정치외교학과 졸업. 미국 퍼듀대학(Purdue) 정치학 박사. 서울대 미국학연구소 선임연구원, 경희대 시민사회연구소 연구원 역임. 주요 논저로 《미국의 정치개혁과 민주주의》(공저), "한국의 시민사회와 민주적 거버넌스 : 낙선운동 사례를 중심으로", "한국 유권자의 정치적 신뢰와 정당정치 : 정당 지지에 미치는 영향력을 중심으로" 등이 있다.

유성진

현 이화여대 정치외교학과BK21 아메리카지역연구사업팀 박사후과정 연구원. 서울대 외교학과 졸업. 미국 뉴욕주립대(스토니브룩) 정치학박사. 주요 논저로는 "상충적 태도의 유권자: 미국 대통령 선거에서 제3후보 지지를 중심으로", "2007년 미국 이민법 개정논쟁: 과정과 함의 그리고 미국의 다원주의"(공저) 등이 있다.

이내영

현 고려대 정치외교학과 교수. 고려대 아세아문제연구소 소장. 동아시아연구원(EAI) 여론분석센터 소장. 고려대 정치외교학과 졸업. 미국 위스콘신대학(메디슨) 정치학 박사. 경희대 국제대학원 교수, 세종연구소 연구위원 역임. 주요 논저로는 《동아시아의 민주화와 과거청산》(공저), 《노무현 2002 대선평가와 노무현 정부의 과제》(공저), 《변화하는 한국 유권자》(공편), 《노무현 정부의 딜레마와 선택》(공편), "국제여론을 통해 본 중국위협론의 평가와 전망", "이슈와 정당지지의 변화", "Legacy Problem and Consolidation of Democratic Governance", "반미여론과 한미동맹", "세대와 정치이념", "Changing South Korean Public Opinion on the US" 등이 있다.

이현우

현 서강대 정치외교학과 교수. 미국정치연구회 회장. 서강대 정치외교학과 졸업. 미국 노스캐롤라이나대학(Chapel Hill) 정치학 박사. 경희사이버대 영미학과 교수 역임. 주요 논저로는 《미국 의회선거의 변화와 지속성》(공저), "Issues and Campaign Strategies in the 16th Presidential Election", "The Democratization of Mass Political Orientations in South Korea", "인터넷과 사회자본의 강화를 통한 선거참여 : 미국 2000년 대선의 경우" 등이 있다.

정한울

현 동아시아연구원(EAI) 여론분석센터 부소장. 고려대 서어서문학과 졸업. 고려대 정치외교학과 박사과정수료. 주요 논저로는 "이슈와 한국정당지지의 변동", "동맹의 변환과 한국인의 대미인식: 한미동맹위기론과 대미인식 다원화 현상을 중심으로", "Fluctuating Anti-Americanism and ROK-US Alliance" 등이 있다.

진영재

현 연세대학교 정치외교학과 부교수, 연세대학교 정치외교학과 졸업, University of California, Irvine 정치학 박사. 주요 논저로 《부동층 유권자 행태 분석》, 《한국권력구조의 이해》(편저), "Money Matters in Party-Centered Politics", "Inferring Individual Level Relationships from Aggregate Data", "정당제도화의 유형과 체제선택의 경험적 논의", "유효정당수 계산법의 문제점" 등이 있다.

동아시아연구원(EAI)을 후원해주고 계신 분들입니다.

강문선	김경지	김영목	김정온	남윤호	박미나	서용주
강영준	김관호	김영미	김정은	남태희	박상용	서은숙
강윤관	김국형	김영섭	김정하	노영훈	박상준	서의석
강찬수	김기정	김영원	김종진	노익상	박성만	서정원
강홍렬	김기준	김용규	김준희	노재경	박수진	서창식
고병희	김남이	김용남	김지영	노호식	박순휘	선승훈
고승수	김동건	김용수	김지정	노환길	박용준	성정은
고은희	김동은	김용준	김지현	라종일	박이나	소치형
고형식	김만호	김용직	김진기	류길재	박재준	손대현
고혜선	김미영	김용호	김진영	류재희	박정호	손 영
공성원	김병국	김우상	김진혁	마금회	박준형	손재키
공창위	김병표	김 욱	김창욱	마정재	박진원	송대창
곽노전	김부용	김 원	김철영	명정모	박찬근	송우엽
곽준엽	김상기	김 원	김하정	문성환	박찬선	송원진
구상환	김석우	김월명	김현전	문윤성	박휘락	송지연
구윤정	김석준	김유상	김형국	문지욱	방효은	송홍선
구준서	김석진	김유주	김형재	문진성	방효은	신권식
권용순	김설화	김윤호	김형준	민병문	변기호	신동원
금영수	김성수	김은숙	김형찬	민선식	백승태	신동준
김 담	김세종	김은영	김효신	민선영	백진규	신부희
김 욱	김수진	김은지	김희동	민지숙	백혜영	신성호
김 준	김시연	김인섭	김희정	박경수	서미혜	신영준
김건호	김신숙	김인혜	김희진	박규호	서봉교	신영환
김건훈	김연옥	김재두	김희진	박근아	서상민	신윤경
김경순	김영구	김정수	나정원	박대균	서영민	신준희

심윤보	윤정림	이승화	이현옥	정 준	지만수	한준희
안건영	윤혜성	이여희	이혜민	정금라	지혜리	한지현
안용찬	은종학	이영복	이홍구	정기용	진선희	한하람
안준모	이 근	이영호	이홍규	정랑호	진지운	한홍일
안중익	이 항	이용자	이홍미	정무섭	차국린	현정은
양순화	이경애	이원종	이효재	정병갑	차순만	홍석현
양주명	이곤수	이윤미	이희정	정아영	채혜경	황 수
양호실	이규호	이재섭	임명수	정연태	최 건	황석희
엄찬섭	이근우	이재원	임상균	정영국	최관주	황성진
여동찬	이기황	이정민	임성빈	정영국	최동규	황의숙
예병민	이내영	이정은	임재환	정영진	최복대	황정원
오명학	이달원	이정은	임현모	정원칠	최신림	황효진
오미순	이동욱	이정호	임현진	정재호	최윤준	
옥우석	이동찬	이정희	임홍재	정진영	최종호	
왕 서	이동훈	이종수	장대환	조규완	최철원	
우병익	이마리	이종진	장순희	조동현	최현순	
원종숙	이미혜	이종진	장원호	조성재	추기능	
원종애	이민교	이지원	장의영	조소영	하영호	
유문종	이민자	이지원	장진호	조은희	한계숙	
유성수	이병인	이지희	장태곤	조홍식	한금현	
유욱상	이상구	이진아	장희진	주 한	한선호	
유창수	이상협	이창헌	전경수	주미야	한숙현	
육은경	이상호	이충형	선기호	주영아	한승혜	
윤상민	이선주	이태석	전명선	주원사우회	한일봉	
윤용집	이성량	이해완	전혜경	주진균	한정원